宁夏回族自治区"十三五"重点专业（群）

项 目 成 果

民事法律诊所教程

MIN SHI FA LÜ ZHEN SUO JIAO CHENG

黄爱学◎编著

中国政法大学出版社

2018·北京

图书在版编目（CIP）数据

民事法律诊所教程/黄爱学编著. —北京：中国政法大学出版社，2018.8
ISBN 978-7-5620-8516-4

Ⅰ.①民… Ⅱ.①黄… Ⅲ.①民法－中国－高等学校－教材 Ⅳ.①D923

中国版本图书馆 CIP 数据核字(2018)第 200139 号

出 版 者	中国政法大学出版社
地 　 址	北京市海淀区西土城路 25 号
邮寄地址	北京 100088 信箱 8034 分箱　邮编 100088
网 　 址	http://www.cuplpress.com (网络实名：中国政法大学出版社)
电 　 话	010-58908586(编辑部) 58908334(邮购部)
编辑邮箱	zhengfadch@126.com
承 　 印	固安华明印业有限公司
开 　 本	720mm×960mm　　1/16
印 　 张	15
字 　 数	245 千字
版 　 次	2018 年 8 月第 1 版
印 　 次	2018 年 8 月第 1 次印刷
定 　 价	49.00 元

目 录 CONTENTS

第一章

民事法律诊所概述

第一节 诊所式法律教育概述

一、诊所式法律教育的含义

诊所式法律教育（clinic legal education）又称"临床法律教育"，发端于美国大学的法学院。诊所式法律教育在一定程度上借鉴了医学专业诊所教育的模式。"诊所"一词，来源于医学教育机构。在医学教育的过程中，医科学生除了基本的理论知识学习之外，还必须从事临床实习，从实践中学会诊疗，提高医术。他们通过为不同的病人进行诊断和治疗，从中得到职业训练，并要求自身具备一名执业医生所应具有的职业素质。医生仅有理论而没有实践经验，就有可能侵害患者的身体和健康，甚至有剥夺患者生命的危险。医学和法学虽然是两门不同的学科，但具有同样的特性，都需要理论知识，也需要专业实践。法官、检察官、律师等法律人如果没有法律实践经验，就有可能损害当事人合法权益，进而影响到法治秩序的实现，危及法律权威。在法律诊所中，学生如同医师，复杂多样的各类案件类似各种病情不同的病例，而对案件的具体处理方式即为医师开出的"处方"。在诊所中，学生接触各种案件，能获得现实的法律实务经验；而作为当事人的"患者"也能切实解决自己的问题，使矛盾得以化解，可谓一举两得。可见，诊所式法律教育，首先是一种教学方法。如同医学专业的学生临床实习一样，法科学生广泛接触各类现实案例，并根据自己所学的理论知识进行"诊断"。以学生为主体、以实践和实训为手段，采用案件讨论、角色模拟、单独指导、参与法律实务等方式，培养和提高学生的法律思维和实务能力，是诊所教育的基本特征。法律诊所教育模式特别强调培养学生的实践能力，能够让学生亲身参与真实案件的处理以及实际运用法律的过程，以此克服传统课堂教学的不足。另外，它是一门独立的专业课程，是一门将法律知识的传授和职业技能的培养紧密结合的课程。它区别于传统的课堂教学，有不同于法学专业其他课程的特定教学目标、教学计划和教学内容，有科学合理的评价机制、专门的教学人员、特定的教学空间和教学设备。因此，诊所式法律教育课程需要有专职教师，而且所有法学专业学生都应当有机会参加法律诊所课程的学习。

诊所式法律教育具有如下特征：

第一，学生学习的主体性。在教育活动中，学生是学习的中心和主体，作为主体的学生在教师引导下获取知识和培养能力，具体表现为具有独立的主体意识，有明确的学习目标和自觉的学习态度，积极主动向老师质疑、请教、研讨，要求答疑，能够在教师的启发、指导下主动地去认识、学习和接受教育影响，以达到自己预期的发展目标。但是传统教学中，教师是教学的主导者，学生是被动者，教师只重视知识的传授和记忆。在这种只重视教育的结果而不重视教育的过程的教育模式下，人的个性特征被忽视，创造性精神无法发掘，以致于桎梏着学生主体性的发展。诊所式法律教育是强化以学生为学习中心的教学模式，塑造和培育学生的主体意识，培养学生提出问题、分析问题和解决问题的能力，以及面对问题时独立思考的能力。无论是在课堂内的模拟训练，还是课堂外的案件处理中，学生都处于主角地位，是诊所教学中的真正主人和主体。在诊所式法律教育的课堂中，没有传统意义上的老师和学生。课堂内容的设置是以学生为主体，围绕着提高其主体意识和技能来进行的。教师在诊所法律教育中充当的是指导者和辅导者，教学内容会围绕学生承办的案件来展开，具体讨论案件中涉及的法律问题，由学生提出解决的思路和解决方案，并由学生具体执行。教师不能将自己的想法和意志强加给学生。在学生的思考和讨论出现明显偏差时，也不能急于给出"正确答案"，而是要引导学生按照他们自己的想法使能力逐步获得提高。学生通过分析事实情况找出有关的法律要点，寻找适用的法律规范形成自己的代理意见，书写有关的法律文书，参加法庭审理的全部环节，从而能够了解案件进展的全过程，并通过亲身参与，在一定程度上可以更好地把握案件的进程和结局。在这种教学模式下，学生参与的积极性和主动性会明显提高。通过充分发挥学生的能动性，集思广益，有利于启发和锻炼学生的思维，培养学生的创造力。

第二，教学内容的实践性。在传统的法学教学内容中，教师非常重视理论知识教学，其结果是法学理论与法学实践脱节。在授课过程中，每门课程都强调其体系的完整性和理论的系统性，教师按照教材体系逐章逐节地讲解法律概念和基本制度，学生对理论的理解是机械的、抽象的，而不是生动的、具体的，法学专业的毕业生不能很快地适应法律实务工作。与传统的法学教学不同，法律诊所教育是一种以培养学生实践能力为主的教学方式，通过课堂内和课堂外有计划、有组织的一系列实践活动，来培养法科学生具体应用法律基本知识解决实际问题的能力；以学生亲身参与实践为主，以教师指导为辅，在法律实务工作或模拟的实践活动中让学生学会主动应用所学知识并结合自身能力处理案件，充分适应了法律职业的特性和要求。学生通过参与案件的处理去经历法律运行的现实过程，即是教学内容实践性的体现。法律诊所教育以实践教学为主，学生接触的是鲜活的个案，以学生在实际办案中需要的知识、遇到的问题为内容，包括课堂讲授也以培养法律思维、法律技能等为重点。这些知识和技能都是学生将来作为一个法律人必须具备的：例如，传统法律教育与诊所法律教育都有证据调查、法庭辩论、诉讼程序等教学内容，前者偏重法条注释、原理阐释，且远远少于实体法教学，而后者视之为主体内容，注重应用经验、实践技巧的讲解和演练。学生在诊所法律教育中通过接待当事人、提供咨询、运用谈判技巧、起草法律文件等实践活动，学习和培养法律职业所需的"诊断""开处方"的技能和素养；同时，诊所教学也要求学生主动参与法律事务，学生在教师的指导下，为需要法律援助的当事人无偿提供法律服务。诊所式法律教育这种"活"的实践，能够让学生感受到真实存在的法律现状以及法律对现实的影响，从根本上改变法律学习与实践相脱节的缺陷，使法学教育融于社会现实。

第三，教学方法的多样性。教师必须注重教法，即"授人以渔而非授人以鱼"。灵活多样的教学方法，有助于激发学生的学习兴趣和提高学生的综合素质。传统的法学教学方式以课堂授课为主，以案例教学法、毕业实习等为辅，这种单一化的教学方式，主要是老师在课堂上讲，学生在下面听的被动方式，很少开展讨论，造成了师生之间缺乏交流、课堂气氛沉闷的现象，这种注释教学法，没有将专业知识传授和实践技能培养有机结合起来；而诊所法律教育是一种实践性教育，决定了诊所式法律教育具有开放性特征。诊所法律教育的开放性，有助于在实践教学的理念下，建立统一的诊所法律教育课程群，以全方位、多角度、多层次的教学方法，丰富教学内容，活跃教学气氛，使教学能产生一种立体的、深入的效果。诊所法律教育在法学教育和法律职业之间架起了一座桥梁，是实现法学教育与法律职业合理衔接的纽带。法律诊所教学分为课堂内教学和课堂外教学：在课堂内，诊所式教育环节包括角色模拟训练、庭审模拟训练、会见当事人模拟训练、个案指导等，教学方法主要采取讨论式、互动式、启发式、比较法等方法。讨论式是指学生针对相关法律问题发表意见，通过各抒己见进而发现学习中的问题，最后总结分析得出结论；互动式是指克服教师单方灌输、个别学生主动发言、部分学生被动学习的弊端，引导全体学生积极参与课程学习，并能够实时互动；启发式是指教师在授课中根据预设的问题启发学生发现问题、分析问题，并能够提出解决问题的方案；比较法是指教师在教学中针对相互联系、容易混淆的知识点进行对比并加以区别，以加深学生的认识和理解，并巩固所学知识。在模拟训练的整个过程中，学生必须把自己的角色转换为律师、法官、检察官、当事人等，然后根据这些角色所代表的利益寻找切入点，收集材料、分析案件以期取得最佳效果。在课堂外，学生可以参与接待当事人，参与案件调解，在法律援助中心值班，接受法律实务指导教师的指导等。

第四，评价方式的过程性。对教学进行科学合理的评价，可以了解教学各方面的情况，从而判断教学的质量和水平，包括取得的成效和存在的缺陷。在法学教育中，要不断进行评价体系的变革，更重要的是促进评价理念、评价方法与手段以及评价实施过程的转变。在传统的法学教育中，评价学生的方式主要是考试，评价学生的标准往往是主观的、单一的，而非客观的、全面的，即以书本知识的记忆和简单理解来进行评价，卷面成绩成为衡量学生知识掌握程度的标准。对于教师而言，他们关注学生最终的考试成绩而不是运用法律知识的能力、解决问题的能力；对于学生而言，他们关注的主要是考试成绩或者说是分数。在这种评价机制下，考核的更多的是记忆力，而不是对分析能力、实务能力的测试。这种考核方法不仅无法诊断出学生在学习上存在的问题与困难，也难以有效地激发并调动学生的学习兴趣。而诊所法律教育则根据教学目标和价值追求设计了多重评价体系，可以多主体、多层次、多方面地评价或衡量学生的学习，更加关注学生的学习过程、学习方法的获得和学习能力的培养。诊所课程结束时没有书面考试，而是重在整个实践过程的检测，主要注重法律实践技能、综合素质的考核，评价方式包括由学生自评、小组互评、教师评价以及社会评价等组成的综合评价体系。学生自评有利于调动学生内因，从而启发学生不断地认识自我、发现自我，并改进自我。学生互评，可以促进学习合作，有利于共同发展。在诊所式教育中，学生对自己评价的重要性要远远超过教师对他们的评价，这是因为，诊所学生更加关心他们所承办的案件的成与败、得与失以及当事人对案件结果的满意程度，也更加注重学生自己参与办理案件的经历和体会。而教师他评关注的是学生的实践能力，即学生在办理案件的过程中是否掌握了解决问题的思路、技能和相应的社会知识，案件是否成功并不一定是评价的重点，在很多情况下，即使案件没有成功，学生仍然会得到肯定的评价。

第五，教学目标的多元化。从学科专业特性来看，法学教育应把传授知识、培养能力和提高素质融合在一起，培养具有比较完整的法学专业知识和理论体系、法律职业思维、法律职业伦理和法律应用能力的专门人才。但是传统法学教育以学生对法学理论知识的掌握为主要目标，而对于职业伦理、法律应用、职业契合度、社会问题等方面的关注较少。在传统的法学教育中，教学内容离开了具体的社会生活背景、离开了现实的当事人、离开了真实的办案经历，法律知识成了空洞的专业语言，教师的讲授成了晦涩的说教。即使是案例教学，也不能满足法律实践中其他领域诸如会见、咨询、事实调查、调解、谈判、起草文件中的许多基本技能的培养以及在判断力、职业责任心以及法律职业角色等方面的培养。法学教育对学生综合素质和职业技能的培养重视不够，影响了人才培养的质量，经济社会的发展对法律人才培养提出了新的标准和要求。根据法律职业的特点及社会对法律人才的需求，法学教育应增加实务性教学内容，如诉讼技巧、非讼处理、谈判技巧等。诊所法律教育着力培养学生的思维能力和实践能力，弥补了传统教学的不足。诊所法律教育积极引导学生像法律人一样思考并关注对他们法律价值形成的引导，帮助学生发展他们的自我反省能力，培养学生的团队合作精神和批判性思维，培养他们从法律的角度追求社会公正。同时，诊所法律教育的课外实践也是一种社会服务活动，学生接触的案件往往涉及法律改革以及当时社会的一些基本问题。学生通过参与处理真实案件，在当事人的需求、案情的复杂环境和不可避免的道德两难等压力下，学会了如何对待当事人之间的利益冲突，如何处理律师与当事人之间的关系，如何培养职业技能和职业伦理等。学生通过为弱势群体提供法律服务，有助于了解普通群众的社会关注点和法律需求，在具体办理案件过程中体会什么是真正的公平正义和司法公信力。这样，既能培养学生的法律实践技能和素养，也能培养学生的社会公益心、责任感和职业道德。

二、诊所式法律教育的兴起

随着社会的进步和经济的发展，法律教育的理念和模式也经历了一个演变过程。德国著名法学家耶林（Rudolph von Jhering）曾说："罗马三次征服世界，第一次是以武力，第二次是以宗教，第三次是以法律，而第三次征服也许是其中最为和平、最为持久的征服。"此处的"第三次征服"是指罗马法对后世各国的法律产生的深远影响。罗马法，一般泛指罗马奴隶制国家法律的总称，它存在于罗马奴隶制国家的整个历史时期，包括自罗马国家产生至西罗马帝国灭亡时期的法律，以及皇帝的命令、元老院的告示、成文法和一些习惯法等。罗马法内容丰富、体系完善，是影响广泛而深远的古代法律体系，也是欧洲历史上最早的一套系统比较完备的法律体系。近现代大陆法系民法的基本原理和法律制度几乎均可追溯至古罗马法，从中找出渊源。罗马法虽属奴隶制社会的产物，但由于它反映了简单商品生产的各种法律关系，因而，恩格斯把罗马法誉为"商品生产者社会的第一个世界性法律"。罗马法实际上包含着资本主义时期的大多数法律关系。公元476年，西罗马帝国灭亡，西欧进入黑暗的中世纪，处于较为落后的蛮族的统治之下。人们已经淡忘了罗马法，中世纪早期已经不存在专门的法律学校，有关法律的学习也几乎消失。12世纪初，西欧各国先后出现了研究和采用罗马法的热潮，史称罗马法复兴。罗马法的复兴不是偶然的，其根本原因在于当时西欧的法律状况同商品经济发展及社会生活极不适应，而罗马法是资本主义社会以前调整商品生产者关系的最完备的法律，这一法律遗产可以满足当时西欧各国一般财产和契约关系的发展变化的需要。到了11世纪，意大利的城市迅速繁荣起来，城市的兴盛促进了商业和贸易，商品经济得以发展，资本主义出现了萌芽。这为对调整商品生产关系的法律的学习和研究奠定了基础，于是在意大利建立了中世纪真正意义上的法律学校，并以此为中心出现了专业的法律教师。11世纪末，中世纪第一所大学博洛尼亚大学建立，它是近代欧洲第一所大学，主要是从研究罗马法开始的，并长期成为传播罗马法的基地，培养了大量的法律专门人才。中世纪第一位伟大的罗马法学家伊尔内留斯在博洛尼亚大学法学院教授罗马法，并以此奠定了注释法学派的基础，他通过注释的方法，对《学说汇纂》等罗马法文献进行广泛的整理、编纂和文字注解。由此可见，这一时期学习和研究法律的基本的形式就是对权威文本的字面含义进行注释，即进行文本解释；同时还运用辩证法，对不同文献之间的内在矛盾进行整合以及协调罗马法与地方法之间的关系。这也被称为前期注释法学派。14 世纪在意大利又形成了研究罗马法的"评论法学派"，把纯注释的方法改为既注释又评论，着重从罗马法中提炼法律的原理和规则，建立法律的基本体系。这就是后期注释法学派。该学派的宗旨是致力于罗马法与中世纪西欧法律实践的结合，以改造落后的封建地方习惯法，使罗马法的研究与适用有了新的发展。罗马法在意大利复兴以后，很快扩展到西欧各主要国家。中世纪欧洲大学法学院的法学课程设置和教学方法也被称为经院式教学方法或经院主义方法。

18 世纪以来，美国法律教育存在着学徒式和经院式两种不同的模式。美国当时对未来律师的培养实行学徒式，大部分州的法律教育都需要一定的学徒年限。虽然学徒式培养的具体方式有很大的不同，但一般都包括阅读法律教材和实践案例，观摩指导老师代理真实案件等。虽然学徒式教育培养出大量的律师，但对学徒式教育的批评一直存在，包括学生没有受到系统的法律教育、学生不需要经过考核、没有客观的衡量标准等。学徒制方式无疑培养出了历史上大量的律师，但从本质上说它是失衡的、狭隘的，并不能表明学生将具有成为一名合格律师的能力。从职业教育来看，律师应当在法学教育机构接受系统的、统一的、规范性的训练，即在大学里学习法律文献和法律知识。与此同时，美国大学已经普遍设立法学院，教学内容是英国普通法，其教学方法仍然承袭了欧洲的讲授法。到 19 世纪末期，大量出现的新的法律院校最终改变了以学徒式教育模式为基本模式的教育理念，这种教育模式的改变也给法学教育提供了新的出路。1870 年，哈佛大学法学院院长克里斯托弗·哥伦布·兰德尔（Christopher Columbus Langdell）开始试行案例教学法，学生通过分析上诉法院的判决来学习法律。这种教学法以案例为教学素材，要求学生从审判的角度去阅读案例，学会如何通过案例分析进行推理，学会从特殊情况演绎出法律一般原理，课堂上教师和学生通过问答的形式展开讨论。尽管案例教学法以美国本土案例取代了英国法，比传统的经院教育更贴近社会实践，但其注释性的分析和综合与经院主义教育性质相同，实质上并未改变经院主义的教学理念。正因为如此，美国的法学教育在规模化展开的同时，并未培养出大量可以解决社会矛盾的法律人才。此时，法学教育距离实践的需求仍然差距较大。最先质疑兰德尔教学法的运动以法律现实主义为代表，出现于 20 世纪 20 年代至 30 年代。现实主义者认为，学习上诉法院的判决从根本上就是有缺陷的、不完整的，除此之外学生还需要了解法律和法律职业如何在社会中发挥作用。如果法学院的学生能够亲身经历案件发生时以及案件判决时的社会生活，就会受到更好的教育，而且，法学院有责任培养学生对法律决定所产生结果的伦理敏感性。

直到 1930 年，诊所式法律教育的概念才出现在学术刊物上，也就是说，该种教学模式和教育理念开始进入学术研究的领域。诊所式法律教育的支持者有杰罗姆·弗兰克（Jerome Frank）和约翰·布莱威（John Bradway）等。他们通过撰写学术论文揭示案例教学法的缺陷，同时倡导在法学院的课程中开设诊所式法律教育。为了弥补案例教学法的不足，弗兰克建议开设诊所式教育课程以使学生参与现实的法律实践。弗兰克认为，法学学生应该学习如何与当事人建立关系，观察证人、法官和陪审团的行为，学习谈判和诉讼技巧。当然，弗兰克并不是要寻求完全放弃苏格拉底案例教学法，而是立足于法学教育的现实问题，主张应加强法律实践教学以提高培养质量。1933 年，时任杜克大学法学院法律援助诊所主任的布莱威，在芝加哥大学法律评论上发表文章，概括了法律诊所教育的五大目标：①在理论和实践之间建立桥梁；②将实体法与程序法相结合；③将当事人及其他特性与"法律的学习与实践"相整合；④将学生纳入法律倡导之中；⑤教育学生从最开始去分析法律问题，而不是像苏格拉底案例教学法那样在最后用上诉法院的判决来教育学生。经过学术研究和宣传，诊所式法律教育模式被逐渐认知，并很快得到了法学院的师生、法律界乃至社会的重视。诊所式法律教育模式得以发展的一个重要原因是法律援助制度的出现，社会可以借助法学院师生的力量为弱势群体提供法律帮助。在 20 世纪 60 年代到 70 年代，诊所式法律教育的理念从单纯培养学生的律师技能转变为服务于社会的贫弱群体，从伦理道德的角度培养学生的社会责任感，培养学生从事有关弱势群体的法律实践，在社区中树立法律院校的形象并发挥积极作用。另外，很多诊所通过项目的开展，办理了一些涉及法律改革和社会问题的重大案件，扩大了社会效果。总的来说，促进诊所式法律教育发展的影响因素很多，如法学院对社会的关注程度、教学方法的改进、社会资金的投入以及从事诊所式教育教师数量的增加等，所有努力不仅是教学方法的转变，而且也丰富了教学内容，提升了教学效果。许多公益项目和关注弱势群体的法律项目得以与诊所项目合作或者得到诊所项目的支持，美国福特基金会资助了一些法学院设立诊所式课程。目前，不仅美国的所有法学院都开设了诊所式法律教育，澳大利亚、日本等国也开展了诊所式法律教育。我国高校从 2000 年开始引进诊所式法律教育，并逐步得到发展。

三、诊所式法律教育的意义

1. 促进教育理念的转变

现代法学教育作为一项系统工程，是以传授法律知识、训练法律思维、培养合格法律专业人才为内容的教育活动。法学教育的目标是培养具备扎实的法律知识功底、完善的人文知识背景、严密的逻辑分析能力、突出的语言表达能力，具备崇尚法律、恪守法律职业道德的精神品质，具有创新意识和创新能力的应用型、复合型法律人才。虽然我国法学教育经过多年的建设和发展已经取得了一些成果，但并未科学构建区分研究型和应用型法律人才的差异性、层次性培养标准，存在着法学教育与法律实践不相适应、培养方式与职业教育难以有效对接的情况，粗放式的法律人才培养模式难以有效满足经济社会发展对不同层次的法律人才的需求。我国法学教育内容始终偏向基础知识的传授，过分强调体系性学习，这样很容易忽视理论与实践之间的关联。在司法实践中，法科学生只是单纯地、机械地套用法律规定，而对案件涉及的法律问题缺乏全面的、准确的分析，解决疑难复杂案件的能力较为欠缺。实体法与程序法相脱节的问题同样不容忽视。实体法与程序法在知识的构成与功能的实现等方面具有内在的联系，不可分割，民法、刑法、行政法以及与之对应的程序法，是与人们的社会关系最为密切的法律。然而，在课堂教学中，程序法与实体法的内在联系被忽视，程序法得不到应有的重视。实务技能培养和训练的缺乏，不仅使学生操作能力薄弱，而且由于缺乏对法院、检察院和律师事务所等实务部门法律功能的了解，学生所学的知识是僵化的、碎片化的，无法将知识与实践联系起来，难以具体适用于社会现实。

随着社会关系的日益复杂和社会分工的日趋精细化，法律调整的范围也越来越细化。尽管如此，仍不能忽视各部门法之间以及各单行法之间有着不同程度的联系。如果不了解法律在调整内容和调整方法上的内在联系，那么所形成的对法律的认知就是片面的、机械的，也就无法形成系统的基础知识结构和专业化的职业思维。相关学科之间的脱节导致了知识体系的割裂和思维方向的单一性，法律知识具有整体性和体系性，各部门法以法理学为基础，既有区别也有深层次的内在联系。在司法实践中，一些案件涉及不同的部门法，出现不同性质的法律关系交叉的情况，然而，由于体系化的法律知识的欠缺，一些法律职业者常常束手无策或发生认识偏差。例如，在民法和刑法领域，无论是学术界还是实务界，都有一些法律职业人因自身知识和能力的局限，从单一的角度去分析和处理刑民法律关系交叉的案件，以致于会得出截然不同甚至矛盾的结论。而诊所法律教育遇到的真实案件所应用到的法律知识很少局限在某一个部门法或某一领域，通常既包括多个实体法，还涉及程序法，要求学生在解决问题时必须将法律作为一个有机整体来思考，以案件事实为线索，将各个部门法的相关知识串联起来。诊所法律教育的引进，带来的不仅是一种新的教学方式，更是一种全新的教学理念，它将突破传统的教育模式，带来许多新的观念和思路，从而为我国未来的法学教育发展提供帮助。法律职业素养的养成，如法治信仰的塑造、法律语言的掌握、法律思维的形成、法律论证与解释能力的具备都是一个长期培育、积累和训练的实践过程。因此，引进诊所法律教育，对补充和完善我国传统法学教育的不足以及促进我国法学教育体制的改革都具有十分重要的现实意义。

2. 激发学生的学习兴趣

兴趣是学习的动力和源泉，因而是最好的老师。为了激发学生学习法律的兴趣，课堂教学就应该从教育理念和教学方法的转变着手。就教学方法而言，讲授是目前最主要的授课方式，教师按照统一的教学大纲和教材教案按部就班地讲授，授课内容主要是法学的基本原理和系统知识，这种教学方式的最终目的是让学生掌握法律知识、理解法律条文。同时，为了调动学生的学习积极性和增加互动性，还引入课堂问答和小规模讨论，此外还补充一些案例，让学生分析案情、寻找法律条文并加以解决。这种教学方法也被称为经院式教学模式，即采取"一言堂"的课堂讲授形式。在这种模式下，教师成为教学活动的主体，教师的教学是单向的、封闭的，教师在备课、授课和辅导的整个过程中，基本上不考虑与学生互动、交流，而是将已经准备好的知识要点以讲授的方式单向性地灌输给学生，很少顾及学生的感受和体会。学生只是被当作听众，他的学习是消极和厌倦的，他所接受的知识是教条、死板和支离破碎的。在学生看来，法律概念、法律原理都是空洞、抽象的，而且相关的知识都有教材作为参考，因而学生对于法律知识的学习基本处于应付型和期末考试的突击型，就学习方法而言，主要是临考前的一种死记硬背。课程结束之后，学生缺乏对基本原理、制度体系、实务知识的基本认知，例如，在民商法领域，学生经过系统的学习之后，可能只能记住一些简单的知识点，如基本原则、物权类型、侵权责任的一般要件，谈不上对法律精神的理解和法律知识的运用。这样的教学方法压抑了学生的学习能动性，难以形成师生的积极互动，教学效果低，知识的被动传授不仅不能激发学生的学习兴趣，而且也不能培养学生的实践能力。

在诊所法律教育模式中，教学活动以学生为主，学生成为学习的主人；教师只是课堂上的主持人、教学环节的引导者，而学生则是讨论和模拟的主角。学生和教师在空间上通常围成一个圆圈，面对面地进行平等地探讨和交流，教与学变成分享知识、共享经验的过程，课堂上没有现成的答案，也不会设置唯一的标准，一切都是动态的，将根据具体案件情况的变化而变化。教师的知识垄断和权威地位被打破，学生可以对老师说"不"，因为不存在预设的答案或固定的判断标准。这样的教学模式极大地调动了学生的积极性和参与性，使学生真正成为课堂的学习者；与传统法律教育模式中教师作为教学活动主体在讲台上按照事先准备的大纲和讲义宣讲，学生只是知识的被动接受者相比较，更具有学习动因和效果优势。学生的学习也由"要我学"的被动学习型变成"我要学"的主动学习型。所有教学内容的设置都有一个主线，即紧紧围绕着学生角色和能力的转变与提高，或者说由一个被动的听课者转变到一个主动的实践者。诊所法律教育的一个基本要求是学生必须办理真实案件，在变化的社会现实中学习应用法律，解决实际问题。在诊所教师的指导下，学生为各种各样的案件当事人提供法律服务，同时达到他们各自的学习目标。在办理真实案件的过程中，诊所学生的能力得以检验，即使在不能独立办案的情形下，有教师的直接指导，诊所学生仍然可以强烈地感觉到他们在当事人心目中的重要地位。学生成为咨询员、调解员、代理人，在满足当事人不同需求、适用不同法律时，还充当了普法者和教育者。

3. 提高学生的实践能力

法律教育不但是一门人文社会科学的理论教育，具有学术性；同时也是一种职业技能培训教育，具有实践性，因而，法律教育应是理论教育与实践教育的有机结合。传统的法律教育只注重专业知识的传授、基本原理的分析和法律条文的注解，忽视了对学生法律职业技能和实务能力的培养。即使以实践形式展开的传统毕业实习，也存在很多不足。这是因为，实习是学生作为旁观者和跟随者去旁听、观察，协助法官、检察官、律师办理案件，只是作为助手参与案件的处理。实习中其法律事务的观察者而非实践者的角色，决定了学生在实习过程中缺乏相应的压力、热情和责任，也就导致这种形式难以有效地实现教育目标。学生参与处理的案件具有偶然性，没有针对性，难以亲临一个案件的全部过程，由于学生参与的限制，削弱了实习的教育意义和实际效果。总体而言，对法学实践教学的目标定位不准和功能认识不足，致使实践教学没有得到应有的重视，极大地影响了开展实践教学的积极性和实效性，最终导致不少法科学生机械记忆、高分低能，动手能力不强，在法律实务中眼高手低、举步维艰，并且缺乏创造力、思辨力。法律职业技能如沟通能力、法律文书写作能力、起草法律文件能力、鉴别和运用证据能力、发现和适用法律的能力，都是从书本和教条上难以获得的，是单凭理论教学难以培养的，必须通过严格的训练才能习得和提升这些能力。诊所法律教育的引进，使学生获得了许多在课堂上无法获得的实践经验，综合素质也得到了提高。诊所法律教育是一种实践教育，它的特殊性不仅仅是它同传统的法律教育方法不同，更在于它从根本上改变了法学教育的理念和效果，从单纯的由理论指导实践转变到通过实践习得知识和提升技能，让学生学会了从实践环节掌握法律、了解社会。诊所式法律教育旨在逐步提高学生的实践能力、应变能力、思维能力和综合素质，让学生走出教室，步入社会，通过理清案情、适用法律，解决实际问题。这种亲身体验的方式有助于学生思考问题、理解问题、解决问题，从而锻炼他们的法律应用能力。

法律实践能力提高的环节主要表现在：首先，学生通过参与案件的处理，掌握了基本职业技能，例如接待、咨询、谈判、起草法律文书等。在教师指导下，就法律援助中的真实案件，学生通过接待当事人来访、提供专业咨询、代为撰写法律文书、受托参加纠纷解决等方式，直接从事法律实务工作。在接待当事人的过程中，学生会遇到各种各样的状况，此时，没有事先的模拟，没有预设的问题，也没有标准的答案，有关案件的事实和问题需要学生去发掘，法律分析、判断和处理都需要学生自己去探索；并且，在此过程中可能会出现各种事先难以预料的情况变化，使已经形成的法律意见被新的法律事实推翻。这就迫使学生改变在可控教育环境下那种抽象思辨、价值判断的思维模式，从具体案件的各种利益权衡中分析和评估案件事实，自己动手去检索法律，主动与教师、同学一起讨论法律知识和应用问题。其次，学生通过在法律诊所的模拟训练，逐步提高了运用法律解决实际问题的能力。庭审模拟是一种系统的、全过程的训练，学生可以亲身投入到开展法庭审判中的各项工作，在各个环节都得到锻炼。在庭前准备和庭审过程中，学生必须系统地掌握案件所涉及的相关实体法和程序法知识，这有助于学生对基础知识的掌握；学生分别担任法官、书记员、原告、被告、证人等诉讼角色，分析证据的审查、事实的认定以及法律的适用，有助于培养学生的合作精神以及对案件的分析能力；法庭调查阶段，举证、质证、认证等环节的训练，有助于培养学生的证据分析能力；法庭辩论阶段，原告与被告之间的论证与辩驳，有助于提高学生逻辑思维能力和表达能力；庭审中的调解，法官与当事人之间的协调、沟通，有助于培养学生的谈判能力；制作代理词、判决书等法律文书，有助于学生对案件的全面把握和对相关法律知识的系统应用。

4. 培养法律思维能力

法律职业群体，亦称为"法律共同体"或者"法律人"，包括法官、检察官、行政裁决人员、仲裁员、公证员、律师、法律顾问、法学教师等。这些职业差异很大，角色定位不同。例如，律师是自由职业者，为当事人提供法律服务；法官执掌裁判权，根据事实和法律居中裁判；检察官负责法律监督，依照法律公正行使检察权。之所以把他们归入"法律共同体"，是因为他们都需要具备法律职业所需要的法律知识、职业素养、职业技能和思维方式。法律思维是法律人的特定职业思维方式，是法律人在决策过程中按照法律逻辑和程序机制，通过推理、判断和自由心证来思考、分析、解决问题的职业思维模式。法律思维的基本规则包括：权利义务关系是法律职业思维的逻辑起点，程序正义优于实体正义，裁判要兼顾法律效果和社会效果，举证分配要重视经验法则和社会常理等。法律思维的过程就是将法律规范和案件事实结合起来的过程。法律职业人员运用法律思维，必须具备深厚的法律知识底蕴，否则思考法律问题就会缺乏依据和失去方向；同时，法律职业人员还必须具备必要的生活阅历和社会经验，否则就无法深入把握案件事实要素和构成。法律思维为法律与人类社会生活的互动提供了方法，是受法律意识和操作技能影响的一种认识社会现象的方法。法律是高度抽象的规则体系，而现实生活是纷繁杂陈、不断发展的，法律人必须对大量的社会现象进行分析加工，在静态的法律与动态的现实之间进行权衡，寻找规则与个案的联系点。

法律工作的特质在于用法律解决社会问题，要求法律工作者具有独特的法律思维，运用法律术语进行观察、思考和判断，将社会纠纷转化为法律上的权利义务关系来处理。因而，法律工作者须具备娴熟的法律运用能力和较高的法律研究能力，包括法律解释、法律推理、法律程序、法律论证、证据运用、法庭辩论、法律文书制作等方面的能力。传统的法学教学模式，缺乏培养学生创造性思维和批判性思维的目标要求。法律诊所教育则以培养学生分析与解决问题的实务能力为基本目标，除了教学内容的调整外，不断改进教学方法以满足对学生职业能力培养的需要，主要表现为在教学中克服灌输式、填鸭式、经院式的教学方法，采取互动式、启发式、体验式的教学方法。例如，通过典型案例的讨论和辩论，锻炼学生的综合分析能力、法律推理能力；通过观摩案件的审理，帮助学生了解法庭审理的程序运行以及思考法官、律师和当事人对于案情的把握程度；通过模拟法庭，锻炼学生的操作能力、逻辑能力和应变能力。诊所式法律教育把学生置于真实的法律环境中，学生可以直接面对现实生活中的利益冲突与社会问题。很多现实问题是学生在课堂中从未遇到过的，没有现成的答案供学生参考，学生必须结合自身的专业知识并根据案件的实际情况进行判断和分析，从而能够对案件深刻地理解和把握。而且，学生对真实案例的实际参与，纠正了"经院式"案例教学只关注具体部门法问题的偏向，突破了部门法划分的壁垒，从法律职业者的角度综合了不同部门法中实体法和程序法的知识。对具体案件进行全方位的法律分析，有利于培养学生对法律理论知识的系统整合及实际运用能力，真正实现了法学理论与法律实践的有机结合。

5. 培育学生的职业道德

法律职业道德是职业道德的一个重要组成部分，它是指法官、检察官、律师等从事法律职业的专业人员在法律活动中应当遵循的道德规范以及与之相适应的道德观念、道德情操和道德品质。与一般意义上的道德有所不同，法律职业道德具有较强的专业性和严格的职业性。法官、检察官、律师等法律从业人员不仅应系统掌握法律知识和技能，而且应具有信仰法治、恪守职业伦理的基本品格，担负起维护宪法和法律的权威、维护社会公平与正义的重任。例如，法官应秉承正义的信念，保持客观、理性、真实的态度，使法律的正义与现实的公平相印证；律师应当在维护法律正义的前提下，服务于当事人并追求当事人利益的最大化。因此，除专业知识教育外，法律教育应坚持"以人为本"的精神，注重道德素质、信仰教育以及正确的人生观、价值观和世界观的培养。通过职业道德教育，学生在了解与把握法学知识和技能的同时，能够将法律的他律转变成道德的自律，进而使自律转化成一种至诚至真的内在需求，真正深入到人的内心世界，从心灵深处产生对宪法和法律的认同、信服、尊崇、敬畏，并做到自觉遵守和模范遵守。从本质上而言，道德是一种实践性的修行，它要培养的是一种品格，道德的培养必须在实践中来形成，这就与知识的获得不同，它不能由老师单方面地灌输。长期以来，我国的法学教育与法律职业相分离，对法律职业道德的教育不够重视，往往依赖于一般的道德教育和思想政治教育。在教学内容上，既没有将法律职业道德教育内容充分渗透到知识的传授中，也没有通过实践教育来强化学生的职业道德意识。

　　诊所式法律教育除了传统实践性教学的技能培养外，还有一个重要的环节就是对学生职业道德的培养。这种培养主要体现在：首先，在法律诊所中有明确的法律职业道德的教学内容，包括法律职业道德的含义和意义、律师的职业道德和执业纪律、法官职业道德的基本要求、检察官职业道德的基本要求等；其次，通过现实案例和模拟训练引导学生从社会的角度思考法律的价值，从法律的角度追求社会的公正；最后，通过法律援助等公益性的社会服务进行培养。学生在诊所式法律教育实践中主要面对的是社会弱势群体的案件，妇女、儿童、老人、残疾人是社会中的弱者，他们往往在体力、智力、机会、物质等方面处于不利地位。从法律自身的角度来看，保护弱势群体的本质，是一种人道主义关怀，体现了法律的公平，也是实质正义的具体实行。在诊所教育中，学生通过向弱势群体提供法律援助，真真切切地感受到法律职业的高尚，体会到法律职业的社会价值。通过参与法律实践，法科学生可以了解我国不同地区的经济社会状况，可以从学生视角去观察社会问题并直面社会中的各种冲突，可以切实地真正地帮助到社会中的弱势群体，可以充分地激发大学生的同情心和社会正义感。诊所式法律教育实践将学生引入实务领域，促使学生认识到法律的重要性和法律职业的核心价值，并激发为社会提供法律服务的职业责任感，职业素养得到自我发展。当然，诊所式法律教育只是为学生的道德成长提供了一种机会，并不必然保证学生接受这种教育就会有良好的职业道德，但是，这种教育方式将学生置于道德主体的角度，体现了社会对成年人对自己行为负责、对社会负责的期望。

四、诊所式法律教育与法律人才培养机制改革

（一）法律人才培养机制的改革背景

近年来，我国法学专业具有扎实理论和实践经验的教师比例有了很大提升，师资力量不断得到增强，在培养目标上注重学生综合素质的培育，在培养方法上逐步加强法学实践教学。总体而言，我国高等法学教育的发展不均衡，存在人才培养标准设置不科学、办学特色不鲜明、学生实务技能培养不足等状况。虽然我国法学教育在学生实践能力的培养上取得了一定的成效，但培养模式相对单一，并形成了一种固化的模式。这种模式化的教育在各个培养单位区别不大，主要包括如下环节：（1）案例教学。这是一种最基本的教学方法。在课堂教学中，教师通常结合案情或实例去讲授法律知识，以增强形象性和生动性，从而使学生加深对理论知识的理解和掌握。（2）庭审模拟。各培养单位一般都建设有标准化模拟法庭。庭审模拟主要分为两种情况：一是诉讼法课程教师将庭审模拟作为一个教学环节和考评依据；二是法律诊所课堂中由学生扮演某一具体案件的不同角色来模拟参与审判。（3）庭审观摩。一般而言，庭审观摩主要分为几种情况：一是学生利用课余时间或假期到庭审现场观摩审判；二是基于课程需要集中组织学生旁听典型的案件审理；三是法院安排巡回法庭到模拟法庭审理案件。（4）法律服务。主要包括提供法律咨询和法律援助等。在重要的节假日，如"3·15"国际消费者权利日、"12·4"宪法日、国庆节等，学生通常在教师组织下到社区、广场、集市等地方解答群众提出的法律问题。另外，部分培养单位还设立有法律援助中心工作站，学生在教师指导下直接参与案件办理，为经济困难群众提供法律援助。（5）法律诊所教育，亦称诊所式法律教育，是20世纪60年代兴起于美国的一种法学教育方法。从2000年开始，我国一些高校陆续开设法律诊所课程，主要包括民事诊所、立法诊所、刑事诊所等，成为法学教育改革的一项重要措施。法律诊所克服了以讲授为主的课堂教学的不足，极大地调动了学

生的学习积极性，也有助于培养学生办理案件的实务技能和技巧，因而受到学生的广泛欢迎。(6)毕业实习。各培养单位一般都在法院、检察院、仲裁机构、律师事务所等建立了实习基地，本科生通常在大四的第一学期到实习基地实习。

虽然我国法学教育经过多年的建设和发展已经取得了一些成果，但并未科学构建区分研究型和应用型法律人才的差异化培养标准，法律人才培养模式不能满足经济社会发展对多样化法律人才的需求，具有明显的滞后性和不适应性。主要表现在：(1)课程设置存在不足。各培养单位开设的法学专业课程主要包括核心课程，即16门法学主干课程，以及其他由学生选择的任选课和限选课。这些课程设置以理论教学和传授知识为主，而以培养和训练学生实务操作和应用能力为主要目的的课程开设较少，与应用型人才培养目标不吻合。(2)教学方法存在不足。长期以来，教学过程中的灌输式教学模式单向性和封闭性较为突出。教师的角色主要是采用演绎方法来介绍概念和特征、解析法律条文、阐述基本理论、灌输学术观点，学生的积极性、主动性、创造性难以发挥。学生一般都是根据教材资料和教师讲授去应付考试，而且学生成绩的评价也主要依据学生的卷面考试成绩。由于法律思维方式的培养没有得到足够重视和有效实施，因而学生很难批判性地思考法律问题和实践问题，也很难创造性地形成自己的观点和见解并阐述理由，其解决现实问题的应用能力不强。(3)与实务部门合作存在不足。虽然一些培养单位在法院、检察院、律师事务所、仲裁机构等建立了常规性实习基地，但与实务部门的合作机制缺乏应有的深度和广度。主要表现在：其一，一些培养单位请进来授课的法官、检察官和律师等实务人员并不太多，没有形成常态化的授课机制和体系化的授课内容；其二，教师与实务部门的接触较少，主要是对于实践中的法律资源没有形成共享机制；其三，课堂教学中的案例一般都是比较陈旧的案例或者一些虚拟的情节，不能充分利用实务中的一些重大案例或者典型案例进行教学。(4)实践活动存在不足。一方面，常规化的教学实践，如毕业实习存在形式化问题，无论是分散实习还是集中实习，都存在对实习的过程和效果缺少必要的监督和控制的情形；另一方面，课外实践活动的覆盖面不大，一般只有部分学生参与法律服务活动。

(二)法律人才培养机制的改革目标

教育部、中央政法委员会2011年12月发布的《关于实施卓越法律人才教育培养计划的若干意见》明确提出了我国高等法学教育的"卓越法律人才教育培养计划",并就总体目标作了明确规定,即"经过10年左右的努力,形成科学先进、具有中国特色的法学教育理念,形成开放多样、符合中国国情的法律人才培养体制,培养造就一批信念执著、品德优良、知识丰富、本领过硬的高素质法律人才"。"卓越法律人才教育培养计划"的实施必将对我国法学教育发展和法律人才培养改革产生重要影响。我国开设法学专业的高校有600多所,培养目标定位主要分为两类,即培养研究型法律人才和应用型法律人才。但对于大多数高校而言,法学教育的目标主要是培养知识结构合理、具有较强实践能力的应用型法律职业人才。具体来说,就是为立法机关、党政机关、司法机关以及其他实务部门培养具有现代法治理念、法律职业技能和法律职业道德,系统掌握法律专业知识、思维方法和实践技能,同时具备其他学科的基础知识和社会知识,能够利用所学知识和技能应对和处理社会问题和法律问题的应用型、复合型法律专门人才,以满足经济社会发展对法律人才的需要。要实现这一目标,就需要革新教育理念和教育模式,改革人才培养机制。主要包括:

第一,强化法律职业教育。强化法律职业教育已经在法学界和实务界形成共识。法学教育固有属性要求它与法律职业紧密联系在一起,建立法学教育和法律职业的联系应当是制度建设的出发点。在传统教育中,学生处于一个虚拟的环境里,在教师提供的一套固定的、简单的事实基础上决定如何适用法律。其结果是,学生缺乏了解社会和参与实践的途径,只能被动地获取抽象的法律理念与基本的法律知识。这种被动单向的重理论、轻实践的教学模式显然难以适应培养应用型、复合型卓越法律人才的要求,必须进行相应的改革。这种改革就是突出课程内容和教学方式的实践性,满足人才培养的职业技能要求,以此实现现代大学服务社会的基本职能。法律人才的培养应由过去注重学历教育和知识传授向职业教育和技能培养方面转变,而实践教学是法学教育和法律职业的桥梁和纽带。《关于实施卓越法律人才教育培养计划的若干意见》明确提出,加大实践教学比重,确保法学实践环节累计学分(学时)不少于总数的15%。加强校内实践环节,开发法律方法课程,搞好案例教学,办好模拟法庭、法律诊所等。通过实践教学,着力培养学生将来从事法律职业和提供法律服务所需要的基本技能和技巧,如文书撰写、庭审实务、合同起草、法律解释、证据审核、谈判技巧、辩论方法、法律思维、纠纷解决等，是我国法治建设的迫切要求。

第二，构建联合培养机制。建立"高校-实务部门联合培养"机制是实施"卓越法律人才教育培养计划"的基本要求，也是强化法律职业教育的重要举措。具体而言，就是该计划中提出的"加强高校与实务部门的合作，共同制定培养目标，共同设计课程体系，共同开发优质教材，共同组织教学团队，共同建设实践基地，探索形成常态化、规范化的卓越法律人才培养机制"。要促进法学教育与法律职业的深度衔接，就必须建立切实有效的联合培养机制。职业教育具有开放性特征，单纯依靠高校的师资力量进行实践教学具有封闭性和局限性，其教学资源和实践效果也难以适应和满足社会对法律职业人才的需要。只有理论与实践、培养与使用相结合，才能实现法学教育与法律职业的互动和双赢。为满足实践教学需要，各高校一般都在司法机关、律师事务所、仲裁机构等建立了常规化教学基地。为落实卓越法律人才教育培养计划，2012 年经教育部和中央政法委批准，58 所高校成为"应用型、复合型法律职业人才教育培养基地"，22 所高校成为"涉外法律人才教育培养基地"，12 所高校成为"西部基层法律人才教育培养基地"，我国法学教育形成分类培养机制。

（三）法律人才培养机制的改革路径

1. 加强法治理念教育

建设社会主义法治国家，首先必须准确理解并全面把握社会主义法治理念的本质要求和深刻内涵。社会主义法治理念是有关社会主义法治宗旨的观念、意识、信念体系，是社会主义法治的灵魂和精神，体现了法治的内在要求和价值追求，是建设社会主义法治国家的思想指南，所要回答的基本问题是为什么实行法治以及如何实现法治。社会主义法治理念的基本内涵，可概括为"依法治国、执法为民、公平正义、服务大局和党的领导"。这五个方面共同构成一个有机联系的整体，是中国特色社会主义法治建设实践经验的总结和人类法治文明的优秀成果。培养社会主义法律人才不仅要进行法律职业技能的训练，而且特别要加强法律意识、职业意识、职业伦理等理念教育，这是培育法律信仰和法治情感的前提和基础。

2. 改革专业课程设置

课程体系设置是否科学合理，直接影响法律职业教育培养目标的实现，为此，需要适时修订法学专业培养方案，对培养计划和课程设置进行相应的调整。立足于卓越法律人才的培养，在法学专业课程的设置上，应通过广泛调研听取法官、检察官和律师以及其他实务部门人员的意见和建议，强调教学以社会实践和实用训练为主，突出法学课程内容的实务性和实践性；在教学计划中相对减少理论课教学时数，增加实践教学时数和实务课学分的比例。对于法律方法、法理学、宪法学、民法学、刑法学、诉讼法等课程的教学应进一步加强，同时，增加与经济社会发展密切相关的课程比重，如公益、涉外、民族事务等。为了拓宽学生的知识结构、培养学生的综合素质，培养方案还应要求学生选修其他专业课程和通识课程。

3. 深化联合培养机制

通过双师授课、双师指导，进一步强化学生的职业技能和创新能力。一方面，认真落实高等学校与法律实务部门人员互聘计划，即"选聘有较高理论水平和丰富实践经验的法律实务部门专家到高校法学院系兼职或挂职任教，承担法学专业课程教学任务；选聘高校法学专业骨干教师到法律实务部门兼职或挂职，参与法律实务工作"。由此，形成资深法官、检察官和律师等实务部门人员担任兼职教师，与专任教师共同组成专、兼职教学的团队。另一方面，法学院系可以与司法机关达成教学合作协议，将司法案例变为教学资源。在专职教师、司法人员主持下，学生参与讨论实务中的疑难案例和法律问题，由司法人员讲授审判工作或检察工作中的法律思维方式和具体操作实务，并与专职教师共同对学生的讨论结果进行评析。

4. 拓展实践教学环节

法学教育应根据分类培养需要，积极拓展实践教学方式、不断丰富实践教学内容，突出实践能力培养。除了加强对学生的实习指导和监督外，还应做好如下工作：其一，引导学生积极参与地方立法。教师可以根据地方立法机构的立法规划，引导学生根据立法规划和立法草案参与立法论证和实地调研，并提出分析论证报告。其二，鼓励学生参与大学生创新性实践项目。法学专业学生可以组成不同的小组，就实践项目进行调研，撰写研究报告。项目选题可以根据区域性的社会发展问题加以确定，如环境与资源保护、弱势群体权益保障、传统文化保护、纠纷解决机制、涉外法律服务等。其三，强化公益法律服务意识，探索公益法律服务新模式，吸引个人和组织积极参与公益法律服务，形成公益法律服务的人才培养机制。

5. 建立合理的评价机制

科学合理的评价机制有助于素质教育的具体落实和教学质量的不断提高。评价机制改革的侧重点主要包括：其一，改革教学方式的评价。在课堂教学中，教师应结合学生的文化基础和个性特征，摈弃满堂灌式、填鸭式的单纯理论知识传授，突出学生的学习主体地位，提高学生的主体意识，通过问题导入、师生互动，激发学生的学习热情和兴趣。学生直接参与法律知识、实践问题的讲解和实务案例的分析，教师通过点评和启发，及时诊断问题，以此加强对学生法律职业思维的训练。其二，改革学生成绩的评定。增强学生的实践能力离不开考核制度的转变：主要是改变传统的一次性考试的考核制度，把着眼点放在全面测评学生学习过程中提出问题、分析问题和解决问题的能力，并同时提升实践能力的考核分值。

第二节　民事法律诊所的基本要素

一、民事法律诊所的特性

以专业或方向为依据，法律诊所可以划分为若干"专业型法律诊所"，如民事法律诊所、刑事法律诊所、行政法律诊所、劳动法律诊所、知识产权法律诊所、环境法律诊所等。另外，不少高校还针对不同的社会问题开设了专门型法律诊所，如社区法律诊所、农民法律诊所、青少年犯罪法律诊所、婚姻家庭法律诊所、老年人权益保护法律诊所、控烟法律诊所等。这种诊所突破了传统部门法的划分，侧重于某一特定的领域，主要是根据某个群体、某种现象等方面的社会需要，诊断相关法律问题，并提供相应的法律服务。一些法律诊所侧重于为特定的当事人提供代理服务，如贫困者、家庭暴力的受害者、儿童、老人等弱势群体。顾名思义，民事法律诊所旨在培养学生利用民法学知识分析并解决实际问题，提高学生在民事案件审理、代理和非诉实务中的综合能力。民事法律诊所面对的是民事主体之间的民事纠纷。所谓民事纠纷，是指平等主体之间发生的，因违反了民事法律规范而引起的，以民事权利义务为内容的社会纠纷。根据民事纠纷的特点和内容，可将民事纠纷分为两大类：一类是财产关系方面的民事纠纷，包括财产归属关系的民事纠纷和财产流转关系的民事纠纷；另一类是人身关系的民事纠纷，包括人格权关系的民事纠纷和身份关系的民事纠纷。最高人民法院发布的《民事案件案由规定》，以民法理论对民事法律关系的分类为基础，以法律关系的内容即民事权利类型来编排体系，结合现行立法及审判实践，将民事纠纷分为人格权纠纷，婚姻家庭继承纠纷，物权纠纷，合同、无因管理、不当得利纠纷，知识产权与竞争纠纷，劳动争议与人事争议，海事海商纠纷，与公司、证券、保险、票据等有关的民事纠纷，侵权责任纠纷等。这些纠纷类型也构成民事案件案由。案由体系的设置，为方便当事人诉讼服务、为立案和审判实践服务、为司法统计服务、为加强民事审判管理服务。

相较于行政争议和刑事争议，民事纠纷具有可处分性。民法是调整民事生活的法律，公法是调整政治生活的法律，它们所遵循的基本原理有很大不同。公法调整国家利益或公共利益，它的一方主体是国家，与另一方主体一般是不平等的法律关系。公法所遵循的基本原理体现了国家意志，解决行政争议，必须依照法律规定的程序进行；对于刑事案件，一般都有侦查机关、检察机关等国家机关主动介入。与此不同，民法所遵循的基本原理体现为私法自治。所谓私法自治，亦称意思自治，指经济生活和家庭生活中的民事权利和义务关系的设立、变更和消灭，均取决于当事人自己的意思，原则上国家不作干预，但是，为了保护消费者、劳动者利益及社会公共利益，国家有必要颁布特别法对私法自治予以适度的限制。私法自治的实质，就是由平等的当事人通过协商决定相互间的权利义务关系，因而，作为民事纠纷主体的当事人，对争议的事项享有充分的处分权能，是否行使处分权能、何时行使处分权能以及以何种方式行使处分权能概由当事人自行决定。发生了民事纠纷，当事人可以请求人民调解委员会、有关单位、有关行政部门进行调解，也可以依法向仲裁机构申请仲裁，或者向法院提起民事诉讼，这样就为诊所学生参与法律实务提供了更广泛的空间。当然，一些民事纠纷具有特殊性。例如，劳动纠纷是劳动关系当事人之间的争议，具有不平等性，劳动关系的当事人，一方为劳动者，另一方为用人单位。劳动关系主体双方存在管理和被管理关系，即劳动关系建立后，劳动者要依法服从用人单位的管理，遵守规章制度，这种双方之间的从属关系是劳动关系的特点。劳动纠纷的内容涉及劳动权利和劳动义务，包括就业、工资、工时、劳动保护、劳动保险、劳动福利、职业培训、民主管理、奖励惩罚等。申请劳动仲裁是解决劳动争议的选择程序之一，也是提起诉讼的前置程序，即如果劳动者希望通过诉讼维权，必须要经过仲裁程序，而不能直接向法院起诉。

案件性质不同，诊所学生参与具体法律实务的程度也不一样。在刑事案件中，刑事诉讼取证的主体资格只赋予了律师辩护人，非律师资格的辩护人，在此种情形下会受到制约。诊所学生并非律师，在办理刑事案件中没有会见权、通信权、阅卷权及调查取证权，法律诊所承办刑事案件存在法律障碍。根据我国《刑事诉讼法》的规定："犯罪嫌疑人、被告人除自己行使辩护权以外，还可以委托一至二人作为辩护人。下列的人可以被委托为辩护人：（一）律师；（二）人民团体或者犯罪嫌疑人、被告人所在单位推荐的人；（三）犯罪嫌疑人、被告人的监护人、亲友。公诉案件的被害人及其法定代理人或者近亲属，附带民事诉讼的当事人及其法定代理人，自案件移送审查起诉之日起，有权委托诉讼代理人。"其中，"诉讼代理人"是指公诉案件的被害人及其法定代理人或者近亲属、自诉案件的自诉人及其法定代理人委托代为参加诉讼的人和附带民事诉讼的当事人及其法定代理人委托代为参加诉讼的人；"近亲属"是指夫、妻、父、母、子、女、同胞兄弟姊妹。在这种情况下，诊所学生主要是以旁听者的身份参与刑事案件的审理。在民事案件和行政案件中，诊所学生可以在一定程度上直接代理案件。我国《民事诉讼法》第 58 条规定："当事人、法定代理人可以委托一至二人作为诉讼代理人。下列人员可以被委托为诉讼代理人：（一）律师、基层法律服务工作者；（二）当事人的近亲属或者工作人员；（三）当事人所在社区、单位以及有关社会团体推荐的公民。"我国《行政诉讼法》第 29 条规定："当事人、法定代理人，可以委托一至二人代为诉讼。律师、社会团体、提起诉讼的公民的近亲属或者所在单位推荐的人，以及经人民法院许可的其他公民，可以委托为诉讼代理人。"根据上述规定，诊所学生参与案件代理的可能途径是，由当事人所在社区、单位以及有关社会团体推荐。根据我国《民事诉讼法》司法解释第 87 条的规定："有关社会团体推荐公民担任诉讼代理人的，应当符合下列条件：（一）社会团体属于依法登记设立或者依法免予登记设立的非营利性法人组织；（二）被代理人属于该社会团体的成员，或者当事人一方住所地位于该社会团体的活动地域；（三）代理事务属于该社会团体章程载明的业务范围；（四）被推荐的公民是该社会团体的负责人或者与该社会团体有合法劳动人事关系的工作人员。"另外，当事人所在社区或单位推荐的公民应当提交身份证件、推荐材料以及当事人属于该社区或单位的证明资料。需要指出的是，虽然我国法律没有禁止公民代理，但对于诊所学生而言，以公民身份参与案例代理在司法实践中是存在障碍的。

二、民事法律诊所的要求

1. 教学形式

民事法律诊所实行小班授课、分组学习的教学组织形式。之所以进行小班教学，一方面是因为场所的限制，另一方面是因为可以有针对性地授课，教学效果更好。小班人数以20人~30人为宜，参与的学生主要来源于二年级和三年级本科生。大四学生需要参加毕业实习，而且还面临就业问题，不宜参加诊所课程的学习。大三学生阅历相对丰富，已接受大部分的法学课程的学习，且课余时间相对宽裕，可弥补之前法学理论教育中法学实践性教学环节的缺失，更加有效地训练学生的法律思维及实践技能。若选课学生较多，诊所可设置学生的遴选机制，包括设定报名条件、比较专业课成绩和通过面试等方式对学生的口头表达及人际交往能力进行测试。然后将学生分成5个~6个小组。一方面，以小组学习的方法参与课堂讨论、模拟训练以及参与课外值班，可以培养团队合作精神；另一方面，法律诊所指导教师针对学生学习中存在的个别性问题，可以通过向该学生提供个别指导来向其传授职业经验以及进行技能训练。

按照教学场所的不同，民事法律诊所教学分为课堂教学和课外教学两部分。课堂内主要讲授相关的实体法与程序法，进行模拟案例操作，对协商、谈判、辩论、询问等一些诉讼基本技能的训练。课堂教学涉及诉讼角色模拟、个案指导、分组讨论、庭审程序模拟、会见当事人训练、苏格拉底式提问与回答、讨论式集体头脑风暴等内容。课外教学就是把学生置于真实的案情中，在诊所教师和实务人员的指导下，参与真实案件的办理，从事接待当事人、分析案情、收集证据、调解、参与谈判、撰写法律文书、代理诉讼、出庭等工作。课堂外给学生提供办理真实案件、接触司法机关和当事人的机会，让学生参与处理真实案件的全过程，并由学生具体进行办案操作，教师针对学生参与办理案件中遇到的问题给予适时、必要的指导，借以培养学生有关法律实践的基本技能。课外教学主要包括走出诊所做法律宣传以及到诊所接待室、调解中心和法律援助中心值班接待当事人，总结办案经验和教训并接受指导教师的改进意见。

2. 教学内容

诊所式法律教育不再仅偏重理论知识的传递和学术研究，也不单纯强调民法知识的体系化和学科化，而是更加注重民法知识的实际运用，培养和训练学生的实务能力，学生在参与民事法律实践的过程中对其进行职业思维和能力的训练。具体而言，主要是通过会见当事人、事实调查、文书写作、庭审模拟、谈判等途径，培养和提高学生的诉讼与非诉讼技能。例如，学生应学会接待当事人的电话咨询和现场咨询，在了解当事人咨询要点、取得当事人的信任的同时，做好咨询记录并提供处理方案；如果需要会见当事人，那么学生应学会制作会见计划，事先做好充分准备，掌握并运用会见技巧，根据具体案情形成适当的处理方案；根据会见咨询情况收集证据、整理证据并分析鉴别证据资料；确定事实及法律关系，选择适用法律，做出解决方案并对方案进行评估。同时，学生应了解法律文书种类、格式规范及写作要求，根据案件具体情况制作民事起诉状、调解书、协议书、委托书、申请书等法律文书。另外，学生应了解谈判的基本要素，确定谈判方案及策略，掌握谈判技巧，进行谈判演练；还应了解调解的含义、种类、性质，掌握调解技巧，学会制定调解计划、方案，运用合适技巧完成调解，从而达到解决纠纷、化解矛盾的目的。

培养学生的诉讼能力和技巧也是诊所式教学的重要内容。学生应学会做好民事案件出庭的准备工作，对案件进行整体把握，整理开庭资料，掌握庭审程序和技能，进行庭审演练，包括确定案件性质、分清法律关系、了解法律规定、整合证据材料、确定争议焦点、撰写代理意见，以及参与庭审调查、询问证人、进行庭审辩论、应对突发情况、做好庭审笔录等。教师应从案件的选择、角色的安排、演练的组织和庭后点评等方面进行指导。教师应选取具有一定典型意义的民事案件或法律关系复杂并存在争议的民事案件作为拟审案件进行模拟训练。学生在熟知案情的基础上，分别扮演法官、原告、被告等不同的角色，从不同角度提出其对案件的分析意见以及代理或审理思路，并充分运用所学的基础知识和基本理论支持自己的观点。在这一过程中，学生会根据已有的知识和经验，尝试不同的方法和途径，并不断地进行自我纠正，直至得出满意的结果。正是这一"试错"过程，学生的思维能力得到培养，处理案件的思路也更为清晰。在每次模拟庭审后，教师应将训练情况交由全班学生进行自评和互评，最后由教师进行点评，并做归纳，必要时可向学生提供个别指导，以便学生在总结经验、汲取教训的基础上不断提高。

3. 教学评价

诊所课程的性质和特点决定了其考核方法不同于其他课程。法律诊所课程的评价比较多元化，通常有定期不定期测试、行为观察记录、问卷、交谈、模拟演练、个案分析材料、法律文书、研究报告、总结报告等。各种评价工具都将有利于对学生开展绝对评价与相对评价，并借助相应的评价组织形式开展客观公正的评价，以促成评价目标的实现。法律诊所教学是分阶段进行的，对学生的阶段性评价也很重要，可以及时地了解学生是否领会相关技巧技能，法律判断是否正确，对当事人是否负责等，并及时引导学生查漏补缺。阶段性评价的形式是多样的，包括平时考核和总结考核。平时考核内容为学生个人出勤、讨论、作业、实验、实践及小组考核成绩，具体包括办案数量、质量、效率、谈判的技能、文书写作的技能、法庭上表现的技能、对当事人的诚信义务、对案件处理的责任心等；而总结性评价则是对学生的整体表现做出综合评价。期末考核形式为《法律诊所学习和实践报告》，以总结学生在诊所学习期间的接访咨询、出具的法律文书、法律谈判、仲裁或诉讼案件的相关工作，思考诊所学习和实践过程中的所得和不足之处。评价既可以书面进行，也可以口头进行；既可以是一对一地单独进行，也可以在课堂教学时集体进行。全班集中反馈是诊所法律教育经常采用的方式，集中反馈更可以扩大学生的学习机会，是一个再学习和相互学习的过程。

在教学评价的实施过程中，评价的组织形式也至关重要。目前在法律诊所教学评价过程中，多数评价都体现了民主性，即采用自我评价、小组评价与"他评"相结合的方式。具体是，先由学生进行自我总结，归纳收获与不足，然后由学生小组互相评价，最后由"他方"给出评价，如指导教师、当事人、指导律师、主审法官、其他社会工作人员等进行评价。诊所课程确定考核项目及其权重也是评价的关键。基于案件处理方式、教学环节、教学内容等方面的不同，评价主体在评价体系中的指标和权重也应当不同。课堂环节的评价主体主要是学生自己、学生小组以及指导教师，主要评价指标是学生在课堂上分析案件、运用法律、模拟演练等方面的具体表现。在权重方面，学生自我评价可占30%，学生小组评价可占30%，教师评价可占40%。非诉讼类案件涉及的评价主体包括学生自己、学生小组、当事人、指导教师、指导律师以及社区工作人员，主要的评价指标是学生在咨询、谈判、调解等过程中对案情的分析、法律关系的把握、法律知识的运用、各种技能技巧的运用等。在权重方面，学生自我评价和学生小组评价可占 40%，当事人、指导教师、指导律师等主体的评价可占 60%。

三、民事法律诊所的方法

1. 讨论式教学法

讨论式教学法就是，教师通过预先的设计与组织，学生课前进行预习准备，在课堂上经由教师引导就某一问题发表见解，教师就讨论结果做相应的总结，从而使学生变被动为主动探寻知识的一种教学方法。与讲授式教学法不同，讨论式教学法摒弃了传统教学的灌输式、填鸭式做法，在教师的组织和引导下，全体学生都积极参与问题的分析和讨论，注意引起学生的兴趣和注意力，实现教与学的互动，增强了课堂的民主性，从而使课堂产生自主性、探索性和协同性的学习，使学生在学习知识、培养技能的过程中，不断提高各方面的能力。各抒己见和相互交流，有助于启发学生的独立思考，可以加深学生对理论知识的理解，培养学生独立分析问题、解决问题的能力和口头表达能力，并发展学生的创造性思维能力。在课堂上，学生既是教学信息的接受者，也是案件信息的发出者，他们的思维更加活跃。教师应有效地组织案件讨论，引导学生探索问题，主动地解决问题，让学生充分交流对案情的看法和意见，使不同的观点相互碰撞，擦出创造性思维的火花。交流形式可以灵活多样，可以让学生自由发言，也可以让学生先在小组交流，然后派代表在全班汇报。"头脑风暴法"是小组讨论的一种形式，通过发散思维进行信息催化，互相激励和启发，从而达到激发大量创造性设想的目的方法。因此，"启发式、探究式、讨论式、参与式"课堂教学模式具有内在的联系。

依据不同标准，可以对讨论式教学法进行分类，例如，按照讨论形式的不同，可分为分组讨论和全班讨论。在讨论式教学中，以学生活动为中心，教师退居辅助地位。讨论式教学的环节大致包括：提供资料、设计问题、启发思路、得出结论。进行课堂讨论的一般要求是：讨论前，教师根据教学目的确定讨论的题目并提出具体要求，指导学生搜集有关材料，认真准备意见和写出发言提纲。讨论进行时，充分启发学生的独立思维，鼓励学生各抒己见，引导学生逐步深入到问题的实质并就不同意见进行辩论。正式讨论阶段是一个以学生为主体的阶段，学生在课前反复阅读材料的基础上，对已有的知识进行分析、加工、推理、论证等，讨论的过程就是学生把自己的观点通过口头语言的形式准确、清楚、全面地表达出来的过程。讨论结束时，教师做出总结，既包括经验总结，也包括改进的措施，还可提出进一步思考和研究的问题。教师对已点评到位的共识性问题可忽略，而对未涉猎的学生观点和见解应有一个客观、及时的反馈与评价；对学生提出的新观点应予以充分肯定，对讨论时进入误区的观点应及时指出错误的缘由，对讨论时引入的需要进一步讨论的问题应引导、鼓励学生课后做深入的探讨甚至研究。

2. 案例教学法

案例教学法是一种以案例运用为基础的教学法。这种案例教学不是简单化的"以例说法"，在案例教学中，教师扮演着设计者和激励者的角色，鼓励学生积极参与讨论，改变了传统教学模式中教师唱独角戏、学生被动听课的局面，使学生成为教学环节的主体和积极参与者。运用案例法进行教学，有助于激发诊所学生的主观能动性，发掘其内在的潜力，将所学理论知识转化为处理具体问题的能力，并使学生在个案分析中学到他人处理问题、解决问题的思路和技巧。在案例教学中，不存在绝对正确的答案，学生不单纯地去追求一种答案，而是重视得出结论的思考过程。法学理论、法律规范是抽象的、概括的，只有在具体案件的处理中，法律规定、法学概念才能显示出深刻的内涵。当学生接触案件时，他们需要首先像律师那样对这些事实材料进行分析、归纳、筛选和建构，从而形成要向法庭陈述的事实，并在这一事实的基础上形成己方的法律意见，这一过程可起到应用法律知识的作用。在案件的分析讨论中，学生通过对疑点的分析争论，可加深对实体法知识和程序法知识的理解，同时法律规定的许多细微之处也可以显示出来。特别是对一些已有明确结论的案件，可以从中看出法官、检察官、律师、当事人不同角度的见解和对法律的运用，从中学习各种诉讼参与人分析问题的角度与参与诉讼的技能，从而提高自己分析问题与解决问题的能力和水平。

选择合适的案例是教学的首要环节，也是重要环节。一个恰当的案例材料可以更好地吸引学生的注意力，激发他们的参与积极性。在案例本身有曲折性、冲突性、生动性和形象性的前提下，教师提出问题，可促使学生主动思考，从而培养学生的自学能力和主动思考的能力。教师应考虑学生的特点，精心选择具有一定代表性、难易度适当、社会影响较大的案件进行模拟，太复杂的案件可能因停滞于一个难点而不利于学生理解和掌握完整的法律知识，故难度适中的案例有助于学生掌握法律规范和实践技巧。在进行案例分析时，首先，应明确案件的性质，即明确案件涉及的法律关系，并在该基础上根据案情归纳、提炼、列举出案件焦点所在，如合同纠纷的类型、关于合同的成立问题、关于合同的效力问题、关于合同的履行方式问题、关于违约责任的形式等。在学生的讨论中，会存在争议与分歧，为此，教师要对学生提出的观点进行总结、讲评。教师应从学理和实践的角度，提炼出案例涉及的问题，总结出至少两种以上的观点或意见，明确表明对于案件性质或处理意见的观点和看法，寻找出解决问题的最佳途径和最便捷的方法，并从法学理论和法律规定两方面详细阐明理由和依据，使研究结论有助于解决案例本身，或者为解决类似案件提供有益帮助，或者提出理论上需要深化的问题。

3. 模拟教学法

模拟教学法，是指通过设置一定的场景，在教师指导下，学生模拟扮演某一角色，进行技能训练的一种教学方法。模拟教学法通过学生亲身参与，在不同的情境中扮演不同的角色，侧重于互动与实践，重在培养学生实务技能，培养和提高学生的合作精神以及对复杂事物的观察和分析能力，因而是一种综合的素质训练方法。模拟教学法突出学生这个中心，突出能力要求这一本位，克服了以往讲义式教学模式的一些局限，可以在很大程度上弥补客观条件的不足，为学生提供近似真实的训练环境。学生在有系统的模拟教学计划的实践中，扮演着案件的各种角色，学生的地位和视角发生了转换，这会对学生的思维产生潜在而深远的影响。模拟涉及角色扮演技术，学生学会如何从扮演角色中学习，即从角色的准备、角色的体验、角色与对手的冲突、角色的转换以及亲身体验角色后的反思中进行学习。除了在亲自体验中锻炼了专门的法律技能外，学生还可以通过这种有针对性的职业训练，成为一个更自觉的主动学习者。这种学习属于行动学习和体验式学习。行动学习法是以"以学习者为中心"的一种学习方法，强调把学习者个人的直接工作体验与学习相结合，而不像传统的教育，把学习与工作体验人为割裂、截然分开。体验式学习是一种情境化学习，即通过实践来认识法律和事实，在这种学习中，学习过程被置于各种虚拟的或真实的语言情境之中，学习者完全地参与学习过程，并真正成为课堂的主角。

模拟训练一直被各法学院广泛采用，是法律实践性教学的重要方式，有助于提升法律职业技能和技巧。例如，在模拟庭审中，学生扮演法官、原告、被告、证人等各种角色，通过对庭审活动各阶段的实训，最终实现将诉讼理念、庭审规则和驾驭庭审技能内化于心的目的。模拟教学方法可以从不同角度划分为多种形式：一是从模拟的主体划分，可分为教师模拟、学生模拟、师生共同模拟，以及师生与当事人的共同模拟；二是从模拟的对象上划分，可分为真情实景模拟，虚拟场景模拟，片段模拟，疑难问题、案件处理模拟，各种诉讼角色模拟；三是从模拟的目标划分，可分为自我介绍训练、会见当事人训练、庭审模拟训练、事实调查训练、法律文书写作训练、职业道德素材训练等。学生在系统的训练中，学会如何扮演角色，就案件中的某个问题进行谈判、辩论、调解或审理，从而在亲身体验中学会各种专门技能。教师应帮助学生准备角色，评价学生的表现，指出学生的问题，从而帮助学生从其担任的角色中学习。模拟训练后，老师和学生一起对每一位同学扮演的不同角色进行分析、评价，每个学生都有机会评价自己和其他同学的表现。通过观察和评价，学生在学习与总结中不断得到锻炼，从而积累有益的经验。

4. 现场教学法

现场教学法就是教师和学生同时深入现实场景，通过对现场事实的调查、分析和研究，提出解决问题的办法，或总结出可供借鉴的经验，或从事实材料中提炼出新观点，从而提高学生运用理论知识提出问题、研究问题和解决问题能力的教学方式。走进现场了解，是人们考察认识事实和事件最直接、最有效和最可靠的方式和手段。现场教学得以使教师和学生走出校门，以事实现场作为教学的场所，改变了以往课堂教学远离实际的状况，显著提高了教学的直观性。相对于其他教学方式来说，现场教学可以比较全面和深刻地认识和把握社会现实和案件事实。传统法律教育的思维培养是建立在已知的案件或者虚构的案情的基础上，即使是模拟法庭或案例分析这样的课程，也是使用虚拟或是已经明确的案件作为分析材料。对于学生而言，简化的或虚拟的案件，由于事实与证据都被限制在一定的范围内，因而在处理中不像真实案件那样会遇到许多未知情况，以致于无法锻炼学生的应变能力，难以对法律实践的其他领域有所训练。由于缺乏实际的参与和亲身的体验，学生不能设身处地地理解当事人的意图和感受，因而，学生难以真正地投入和负责地处理案件，也无法锻炼学生的职业责任心。法律诊所教育的现场教学是建立在真实的案件背景材料和明确具体的当事人信息基础之上的，如接待当事人、提供咨询、谈判技巧、起草法律文件等许多技能无法在传统法律课堂上得到有效的训练。诊所法律教育以这种亲身体验的方式引导学生思考问题、理解问题和解决问题，学生在与现实的接触中，参与了案件处理的全过程，培养了对法律问题的分析能力和解决问题的方法和技巧。

现场教学主要通过如下方式进行：第一，参与案件调解。调解是指双方或多方当事人就争议的实体权利义务，在有关组织或调解员的主持下，自愿进行协商，通过教育疏导促成各方达成协议，从而解决纠纷的办法。调解一般适用于婚姻家庭纠纷、邻里纠纷、数额较小的债务纠纷等民事纠纷。学生通过参与调解，可以熟悉调解程序，更加深入地掌握调解知识和技巧。第二，在法律援助中心接待当事人。在法律援助中心，有关法律咨询的接待工作有其特有的方法。首先，接待来访者要做记录，在正式开始询问和解答前，接待人员应当进行登记，询问来访者的姓名、性别、年龄、职业、民族、文化程度、工作单位、家庭住址、联系方式等一般情况，然后按照登记表的要求填写，对来访者所提出的问题进行记录，留作资料存档，也便于以后的进一步联系以及进行分析、总结和向有关部门提出建议等。其次，接待人员要掌握综合分析的方法。接待人员进行法律咨询时，应在综合分析的基础上，对来访者的问题作出法律上的判断，如对问题本身的客观性、问题涉及的权利义务关系以及法律上是否给予保障等，尽自己的最大努力帮助真正需要法律帮助的当事人切实解决他们的困难和问题。第三，参与案件的代理工作。学生可以辅助律师处理与案件相关的各种文书。学生可在了解案情的基础上，明确双方当事人争议的焦点、各方代理人选择的切入角度、法官就特定案件所选择适用的法律规定及判决依据等，熟悉案件的处理步骤以及律师对不同案件的处理方法。

第二章

会见当事人

第一节　会见概述

一、会见的意义

从字面上而言，会见，是指与他人相见。例如，《周书·王褒传》记载："白云在天，长离别矣，会见之期，邈无日矣。"宋代苏轼在《与何浩然》中写道："未即会见，千万珍重。"在法律意义上，当事人一般是指与案件有直接利害关系的主体。当事人又可以分为实体法上的当事人和程序法上的当事人。民法规定了民事主体的权利和义务，因而实体法上的当事人是指与案件直接相关并因此享有权利和承担义务的主体。例如，合同关系、劳动关系、婚姻关系、物权关系、侵权关系中的权利主体和义务主体。程序法上的当事人主要是指因民事权利义务发生争执或引起纠纷，以自己的名义起诉、应诉和进行诉讼，并接受法院裁判拘束的人。当事人有广义和狭义之分。广义的当事人包括原告和被告、共同诉讼人、有独立请求权的第三人；狭义的当事人是指原告和被告。我国《民事诉讼法》第 119 条规定了提起民事诉讼的条件，它是判定当事人是否具有诉讼权利的依据，解决的是当事人起诉的权利与资格的问题。由此可见，在审查起诉阶段，对于民事诉讼原告资格的认定判断问题，只能由法院根据民事诉讼法的规定进行程序意义上的形式审查。这种立案审查因不涉及实体问题，无须判断起诉人的诉讼请求是否合法、合理，所诉事实是否清楚，证据是否真实充分，只要起诉人在民事诉状中写明了具体的诉讼请求和依据的事实理由，提供了一定的证据材料，且属受诉法院主管和管辖，起诉人即应成为诉讼法意义上的原告。如何判断和识别民事诉讼当事人是否适格，是审判实践中的难点之一。我国《民事诉讼法》对原告和被告的确定采用了不同的标准，具体而言，它要求原告是"与本案有直接利害关系的人"，而被告只要是"明确的被告"即可。需要指出的是，在不同的诉讼程序中，当事人的范围和称谓不同。例如，在刑事诉讼中，"当事人"是指被害人、自诉人、犯罪嫌疑人、被告人、附带民事诉讼的原告人和被告人。

所谓会见当事人，也就是与当事人交流和沟通，并为当事人提供法律咨询、解答法律问题或接受案件代理等法律服务。这里所说的当事人是一种广义上的当事人，既包括与案件有直接法律关系的主体，也包括当事人的亲友，或者其他利益相关的人。不过，没有直接利害关系的人称为来访者更为合适。如何会见当事人是法律服务工作者最基本的问题，也是最难解决的问题之一，它关系到律师是否能够取得委托，关系到当事人对律师的信任程度。良好的会见与交流是成功解答法律咨询的问题和确立代理关系的基础，具有重要的实践意义。对于法律服务工作者来说，是否拥有一个良好的客户群在很大程度上决定着一个人工作的成就，而对于诊所学生来说，掌握会见当事人的方法和技巧则是取得当事人信任的第一步。如果诊所学生不能把握好这一步，便不可能接触到现实案件，也就不能实现参与法律实践的目的。这就要求学生不仅具备必要的法律知识和职业礼仪，而且要具有清晰的语言表达能力和良好的人际沟通能力，具备学生搭档之间的默契合作。因而，在会见当事人过程中的技巧培养非常重要。当事人个性特征不一样，案情难易程度不一样，要达到的目的也不一样，因此很难有一个统一的会见范式。从法律服务工作者个人的角度而言，由于每个人的个性特征、生活阅历不一，因而每个人都有各自的谈话方式和技巧，以及相应的经验和教训。重要的是，在与当事人沟通的过程中，要通过展现自己的个人魅力与素养，与当事人建立信任、信赖关系。这就要求通过了解案情的基本情况，把握当事人的心理需要，弄清当事人的法律诉求，对案情作出客观的判断，给予当事人必要的法律建议或忠告，善意提示潜在的法律风险等。会见当事人时应有明确的目的，抓住问题的根本，尽快解决问题。

二、会见的目的

1. 了解案情

律师应根据不同的当事人，不同的案情，作出不同的判断，为当事人提供法律上的解决方案。会见最主要的目的是了解案件的基本情况，一方面是为了掌握更多的第一手材料，另一方面，也是为了通过与对方当事人的接触，了解对方当事人对案件的真实看法和具体要求。了解一个完整的案情，通常要明确何人（Who）、何时（When）、何地（Where）、何事（What）、为何（Why）和结果（Result），会见要使当事人尽可能客观地叙述他的境况、事情经过、求助理由、遭受的损害、面临的问题等。要获得案情信息，就要给当事人充足的机会陈述事实和表达意见，对于阐述不清或者觉得有疑问的地方，可以提出具体的问题，请其做出进一步的说明，以掌握其中的一些细节，明确委托人与对方当事人之间的争议焦点，相关法律关系的性质，并据以确定适用法律和调查事实的方向。从法律执业的角度，律师通过会见要将法律关系中的各个要素揭示出来，任何一个案件，如婚姻案件、合同纠纷案件、劳动争议案件等，都有相应的法律要素。例如，在离婚案件中，基本的法律元素包括感情是否破裂、子女抚养权是否有争议、财产分割问题、债权债务问题等。在合同纠纷案件中，要围绕合同的基本要素，如成立、效力、标的、数量、质量、价款、履行时间、履行方式、违约责任等，全面了解案情的来龙去脉，然后以此为基础对案件进行判断。当事人陈述的案情通常缺乏条理性或层次性，无法完整地把案件要素呈现出来。这种情形下要想揭示个案中的各个要素，就要对当事人陈述不完整的要素逐一询问，以把握案件的整体框架。

2. 分辨信息

当事人在陈述案情时，出于本能或一些其他原因的影响，难免带有一定的片面性和局限性，会将不利于自己的情况隐去，甚至编造虚假事实。例如，当事人有难言之隐，或有所顾虑，或者想赢得诉讼，不全面提供案件的相关材料或者重要证据，甚至是关键信息，因为这些事实通常都是对他们不利的。如果轻易相信当事人的单方陈述，那么就不利于律师做好全面的诉讼准备，甚至会在诉讼中陷于被动，从而影响对案件的判断和处理，因而分辨当事人信息具有很重要的现实意义。在倾听时要有热情，要保持合理的怀疑和必要的疑问，不要为了迎合当事人而放弃了自己的立场，应注意梳理案情，对当事人陈述中自相矛盾、不合理的地方应视情况直接或者委婉地加以提醒。对当事人的谈话内容要予以"过滤"，保留主要的、真实的信息，剔除与案情无关的、虚假的部分。在听完当事人的陈述后，诊所学生需要区分当事人的陈述中哪些事实是已经发生了的，哪些事实是当事人臆想的；哪些是与当事人权益密切相关的，哪些是与案件无直接联系的；哪些信息是不可或缺的，哪些信息是选择利用的，哪些信息是需要澄清或补充的；哪些事实是主要线索，并可能隐藏着重要信息，哪些事实是关键信息，并直接影响案件的定性或走向；哪些是属于无须证明的客观事实，哪些是待证事实，哪些是已经被证明的法律事实等。对这些信息的鉴别有利于发现问题，确定案件性质，从而有针对性地进行调查取证。分辨信息的能力不仅与法律专业知识相关，还与个人经验、生活阅历密切相关。诊所学生在判断之前，要认真分析、全面考虑，并积极与指导教师联系，切忌草率下结论。如果当事人想要隐瞒的事项事关案件的定性和处理，学生应当通过分析法律、承诺保守保密、强调事实真相的重要性等方式，鼓励当事人表达意向。

3. 识别意图

准确了解当事人的意图是会见的重要任务。不了解当事人的真实意图，会给以后的案件处理带来障碍，处理结果也难使当事人满意。律师应在较短的时间内对当事人进行分类，判断来访者的身份和目的以及经济能力，对不同类型的来访者应区别对待。来访者严格上说，还不是律师的客户，只能说是律师的潜在客户。对于寻求法律意见的当事人，可以大体上分析案情，但不可告知来访者案件的具体方案。对于急于想聘请律师的，可以通过言谈，以自己的实力取信当事人，尽快签订委托合同。对于一般的来访者，可以先了解情况，并要求与利害关系人直接面谈。会谈时，学生应当保持思路清晰，情绪稳定，耐心细致，注意力集中，对于当事人的陈述，应当给予必要的关心和理解，始终保持饱满的精神状态以实现有效获取信息、弄清案件事实的目的。在现实生活中，当事人不一定明确地向诊所学生表达自己的真实意图，由于教育经历、相关知识、判断能力、表达能力等因素所限，当事人也可能会有意无意地忽略甚至故意隐瞒他的真实想法。例如，在离婚案件中，如果当事人对恢复婚姻关系尚存希望，碍于面子又不明确表达，但反复诉说对方以前的好处和现在的缺点、自己的感受，若此时学生一味询问财产状况或讲解夫妻债权债务关系的处理，力图为当事人争得经济利益，就犯了没有准确识别当事人意图的错误。由于当事人的意图将指引诊所学生的工作方向，因此，为了使当事人和学生都明确当事人所要达到的真实目的，同时有利于明确今后的具体任务和工作目标，建议会见时由学生将当事人的愿望记录下来，经当事人确认后签字、存档。

第二节　会见步骤

一、会见的准备

1. 资料准备

接待当事人是承办案件的第一个流程，关系到是否接到该案件，因此接待当事人是律师职业培养的第一步。在会见当事人之前，法律工作者应做一些必要的预备工作，包括作必要的预见和思考，不打无准备之仗，这些准备工作还包括，相关知识的储备、基本案情的研究和法律资料的查阅。对法律人而言，需要掌握法律检索这一基本实务技能，通过法律检索可以从法条和案例中发现案件争点、调整办案思路，从而对案件办理结果产生直接影响。当事人的社会成分较为复杂，其所处的社会关系也纷繁多变，其所面临的法律问题也就多种多样，律师咨询解答的内容也就较为广泛。这就要求负责咨询解答的律师不但要具有较全面的法律知识、丰富的社会阅历和成熟的实践技能，还必须对心理学方面的知识以及其他社会科学和自然科学方面的知识有一定的了解，才能做到有问必答、应付自如。在法律援助中心，比较多的案件是婚姻案件、交通事故案件和劳动纠纷案件等，因而学生应熟悉和了解有关婚姻法、道路交通安全法、侵权责任法和劳动法等方面的法律规范、专业知识和社会生活知识。

如果在会见前已经获得相应的资料和信息，诊所学生可以查看案件背景资料，熟悉案件进度，对案件的法律关系作一个基本的判断，对关键性法律问题有一个初步的认识，对当事人的诉求有一个大致的了解，针对特定所处的阶段做好相应的准备。例如，当事人的案件目前处于哪一个阶段，是诉讼之前，或者一审当中，还是一审已经结束，上诉审还没有开始，或是终审判决已作出，当事人欲提起申诉等。了解案件进展能够使学生在会见中有的放矢，抓住重点，从而对案件的难易程度有一个初步估计。此外，诊所学生应该根据对案件背景资料的分析，有针对性地研究案件所涉及的法律知识，查询与案件相关的法律、法规以及其他规范性文件。例如，当事人咨询的事项是劳动纠纷问题，应当重点查阅《劳动法》《劳动合同法》《劳动争议调解仲裁法》《工伤保险条例》《工资支付暂行规定》以及最高人民法院发布的司法解释、指导性案例和有关部门发布的一系列规范性文件、政策等。对于交通事故纠纷，应重点查阅《道路交通安全法》《侵权责任法》《保险法》以及有关保险法和民事赔偿的司法解释等。除了实体法的规定外，还应查阅诉讼法关于程序、证据和代理人的有关规定等。

2. 会见场所

律师会见当事人，选择合适的接待场所甚为重要。根据当事人自身和案件的不同情况，会见时可以选择多种不同的场所，如请当事人到律师的办公场所，律师到当事人所在的场所，或者律师和当事人双方所约定的其他地点。场所的不同，往往会直接或间接地影响当事人对律师个体形象的评价，并因此影响到当事人是否聘请律师作代理人。一般来说，当事人到律师办公室谈话是最好也是最常见的方式，但是，在特殊情况下，为了满足办理案件的特别需要，也可以到当事人所在场所会谈。会见当事人是一种沟通和交流，因而必须有良好的沟通氛围，法律工作者应有意识地为当事人创造良好的谈话环境。同样的当事人，同样的案情，由于不同的会见环境，就会有不同的会见效果。律师会见当事人一般都选择在律师事务所，当事人在律师事务所可以了解律所规模、团队力量等信息，可以直观地感受办公环境、文化氛围、律师形象等。例如，律所图书资料室、档案室、会客厅等一应俱全，专业性更强；律师的个人办公室的布局显示出律师的专业素养和精神风貌，由此，当事人的认识会更深刻一些，对律师的信任度会更高一些。如果属于正式会见，非办公场所会给当事人造成不正式和不信任感，与当事人沟通的难度就会大一些。因此，律师在办公室接待客户，谈话效果会更好一些。

高校法学院系也需要设置接待室，建设一个良好的会见平台，会见场所设置不合理、不正规，会直接影响学校师生的社会形象。接待室应配备必要的接待设施，包括电脑、打印机、办公桌、饮水机以及法律期刊、案例汇编、法律法规等图书资料，并在墙上悬挂诊所规章制度、法律格言等，使得接待工作具有正式性、专业性，服务色彩更浓，当事人也可以消除不信任感，放松心情，打消一些不必要的顾虑。诊所学生值班时应确保接待室桌面、地面干净整洁，不在接待室吃东西、玩手机，或者做与接待当事人无关的事情。值班人员必须按时交接班，坚守值班工作岗位，认真处理当班期间的各种情况和问题，重大问题应及时向指导教师汇报，根据要求及时作出处理。值班结束时应将垃圾倒掉，将桌椅等摆放整齐，关掉电源、锁好门窗。值班时应在记录本上签到；接待当事人时应在办案表格及记录本上予以登记；进行法律咨询、提出处理意见时，应按要求填写法律诊所办案记录表。最后应将所有的接待资料进行归档处理。

3. 职业形象

与当事人建立融洽的关系非常重要，这种关系始于初次会见，并且这种关系将贯穿于案件处理的全过程。只有律师在当事人面前展现一个良好的职业形象，才会在此基础上进一步地发展律师与当事人之间的关系，有时还会影响当事人决定是否聘请该律师。例如，会见之初，当事人往往会怀疑律师的工作能力和职业素养，有一种不信任感或者将信将疑的感觉，如果当事人认为律师很难抓住案件实质的话，就会怀疑其办理案件的职业能力。因此，律师在各种业务场合必须保持专业形象。律师在执业过程中展现的职业素养，实际上是律师个人修养、专业素质、社会阅历以及办案经验的综合体现。律师职业是为委托人提供法律服务的行业，是专业性很强的行业，本质上属于服务性行业。律师除了为当事人提供优质的法律服务外，应该有规范的行为与举止，注意自己的仪表与风范。律师既要维护法律的尊严，又要对当事人有起码的真诚和尊重；要把客户看成自己的服务对象，不要敷衍客户，对客户提出的问题，对客户遭遇的境况甚至是困难和麻烦，要有充分的理解和同情，甚至是宽容，让客户把律师当成值得信赖的朋友、可以倾诉的对象。

仪容仪表是律师内在素质、外在形象的具体体现。在与当事人接触时，律师需要对自己的衣着形象进行必要的修饰，穿着要得体，做到庄重整洁。律师的言谈举止应该端庄和稳重，时刻保持良好的精神风貌，让当事人感觉到律师的干练和魄力，使当事人感觉将案件委托给律师非常放心。如果律师不能给当事人以必要的信心，当事人就不会放心地把案件委托给律师办理。有些律师不太注重专业语言的使用，甚至随意地使用粗俗语言，以为这样就可以增加自己的亲和力，拉近与当事人的距离，但这样的做法恰恰会有损自己的职业形象；有的律师一意展示自己的口才，对当事人口若悬河、滔滔不绝，但是说话没有条理和层次，分析问题抓不住关键，反而使当事人越听越糊涂，对案件的处理结果更加迷惑或者没有信心。律师应该尊重来访者的情感和心理，避免使用过激的语言或容易造成伤害的语言，在谈话中不要制造误解甚至误导，应以平易近人、和蔼可亲的语气与对方进行交流。对于诊所学生来说，在会见当事人的时候，要做到衣着整洁得体、举止大方、礼貌热情、态度真诚、平等对待，符合一个大学生的精神风貌。这样不仅能展现自己的个人素质和专业风范，也是对当事人的尊重。

二、会见的过程

1. 介绍

初次会见当事人，可以寒暄几分钟时间，一方面可以拉近与当事人的距离，另一方面也可以据此了解当事人的性格、身份、来意等。如果初次见面时无话可说或者词不达意，不仅会使当事人失望，而且还有可能产生矛盾和冲突。初次见面时的寒暄主要是指必要的开场白和简单的相互介绍。和谐的开场白是初次会见的首要和最重要阶段，特别是要运用好"您好""请""谢谢""不客气"和"没关系"等礼貌性语言。例如，诊所学生可以说："您是怎么到这里的？看您挺累的，您先坐下，我去给您倒杯水"或"您好，您有什么问题需要我们帮助吗？"等。这样简单的几句关心与问候的话语，几乎可以被用于与任何类型的当事人有关的所有类型的交往。这些话题虽然与案件本身关联不大，但这种和谐的开场白却有助于打破诊所学生和当事人之间形成的身份障碍，拉近距离以消除陌生感或生疏感，并且会尽可能地鼓励当事人对案件事实的全面陈述，帮助诊所学生获得更多的信息。如果是电话会见或第二次会见，诊所学生可以直接采取约定的方式。约定见面之前，诊所学生应向当事人明确说明本次谈话的原因、内容和目的，使当事人做好提供必要资料、回答相关问题的准备，见面后可简明扼要，直奔主题。每次与当事人会见，都应当询问案件最新进展或者遇到的新情况、新问题，并提醒当事人要保持联系。

2. 记录

律师在会见当事人时应了解客户的背景资料，包括自然人、法人等当事人的相关信息，可以通过一个表格的形式记载，也可以通过其他形式加以记录。如果客户是企业的话，应该了解企业的行业特点、经营范围、经营场所等必要信息。当然，也有来访人员不愿意透露过多的信息，特别是涉及个人隐私和企业的商业秘密时。这个时候就要灵活处理，尽量打消当事人的顾虑。尽可能充分了解客户背景资料的必要性在于：其一，使客户有受到重视的感觉，从而消除距离感和陌生感，增强亲和力；其二，可以使律师在谈判中更容易了解客户的需求，能够在较短的时间内迅速抓住客户的心理；其三，在为客户提出解决问题的方案时，可以使这种方案更符合客户的实际需要，也使律师提出的解决方案更容易为客户所接受。诊所学生在会见时，也要把与当事人有关的基本情况先行记录下来，具体包括姓名、性别、年龄、民族、籍贯、文化程度、职业、工作单位、住址、联系方式等，住址要区分居民身份证上的住所和经常居住地。如果来访人员不愿意透露过多的信息，也不要强制要求提供。这一阶段工作的意义在于：(1) 帮助当事人心情平静。有条不紊地陈述、填写表格，可以给当事人一种严谨、正式的感觉，同时有助于当事人情绪稳定。(2) 为下一步工作打下基础。记录的基本情况将成为以后书写起诉状、申请书、代理词等文书的依据；(3) 作为案件档案材料的主要部分。有条件的诊所，学生可以通过电脑调取登记表，输入基本情况，以备计算机存档。接待记录要让当事人签名，同时签署日期。

3. 倾听

记录信息后，由当事人陈述事实。学生应进一步向当事人说明需要了解的事项，如，希望当事人将与案件相关的事项尽可能详细地诉说；对当事人承诺进行保密，包括强调对当事人所讲述的案情、谈话内容等都不会向他人泄露。当事人描述案情时，要通过回顾来重新构架事情经过。这是全面听取案情、获取信息的阶段，因而，要使当事人尽可能客观地叙述他的境况、事情经过、求助理由、遭受的损害、面临的问题，既包括已经发生的客观事实，也包括当事人担心、忧虑的尚未发生的事实。倾听时不仅要获取当事人陈述的事实内容，还要观察当事人陈述时的表情，揣摩当事人的心理和目的，并以适当的、简明的语言概括出当事人面临的问题和当事人希望达到的目的等，包括了解当事人担心什么、追求什么、避免什么、希望什么等。会见时学生可作一些必要的提示，积极地鼓励当事人陈述，以打开当事人的思路。当事人有时候会滔滔不绝，谈不到案件的关键，甚至把学生当成了倾诉对象。遇到这样的情况，学生就要有耐心，并且要善于倾听，要学会引导、梳理、概括，尽快明白来访者的实际需求和真正目的，抓住案情重点和所要解决的实质问题。

4. 询问

当事人不懂法律知识，或者缺乏表达能力，他们的陈述会遗漏或忽略一些重要的法律事实，因而当事人陈述完毕后，律师应当主动进行询问，让当事人有针对性地回答相关问题。同时，当询问结束以后，律师对案件的基本情况有一个大致了解，对于自己能不能解答这个问题，是否有能力办理案件心中有数。律师应就有疑问的内容或者当事人提供不完全的部分，进行有针对性地提问。在询问前要深思熟虑，话语尽量简洁明了，直奔主题，不要使用太多的专业术语，要做到言简意赅、清晰明确、主次分明，这样就会让当事人觉得你专业、自信。询问的时候要注意将专业术语转化为当事人能够听懂的语言，以消除沟通中的专业障碍。法律术语有其特殊的含义，只有法律人才能真正理解，因而要说对方听得懂的话，如果问话里的专业术语过多，那么当事人不仅难以明白其中的含义，而且会造成不必要的误会，甚至让当事人失去耐心和信心。在询问的时候，诊所学生必须注意案件的保密工作，不能谈论涉及当事人隐私、商业信息和国家机密的相关问题。通过主动询问，可以全面把握案情，并以此对案件作出初步判断，在这个过程中，律师需要不断地将当事人提供的信息转化为法律语言，据以确定案件的性质、请求权基础和具体的请求权。

5. 确认

完整的会见应有始有终、前后衔接。在经过倾听和询问之后，诊所学生要对当事人的陈述进行总结分析，当事人要对学生关于案件的记录和理解给予确认，包括案情主要事实、人证、物证、当事人的想法和要求、目前所处的困难、急需解决的事项等内容。之所以要进行总结确认，目的有两个方面：其一是确保学生准确、全面地了解所有信息，给当事人一个修正补充的机会；其二是让当事人知道他的情况已经被记录在案，这将是诊所学生下一步工作的依据。对当事人案情的总结，要从当事人易于理解的角度出发，不要过多地使用专业性术语、模糊性语言，以至当事人无法理解，不知所云。总结要涉及案情的关键信息和有价值的因素，以使当事人得以现场纠正错误的信息，并使当事人以更加严谨认真的态度对待所陈述的事实。总结确认要做到清晰明确、重点突出、内容恰当，这样才会让当事人感觉被接受和理解，从而建立起与学生之间的信任关系。总结确认后应给当事人最后发表意见的机会，当事人可以补充陈述或者进一步说明他的意愿、想法和要求。同时，诊所学生也应当告诉当事人，如当事人事后想起任何与案件相关的信息，都可以与学生联系，补充陈述相关事项。

6. 后续工作

在与当事人结束会见之前，学生应当询问当事人对会见的感受，协商如何完成后续工作，并对下一次的会见做出安排。首先，需要商定的是下一次联系的时间、方式（如电话、邮件、来访等）以及需要交换的意见。其次，双方需明确各自接下来要做的工作。学生的工作通常包括：(1)与指导教师见面，汇报会见经过和个人看法，听取指导教师的解决方案或处理意见；(2)查阅、搜集相关法律规定；(3)与当事人提供的证人或其他个人或组织联系，以便进一步补充信息；(4)根据案情需要起草法律文书；(5)制定下一步工作计划；(6)根据案情需要处理的其他事项。当事人的工作通常包括：处理紧急事项，如伤情鉴定，妥善保存现有的证据材料，收集、整理其他证据资料作为诉讼请求的依据；复印案件资料，在会见中学生需要而当事人未准备或只有原件无复印件的资料，当事人可以复印整理后在下次见面时交给学生。如果学生需要实地调查、与证人见面，当事人应积极予以配合，合理安排时间、地点等事宜；如果需要诉讼或仲裁，则要求当事人筹集相关费用；如果当事人符合法律援助的条件，学生可以提示其准备相关证明手续到法律援助中心申请法律援助。

三、会见的结果

1. 法律咨询

在法律咨询中，咨询者的问题不仅仅是一个期望获得评价和交流的问题，而且是一个希望获取帮助和指导的问题，这就要求律师应该利用自己的办案经验、专业知识和社会阅历乃至于心理学知识，帮助、指导咨询者，使自己成为咨询者的最佳表达对象，取得咨询者的信任，以使法律咨询工作顺利进行。律师在解答法律问题的时候，应当弄清楚当事人的真实目的，并牢牢把握谈话局势，争取主动。律师咨询时要占据主导地位，切忌"一问一答"，以至被当事人牵着鼻子走，更不能被当事人的一系列问题难倒，这样就只会让自己陷入尴尬和被动，很难让当事人产生信任感。律师应该明白，自己面对的是当事人，是遇到问题需要解决的人，需要解决问题的思路和方法。因而在接待咨询时，不是要直接告诉当事人有关案件处理的法律答案，而是要告诉当事人，这个案件要怎么办？能怎么办？能办到什么程度等。律师第一次接待陌生的当事人时，当事人有可能不仅仅是咨询、请教，也可能是在有目的地进行试探。当事人自己遇到案件的时候，有可能已经阅读了很多相关法律书籍和法院案例，也可能已咨询了多家律师事务所的律师，目的是想确定律师解答的是否与他的想法和其他律师的解答一致。律师如果遇到法律知识以外的专业问题和技术问题，应该告知当事人提供相应技术规范或有关专家意见。对于特别重大案件，不宜当场做出结论，在征得当事人同意的情况下，可研究、论证后告知相关结论。

法律解答要抓住关键、提纲挈领、简明扼要、点到为止，当然，这是指一般的案件。对于法律关系复杂的案件，应当是框架式的解答，即从宏观的角度进行解答，如案件性质的基本判断、法律关系的初步分析、可能的救济途径以及对该案的把握程度和存在的大致风险等。如果当事人询问案件能否胜诉，律师可以根据当事人的陈述与其所提供的证据材料，做一个基本的判断，可告知在"理论上"是否能胜诉，但不能对其做明确的承诺。案件的输赢最终不是律师单方所能决定的，影响案件的变数很多，包括当事人的陈述是否真实，证据材料是否合法、客观，对方当事人的抗辩理由能否成立以及一些非法律因素，都有可能影响案件的最终处理结果。除非证据能够确实充分，否则不能轻易相信当事人的单方面陈述，而且，对案件所涉及的一些影响案件最终走向的重要因素和关键信息，需要采用一定的技巧从多角度进行间接求证。因此，任何律师不能把握案件的最终结果，也不能妄下结论，如果有律师对案件打包票，只会让当事人更加怀疑律师的办案实力和专业水平。虽然律师对当事人不能做出胜诉的承诺，但是这并不意味着案件的进展变幻莫测、无迹可寻，在证据充分、事实清楚的情形下也可以有条件地对当事人做出相应的承诺。但应明确告知当事人赢得诉讼的前提，并具体分析案件的关键点、有利因素、不利因素及各种情形下可能的结果。

2. 委托代理

如果当事人需要委托律师，进行诉讼代理，则需要签订委托合同。委托合同需以律师事务所名义签订，其中要明确的主要问题包括：要求当事人如实陈述案件事实，提供有关证据；要求当事人不能伪造证据；明确协议期限和负责工作的阶段；收费数额和事项；解除合同的事由；违约责任等；告知当事人不如实陈述案情的法律后果；告知当事人本案的诉讼风险；告知当事人案件的难点；如可能，告知取证难度及哪些工作需要当事人自己去做，哪些需要配合律师工作；当事人签字、盖章等。委托合同是律师代理权产生的基础法律关系。当事人需要通过签署授权委托书的形式授予律师代理权，通常有一般代理和特别代理。一般代理，亦称无特别授权代理，是指委托人仅把纯属诉讼权利的事项授予律师的代理。"纯属诉讼权利"是指不属涉及实体权利的权利，如帮助调查取证权、申请回避权、提出管辖异议权、参加庭审权、申请鉴定权等。律师享有的这些权利，可称为"纯粹的诉讼权利"。特别代理，亦称特别授权代理，是指委托人把涉及实体权利的处分权授予律师行使的代理。实体权利包括承认对方诉讼请求的权利，放弃自己诉讼请求的权利等。律师享有的这些权利，简称为"处分实体权的诉讼权利"，律师可以代为承认、放弃、变更诉讼请求，代为起诉、撤诉、进行和解等。上述特别授权必须通过委托书的形式加以明确。

当律师和客户建立委托代理关系后，律师和客户之间的行为规范就不是通常的道德规范，而是受到法律规范和双方协议的约束。律师作为利用专业知识为当事人提供法律服务的专业人士，必须把情感友谊与权利义务分开，把客户关系和朋友关系分开，并与客户保持适当的距离。只有这样，律师才能够更理智、更专业地履行自己的职责，并且使当事人始终将律师作为专业人士来对待，使当事人不致因关系过于亲近、密切，而导致对法律和权利义务的漠视，最终反而容易导致双方关系的僵化、恶化，影响律师代理工作的完成。在委托代理中，需要注意如下问题：（1）所有证据材料的原件都由当事人自己保管，律师只收取复印件，以免遗失原件导致案件发生举证不能时，承担重大过错责任。（2）收费合法合理。律师个人不得私自收取费用，必须到律师事务所统一办理手续。根据《律师服务收费管理办法》的规定，律师服务收费实行政府指导价和市场调节价。实行市场调节的律师服务收费，由律师事务所与委托人协商确定。律师事务所与委托人协商律师服务收费应当考虑以下主要因素：耗费的工作时间；法律事务的难易程度；委托人的承受能力；律师可能承担的风险和责任；律师的社会信誉和工作水平等。律师服务收费可以根据不同的服务内容，采取计件收费、按标的额比例收费和计时收费等方式。除特殊情形外，涉及财产关系的民事案件，律师事务所可以实行风险代理收费。

第三节　会见技巧

一、倾听的技巧

所有的人际交往和信息沟通，都离不开倾听，学会倾听，是接待当事人的一个非常重要的环节，也是一个人最基本素质的体现。倾听有很多种类型，主要包括选择型倾听、被动型倾听、专注型倾听和专注并积极的倾听。所谓选择型倾听就是指想听的时候才去听，不想听的时候就不听；选择型倾听者一旦不想听的时候，常常表现出缺乏耐心、无精打采、不感兴趣、注意力不集中的状态。选择型倾听不仅会遗漏部分信息，而且会让当事人觉得不受尊重，给整个沟通过程带来紧张和压力，气氛不融洽。所谓被动型倾听是指倾听者在接收与处理信息后，很少给对方以语言或非语言上的反馈；被动型倾听者经常面无表情，偶尔点头或只作"好""嗯""哦"等回应，不与陈述者进行目光接触。被动型倾听表现出的是一种典型的不合作状态，不仅不利于有效沟通，而且会导致信息获取的障碍。在会见当事人以及调查取证时，律师需要引导当事人和证人深入展开对案件事实和相关法律问题的讨论，如果律师只是被动倾听，就难以有效理解交谈中的信息，无法深入探究案件事实，也就无法进行良性互动来获取对方的信赖与支持。所谓专注型倾听就是指在倾听的时候，能全神贯注、聚精会神听取信息中的事实或内容；专注型倾听者能与讲话者保持目光接触，常表现出感兴趣、一脸诚恳的样子，会不时地点头表示理解或同意，通过语言或非语言行为来告诉讲话者"请继续说"，也会通过主动提出问题来获取更多的信息。专注型倾听者由于过于专注接收信息中的事实或内容部分，会不自觉地忽略对情感的感知和关注，在对信息进行有效反馈时，也存在明显的不足。

应当说，与选择型倾听与被动型倾听者相比较，专注型倾听已经表现出巨大的进步，但比起专注并积极倾听，在效果上仍然存在不足。所谓专注并积极的倾听就是指在倾听的时候，能全神贯注听取信息的全部内容，更能捕捉情感信息，并且能进行及时有效的反馈。专注并积极倾听的技巧主要包括：

第一，要保持良好的精神状态，不做与倾听无关的事情。与当事人沟通时要学会保持目光接触，这样就通过眼睛告诉对方你在倾听，很专心、在意，保持一定的热情或同情。此外还要表现出极大的诚意，要避免分心、走神，如尽量避免看手机、接电话、东张西望以及翻阅报纸、随意涂写等行为。这样也会使讲话者认为你对他讲的话题没有兴趣，心不在焉。在倾听时要做笔记，这样就可以帮助集中精神，也可以帮助记住内容。遇到当事人失态或情绪激动等特殊情况时，不能手足无措、不知所措，应进行必要的安抚和安慰。

第二，要有耐心，避免打断说话者，同时要学会适时打断谈话。只有耐心倾听才能与当事人有效沟通。在当事人说话时尽量保持耐心，不要轻易打断他的话，要让他把想说的话说完，想表达的意思表达清楚，无端打断当事人的话，不仅不礼貌，而且容易中断对方连贯的思绪，或者造成与当事人的对立、冲突。对不断重复、杂乱无章甚至与案件无关的叙述，问题不在于能否打断，而在于学会适时打断，打断要礼貌得体，不让当事人产生不被尊重、不被信任的感觉。打断是手段而非目的，方式得当不仅节约时间，且会进一步赢得信任。

第三，倾听要有目的，并捕捉重要的信息。在与当事人交谈中，律师要能从当事人冗长甚至杂乱的陈述中，捕捉关键的案件信息，抓住有关案情的要害。对于重要的谈话内容要做文字记录，对于有些重要情节，要在当事人陈述完毕之后重新提起，甚至刨根问底，以弄清楚案件的关键细节。这对于案情的分析和思路的形成十分重要。另外，要有目的地去听，律师要始终以案件的最终处理为出发点，例如，在离婚案件中，无论当事人说多少事情或讲多少理由，都要把握夫妻感情是否破裂这条主线。

二、询问的技巧

询问，可以说是会见当事人、与当事人交流过程中最具有艺术性的地方。询问的意义在于，一方面，有针对性的询问可以在最短的时间内取得最有价值的信息，使案件事实显现出一个更清晰的脉络，突出主要矛盾，以便于分析症结所在。当事人不可能把所有的问题主动呈现出来，这是因为当事人有可能抓不住案情的重点，对于涉及法律问题的一些要素也不明白。通过恰当的询问，可以提醒或启发当事人把不明了的主张或陈述予以澄清，把不充足的予以补充，或把不当的予以排除，或是根本没提的新问题，启发他们去提出，这样就使沟通积极有效。另一方面，在适当的时候，询问可以阻止当事人漫无边际的陈述。询问可以既委婉又不失礼节地打断当事人的话，从而将当事人的陈述引入正轨，陈述有价值的内容，而且还能促进双方的积极互动。根据提问的时间段和提问的目的不同，询问分为开放式询问和封闭式询问两种。开放式询问是为了最大限度地获取信息，常运用于会见的最初阶段。开放式的问题使当事人放松情绪、自主地陈述。会见初始阶段，为使当事人按照他的思路顺畅表达，不宜提过多的问题，为了打开当事人的"话匣子"，可以提开放式的问题，如"谈谈您的情况""讲一下事情的经过""您需要我们提供什么样的帮助?"等。有些当事人会主动地、全面地介绍案情经过,有些当事人则不一定,这时诊所学生要善于发现、记录当事人陈述中的所有线索,以便之后有针对性地提问。封闭式询问通常使用"是不是""对不对""行不行""要不要""有没有"等词,而回答也是"是"或"否"的简单应对。这种询问常用来收集资料并加以条理化,澄清事实,获取重点,缩小讨论范围,如房产证上是谁的名字、有没有签订书面协议、是否支付价款、是否交付房屋等。若过多地使用封闭式询问方法,就有可能使当事人陷入被动回答之中,其自我表达的愿望和积极性就会受到压制,使之沉默甚至有压抑感以及被讯问一样的感觉,以致于充分地表达自己的机会被剥夺。实践中,通常要把封闭式询问与开放式询问结合起来,效果更好。

询问的基本方法是引导,使当事人的陈述走向问题的实质和关键。根据对象的不同和问题性质的不同,引导的方式可以分为以下几类:

第一,谈心式引导。对于当事人顾虑较多,有理不敢直陈的情况,这种方式可以较快地使当事人建立起对学生的信任而诉说内心的想法与要求。有些当事人可能弄虚作假,或者只是叙述对自己有利的情况,隐瞒对自己不利的情况;或者夸大事实,甚至捏造一些情况。在这种情况下,对当事人要谈心式地晓以利害,从情理出发使当事人意识到问题所在,从而主动说出真实情况。

第二,探讨式引导。它适用于一些重大而又有疑难,或者是在新形势下出现的问题,或者是在法律上尚有争议的问题。对这类问题的探讨,重点不在于从法律上、政策上、理论上得出答案,而是要引导当事人提高对案件的理性认识,通过对案情的探讨和分析,使当事人明白可以通过什么样的途径和方法最大限度地保护自己的合法权益,而不至于固执己见或一意孤行。

第三,变通式引导。律师询问时,应根据会谈的具体情况以及当事人的心态和情绪,灵活变换和调整语气、语调,这样做能够起到强调案件所涉及的关键问题或暗示性的作用,有时甚至可以收到意外效果,如取得有利的线索和证据材料。许多当事人不方便正面回答的问题,通过变通地询问,可以改变当事人心理感受,使当事人的谈话能够涉及案件的重点。

三、解答的技巧

会见当事人有很大一部分,是对当事人的法律问题提出合法合理的建议和意见。这种有针对性的解答要注意以下几点：（1）为当事人考虑，了解当事人的意图。解答问题时，律师要尽量站在当事人的角度，指出当事人在案情中所遭受的侵害，从法律专业角度去帮助分析问题、解决问题。律师不仅要以专业的法律服务取信于客户，有时候甚至要站在客户的角度，想他们之所想，急他们之所急，让客户找到可以倾诉的对象，找到值得委托并能够解决问题的律师。有些来访者对所咨询的法律问题，心里其实清楚自己对错所在，只是为证实一下自己的观点或增强自己解决问题的信心才来咨询。此时，学生回答就应该用激励的方法，摸准来访者的心理和来访目的，对症开方。对于当事人提出的要求有明显不当之处，应结合法律指出存在的问题；对于不符合律师职业道德的或者法律要求的，没有商量、探讨的余地，应严词加以拒绝。（2）解答意见合法合理，具体可行。律师要明确当事人询问的重点和关键，用准确严密、通俗易懂的语言讲清道理，要让对方听懂并且有说服力。有些律师在解答当事人咨询的过程中，往往把解答变成了课堂上的讲授，向当事人讲授法律专业术语和复杂的法律关系，令当事人更加迷茫、不得要领。之所以当事人始终不能听懂，是因为律师在解答的时候没有注意到受众是什么人，对当事人的基本情况、知识水平和理解能力没有准确把握。（3）掌握分寸，回答有度。律师经过慎重思考的解答应是有逻辑的、自信的、慎重的，回答问题时要充分注意语言的表达能力和技巧，说话要简洁，条理要清楚，分析问题要抓住问题的重点；解答要有分寸，任何事情都不能说得太绝对化，既不能让当事人感到非我莫属、舍我其谁，也不要让当事人感到毫无希望可言；既要维护法律的尊严，又要对咨询者有帮助的愿望和热情，从而取得咨询者的信任，而不至于生硬、刻薄，造成咨询者的失望、对抗情绪。

律师并不是全才全能的，律师会遇到自己不熟悉的领域中的问题，以至于无法予以解答。律师回答不上来当事人的法律咨询，一般有两种情形，一是对当事人所涉及的法律领域仅有一些初步了解，而关键性的问题没有准确掌握，法律实质和立法精神没有深刻把握，担心自己的分析意见出现错误，闹出笑话或者误导当事人。另外一种情形是，由于律师业务向专业化的方向发展，对于当事人问及的法律领域基本没有涉及，相关法律知识的掌握也不透彻，头脑一片空白。基于此，对于不能马上回答的问题，切忌敷衍当事人，也不要盲目拒绝，应学会使用"缓答法"。例如，学生回答："从您的描述来看，我认为您遇到的问题比较复杂，为了给您一个更准确的答复，我们需要进行讨论、分析，或者要去咨询一下我们的老师，以便向您提供一个比较准确的回答。"然后，请当事人留下自己的联系方式，在问题有了答案之后再回复当事人。作为学生，有许多的问题由于知识上的不完整和有限性难以作出正确的回答，这也是可以理解的。但是，诊所学生大多没有经验，对于不懂的问题，通常会直接答复"我不知道"或"我不清楚"。如果诊所学生"诚实"地告诉当事人不懂得其所提的问题，显然会使这种信任感甚至是诊所本身的形象都大打折扣，如果当事人经常得到这样的回答，诊所就不会有当事人造访了。因此，使用"缓答法"是很有必要的，可以使当事人得到更确切、精准的回答，加深其对诊所专业能力的印象，从而使其可能与诊所建立关系。

对于不懂的法律问题，可以考虑以下的一些回答方式：(1) 关于您所提出的这个法律问题，目前还存在较大争议。相关的法律规定比较模糊，法官和律师对此都有不同的理解，类似案件的判决结果也存在差异。我们可以给您整理一下专家、法官和律师的主要观点，一起交给您，这样对您会有很大的帮助，您看怎样？(2) 您带来的材料比较多，我们不能匆忙下结论，需要一些时间进行准备，这也是对您负责。我们研究这些材料后，可以另外约一个时间再具体谈这个问题。(3) 您现在带来的资料还不够完善，作为法律人，我们必须给您一个负责任的解答，在没有看到您所有的材料以前，我们不能随意地向您提出建议和意见，那是对您的不负责任。您下次能不能把全部的资料带来，我们研究以后给您答复。(4) 您说的这个案件还涉及其他一些人，我们要确定这些人与案件是不是直接关联，需要仔细分析之后才能提出适当的处理意见。这个过程需要花费一些时间，等几天您再过来，您看如何？(5) 您是帮别人来咨询的，我们也只能大致地了解一些情况。您下次直接把当事人带过来咨询，您觉得怎么样？

第三章

法律职业道德

第一节 法律职业道德概述

一、法律职业道德的含义

职业道德是随着社会分工的发展，在特定的职业实践的基础上形成的。例如，两千多年前，被尊为"医学之父"的名医希波克拉底，立下医生职业伦理之经典誓言，"希波克拉底誓言：……我愿尽余之能力与判断力所及，遵守为病家谋利益之信条，并抵制一切堕落和害人行为，我不得将危害药品给予他人，并不作该项之指导，虽有人请求亦必不与之。我愿以此纯洁与神圣之精神，终身执行我职务……无论至于何处，遇男或女，贵人及奴婢，我之唯一目的，为病家谋幸福，并检点吾身，不做各种害人及恶劣行为，尤不做诱奸之事"。这是向学医之人和从医之人发出的职业道德倡议书以及这些人应该学习掌握的内容，也是所有从业人员的自律要求和行为准则。其基本内涵包括：(1) 严守誓言，恪守道德，不做违背良知和违法之事；(2) 对知识和技能的传授者心怀敬意和感恩；(3) 尽职尽责为他人提供专业服务；(4) 尊重他人，不泄露他人信息，为他人保守秘密。此誓言简短洗练、蕴意深刻，对后世各行各业产生了深远影响。1948 年世界医学会（WMA）将希波克拉底誓言纳入《日内瓦宣言》，作为医生的职业道德规范，并迄今八次修改而不断完善。随着社会分工越来越细，各职业分化越来越深，人们已经无形地被分化成各行各业，人们的生活越来越围绕自己选定或被选定的职业。为了维护职业利益和社会声誉，这些特定的职业不但要求人们具备特定的知识和技能，而且要求人们具备特定的道德观念、情感和品质，从而在职业实践中，根据一般社会道德的基本要求，逐渐形成了相应职业的道德规范。

所谓职业道德，是同职业活动密切相关的，履行本职工作中所遵循的道德准则、道德情操与道德品质的总和。职业道德具有如下特征：第一，专业性和行业性。不同行业有着不同的行为规范，道德规范调节人与人之间的关系，不同行业有着不同的特点，因而职业道德具有自身的专业性，只是针对本行业的行为规范，反映了职业利益的特殊要求。一方面，职业道德调节从业人员之间的内部关系，以增强行业内部人员的凝聚力和责任心，强化从业人员的职业担当意识；另一方面，它调节从业人员与其服务对象之间的关系，用来塑造本职业从业人员的形象和声誉，增强本职业在社会公众中的信任度。第二，稳定性和传承性。每个行业都有自己的职业行为准则，各行各业都要严格遵守自己行业的行为规范，不同的职业长期积累下来的相对稳定的职业道德传统与观念就形成了职业道德的相对稳定性与传承性。职业道德是各种职业的本质要求，在人们的职业生活中形成了较为稳定的、持续的职业心理和职业习惯，以至在很大程度上塑造人们良好品德的形成，影响社会主体的道德风貌。第三，自律性和他律性。自律是指从业人员的自我约束，是一种职业操守和高度自觉。他律是指外在的约束，主要通过纪律进行规制。纪律具有规范属性，其功能介于法律和道德之间，兼具法律和道德的特性。纪律依靠信念、习惯、文化，通过从业者的自律来实现。遵守纪律既是一种自觉要求，具有道德属性，也是一种外在强制，具有较强的法令特性。因此，职业道德有时又以条例、章程、规则的形式表达，使从业人员认识到职业道德具有规范性和约束力。

法律职业是指以法官、检察官、律师和公证员为代表的，受过专门的法律专业训练，具有法律伦理与法律技能的法律从业人员所构成的共同体。狭义的法律职业主要是指，法官、检察官、律师、法律类仲裁员、公证员、基层法律服务工作者以及行政机关从事行政处罚决定审核、行政复议、行政裁决、法律顾问的工作人员。除基层法律服务工作者外，上述其他人员必须通过考试取得国家法律职业资格。广义的法律职业除包含上述职业外，还包括企事业单位中从事法律事务的人员以及从事法学教学和研究的人员。法律职业的特征表现在：其一，法律从业者需要具备专门的知识和技能。法律职业与其他需要以专业知识为基础的行业一样，是一种专业化和专门化的工作，必须是经过法律教育、职业训练和职业实践并具有统一的知识背景、思维方式、共同语言的知识共同体。其二，法律从业者是具有共同利益的利益共同体。法律职业以从事法律事务为本，法律从业者有着共同的职业范围和利益需求，并努力维护职业信誉和法律价值。其三，法律从业者具有共同的法律信仰。法律从业者亲身投入法治事业，有着共同的职业精神和责任担当，达成了职业伦理共识并形成了特有的职业信仰，是信仰法治的共同体。法律职业者是社会秩序的维护者和法律价值的守护者。

法律职业道德是指在法律职业活动中形成的，法官、检察官、律师等从事法律行业的所有人员在其职务与社会生活中应该遵循的行为规范的总和，是职业道德在法律行业中的具体体现。法律职业道德是与法律活动的职业化相伴而生的。法学教育家孙晓楼先生指出："法律教育的目的，是在培训为社会服务为国家谋利益的法律人才，这种人才一定要有法律学问，才可以认识并且改善法律；一定要有社会的常识，才可以合于时宜地运用法律；一定要有法律的道德，才有资格来执行法律。"也就是说，法律从业者不仅必须掌握法学的基本理论、基本知识和基本技能，夯实专业基础，还必须具有忠于国家和人民、维护法律的权威和尊严、追求正义、维护公正的品德。这是合格的法律人才必须具备的基本素质。法律职业道德是长期养成和习得的，是法律职业者和法学专业学生都应该受到的教育，是终身要遵守的行为准则。与一般社会道德相比，法律职业道德具有主体的特定性、职业的特殊性和更强的约束性等特征。主体的特定性是指法律职业道德所规范和约束的是专门从事法律工作的法官、检察官、律师等法律职业人员。职业的特殊性是指法律从业者由于所从事的工作直接关系到法律的实施、秩序的维护、正义的实现，因而，对于这些职业的道德规范就应该体现职业的特点，这样才有可能保持职业的先进性和树立良好的职业形象。更强的约束性是指法律从业者对社会和国家应具有更强的责任感、使命感和紧迫感，应该严格自律，培养高尚的道德情操，成为遵守法律和社会公德的模范；法律从业人员如果违反职业道德，应该受到纪律处分和法律制裁。

二、法律职业道德的意义

法律职业道德的形成是与法律职业的产生、发展相伴随的，有其自身的规律和特点。它是法律从业人员在长期的职业生活中形成的应秉持的职业操守、行为规范，是法律从业人员在自己的职业活动中应该遵循的判断是非、善恶的准则。从事法律职业必须掌握专门的法律知识和技能，其中就包括这种职业特有的价值观。公民成为法律职业者之前，必须经过法律知识教育、法律职业培训，并通过国家规定的职业资格考试。在这一过程中，他们要"习得"的不仅是具体的法律规范和法律术语，还要具有良好的政治思想素质、扎实的业务素质和实践技能等，这些都是法律职业精神的应有内容。孙晓楼先生指出："只有了法律知识，断不能算作法律人才；一定要于法律学问之外，再备有高尚的法律道德。"法律职业道德说到底属于道德的一种，外在的社会评价和约束只有通过转化为内心确信才能对行为人产生影响。法律职业道德亦需要通过转化为法律职业人员的内心信念，才能指引、约束、促进和激励法律职业活动，使之沿着公平正义的目标前进。

法律职业道德的形成对法律职业的良好发展起到积极的促进作用。如果一个行业没有形成自己的职业道德，则不利于这个行业的持续发展。孙晓楼先生指出："因为一个人的人格或道德若是不好，那么他的学问或技术愈高，愈会损害社会。学法律的人若是没有人格或道德，那么他的法学愈精，愈会玩弄法律，作奸犯科。"法律职业道德在调整职业与社会、职业者个人与职业群体、职业者个人与职业外个人的关系等方面所作出的规范，均体现了服务于社会的职业精神要求。法律职业道德所要求公平、正义这种基本的道德准则能有效地支撑和巩固法律职业的社会地位。从职业道德的构成看，一种成熟的职业道德体系往往包括职业责任、职业纪律、职业信誉等，从而对从业人员的行为进行监督、规制和约束。法律职业道德对法律从业人员不仅有教育和引导作用，更有一定的规范性和强制性，可以通过非正式的行业舆论压力以及正式的纪律处分和法律制裁，确保法律职业的健康运行。法律职业道德能够帮助法律行业在社会树立良好的行业形象，使法律职业能够持续发展，吸引更多的人才加入到这个行业。

加强法律职业道德建设是依法治国和以德治国的内在要求。全面推进依法治国是一个系统工程，是国家治理领域一场广泛而深刻的革命，需要付出长期艰苦努力。依法治国的核心就是依法治权，要把权力关进笼子；要运用法治思维和法治方式处理问题。法治思维，在本质上区别于人治思维和权力思维，必须严格遵循法律规则和法定程序，必须切实保护人民权利和尊重保障人权，必须始终坚持法律面前人人平等，必须自觉接受监督，有担当精神，有高度的责任心和使命感，对自己的言语和行为负责。法律从业者一般都是最贴近民众的群体，其个人道德修养高低直接影响着民众对其行为"善""恶"的基本判断，也对民众的行为有示范和表率作用。法律的生命力在于实施，法律的权威也在于实施，再好的制度不执行就会形同虚设。法律是他律，道德是自律，实现他律和自律的结合、道德教化和法制手段兼施，让道德和法制内化于心、外化于行，才能为法治目标的实现打下坚实的基础。

第二节　律师职业道德

一、律师职业道德的含义

律师是指通过国家法律职业资格考试并依法取得律师执业证书，接受委托或者指定，以为社会提供法律服务为职业的法律服务工作者。律师和法官虽同为法律工作者，但属于法律职业的不同分工，法官依法行使国家审判权，而律师以其所掌握的知识和技能为当事人提供法律服务。虽然律师和法官在法治舞台上扮演着不同角色，但同为社会主义法治国家建设者，担负着共同的责任、共同的使命，应当彼此尊重、平等相待，相互支持、相互监督，共同保障当事人的合法权益，共同确保法律正确实施，共同维护社会公平正义。律师职业的特征主要包括：其一，接受法学教育，具有一定的法律知识，即具备全日制普通高等学校法学类本科学历并获得学士及以上学位，或者全日制普通高等非法学类本科及以上学历并获得法律硕士、法学硕士及以上学位或获得其他相应学位且从事法律工作三年以上；其二，参加国家统一法律职业资格考试并获得通过；其三，经司法行政部门批准，取得执业证书；其四，为社会提供法律服务，并以此为职业。按照工作性质划分，律师可分为专职律师与兼职律师；按照业务范围划分，律师可分为民事律师、刑事律师和行政律师等；按照服务对象划分，律师可分为社会律师、公司律师和公职律师等。律师业务主要分为诉讼业务与非诉讼业务。根据我国《律师法》第28条的规定，律师可以从事下列业务：（1）接受自然人、法人或者其他组织的委托，担任法律顾问；（2）接受民事案件、行政案件当事人的委托，担任代理人，参加诉讼；（3）接受刑事案件犯罪嫌疑人、被告人的委托或者依法接受法律援助机构的指派，担任辩护人，接受自诉案件自诉人、公诉案件被害人或者其近亲属的委托，担任代理人，参加诉讼；（4）接受委托，代理各类诉讼案件的申诉；（5）接受委托，参加调解、仲裁活动；（6）接受委托，提供非诉讼法律服务；（7）解答有关法律的询问、代写诉讼文书和有关法律事务的其他文书。

律师职业道德是指律师在从事律师业务，为社会提供法律服务时，所应遵循的行为规范的总称。它是律师政治素质、理想信念、思想品质、纪律作风、情操气质和风度的综合反映，也是纯洁律师队伍、维护律师职业声誉、推动律师为社会提供优质法律服务的重要保证。律师为社会提供法律服务，其在执业活动中与国家机关及其工作人员、企事业单位、社会团体以及当事人和其他诉讼参与人有着广泛的接触甚至直接的委托受托关系，律师的一言一行都代表着律师职业的形象，反映着律师队伍的素质。因此，良好的律师职业道德对于提高公民的法律意识，推动国家的法治建设有着十分重要的作用。律师职业道德具有以下特征：（1）通过不同层级的规范性文件将抽象的职业道德标准具体化为义务性或禁止性条款，从而形成律师职业行为的具体规则，如《律师法》、司法部颁布的《律师职业道德和执业纪律规范》《律师执业管理办法》和中华全国律师协会发布的《律师执业行为规范（试行）》等。（2）律师职业道德的主体是律师和律师事务所。律师事务所是律师的执业机构，对律师在执业活动中遵守职业道德、执业纪律的情况进行监督。律师承办业务，由律师事务所统一接受委托，与委托人签订书面委托合同，按照国家规定统一收取费用并如实入账。（3）律师职业道德约束的范围主要是律师的执业行为，以及律师在其职业活动中与法院、委托人、同行、对方当事人之间的关系等。（4）律师职业道德与执业纪律密切关联。律师在执业中应遵守执业纪律。律师协会组织律师业务培训和职业道德、执业纪律教育，对律师的执业活动进行考核，对律师、律师事务所实施奖励和惩戒。

二、律师职业道德的基本要求

1. 忠于职守，维护国家法律与社会正义

律师要忠于宪法和法律，以事实为根据，以法律为准绳，严格依法执业。以法律为准绳，就是要求在办案中既要按实体法办事，又要按程序法办事；以事实为根据，要求律师要忠于事实真相，立足于客观事实，使自己的活动始终建立在有充分可靠证据证明的客观事实基础上，不能提供虚假的证据证明，妨害公正的判决，损害当事人的合法权益。律师接受当事人的委托，参

加各种诉讼案件或参加调解、仲裁活动，或提供法律服务时，应当忠于职守，坚持原则，维护国家法律与社会正义。律师应当积极参加社会公益活动。律师应当自觉履行法律援助义务，为受援人提供法律帮助。

2. 诚实守信，尽职尽责地为当事人服务

律师应当敬业勤业，努力钻研业务，掌握执业所应具备的法律知识和服务技能，不断积累办案经验，不断提高执业水平和专业素养。律师在为当事人提供法律服务时，应当诚实守信，勤勉尽责，尽职尽责地维护委托人的合法利益，实现法律效果和社会效果的有机统一。律师要最大限度地依法争取当事人的利益最大化，这是律师的本职工作。律师应讲信用、恪守诺言、诚实不欺，从案件的具体情况出发，忠实地履行自己的职责，本着对当事人负责的职业精神去提供法律服务，不能为了迎合或满足当事人的不当要求，而丧失客观公正的立场，损害律师形象。当律师在执业活动中知悉国家秘密、商业秘密和他人隐私时，不得泄露。

3. 廉洁自律，自觉维护职业形象

律师应当珍视和维护律师职业声誉，模范遵守社会公德，注重陶冶品行和职业道德修养，自觉维护宪法和法律权威。在道德上，律师要具备高尚的职业操守，纪律上也应该自我约束，不谋取非法利益，自觉维护律师业的社会公信力，保证自己的行为无损于律师的职业形象，这样才能塑造良好的职业声誉。在收费方面，要掌握合理的收费标准，做到不乱收费，不私下收费。律师应当尊重同行，同业互助、公平竞争，共同提高执业水平。律师应处理好与法官的关系，形成良性互动的局面，共同为当事人在案件中感受到公平正义而努力，共同为我国的法治建设事业作出贡献。

三、律师的执业纪律

1. 律师在执业机构中的纪律

律师事务所是律师的执业机构，律师的执业活动必须接受律师事务所的监督和管理。律师不得同时在两个或两个以上律师事务所执业；律师不得以个人名义私自接受委托，不得私自收取费用，也不得私自向委托人收取额外报酬或其他财物；律师不得违反律师事务所收费制度和财务纪律，挪用、私分、侵占业务收费；当被指派承担法律援助义务时，不得拒绝和懈怠；律师因执业过错给律师事务所造成损失的，应当承担相应责任。

2. 律师在诉讼和仲裁活动中的纪律

律师应当遵守法庭和仲裁庭纪律，尊重法官、仲裁员，按时提交法律文件，按时出庭，出庭时应按规定着装，举止文明礼貌，不得使用侮辱、谩骂或诽谤性语言。律师不得以影响案件的审理和裁决结果为目的，与本案审判人员、检察人员、仲裁员在非办公场所接触，不得向上述人员馈赠钱物，也不得以许诺、回报或提供其他便利等方式与承办案件的执法人员进行交易；律师不得向委托人宣传自己与有管辖权的执法人员及有关人员有亲朋关系，不能利用这种关系招揽业务。律师应依法取证，不得伪造证据，不得怂恿委托人伪造证据、提供虚假证词，不得暗示、诱导、威胁他人提供虚假证据。律师不得与犯罪嫌疑人、被告人的亲属或者其他人会见在押犯罪嫌疑人、被告人，或者借职务之便违反规定为被告人传递信件、钱物或与案情有关的信息。

3. 律师与委托人、对方当事人的纪律

律师应当充分运用自己的专业知识和技能，尽心尽职地根据法律的规定完成委托事项，最大限度地维护委托人的合法利益；应当恪守独立履行职责的原则，不因迎合委托人或满足委托人的不当要求，丧失客观、公正的立场，不得协助委托人实施非法的或具有欺诈性的行为。律师应当遵循诚实守信的原则，客观地告知委托人所委托事项可能出现的法律风险，不得故意对可能出现的风险做不恰当的表述或做虚假承诺。律师应当严格按照法律规定的期限、时效以及与委托人约定的时间，及时办理委托的事务；律师接受委托后无正当理由不得拒绝为委托人代理；接受委托后未经委托人同意，不得擅自转委托他人代理。律师不得从对方当事人处接受利益或向其要求或约定利益；不得与对方当事人或第三人恶意串通，侵害委托人的权益；不得非法阻止和干预对方当事人及其代理人进行的活动。

4. 律师与同行之间的纪律

律师应当遵守行业竞争规范，公平竞争，自觉维护执业秩序，维护律师行业的荣誉和社会形象；应当尊重同行，相互学习、相互帮助，共同提高执业水平，不应诋毁、损害其他律师的威信和声誉。律师不得阻挠或者拒绝委托人再委托其他律师参与法律服务；共同提供服务的律师之间应明确分工、密切协作，意见不一致时应当及时通报委托人决定。律师不得采取不正当方式与同行进行业务竞争，主要包括：不得以贬低同行的专业能力和水平等方式招揽业务；不得以提供或承诺提供回扣等方式承揽业务；不得利用新闻媒介或其他手段向委托人提供虚假信息或夸大自己的专业能力；不得在名片上印有各种学术、学历、非律师业职称、社会职务以及所获荣誉等；不得以明显低于同业的收费水平竞争某项法律事务。

第三节　法官职业道德

一、法官职业道德的含义

法官是指依照法律规定的程序产生，在司法机关中依法行使国家审判权的审判人员。根据我国《法官法》第2条的规定，法官是依法行使国家审判权的审判人员，包括最高人民法院、地方各级人民法院和军事法院等专门人民法院的院长、副院长、审判委员会委员、庭长、副庭长、审判员和助理审判员。法官行使的审判权，是适用法律的权力，亦称司法权，司法权具有被动性和中立性特征。司法权的被动性指司法权的启动只能根据当事人的申请进行，并根据申请内容进行裁判，即司法机关不能主动启动司法程序或擅自变更当事人的诉请内容。法院审理实行"不告不理"原则。司法权的中立性是指法官在履行职责时，应当忠实于宪法和法律，坚持和维护审判独立的原则，不受任何行政机关、社会团体和个人的干涉，不受来自法律规定之外的影响。法官的职责包括：依法参加合议庭审判或者独任审判案件；法律规定的其他职责。审判案件是指法官依照法律的规定，通过对案件的审理，以查明案件事实，并适用法律以作出判决的活动。法官除了依法参加合议庭审判案件或者独任审判案件以外，还必须依法审查起诉以决定是否立案；依法裁定予以减刑、假释；依法裁定采取诉前保全或者先予执行措施；依法裁定采取诉讼保全措施；依法对妨害诉讼者决定给予强制措施；依法解决下级法院之间管辖权争议；依法指导下级法院工作；依法向有关单位提出司法建议等；同时必须办理下列事项：处理不需要开庭审理的民事纠纷和轻微的刑事案件；指导人民调解委员会的工作。

法官职业道德是法官在行使审判权、履行审判职能的过程中或者从事与之相关的活动时，应当遵守的行为规范的总称。法官职业道德是调节法官职业内部法官之间的关系以及法官与社会各方面关系的行为准则，是评价法官职业行为的善恶、荣辱的标准，对于确保司法公正，维护国家法治尊严至关重要。法官职业道德的特征主要表现在：(1) 法官职业道德的主体是法官，法官职业道德以法官为约束对象。由于法官的中立地位、裁判职责和其他一些特殊要求，它与检察官和律师职业道德有明显区别。(2) 法官职业道德规范的对象主要是法官履行司法职务的行为。法官的基本职责是审判案件，因此法官职业道德约束的范围主要是法官的审判活动。同时，由于法官的一些非职业活动在一定程度上也影响着法官的形象，因此一些与法官的职业形象直接相关的非职业活动，也应受到法官职业道德的约束。(3) 法官职业道德包括具体规范和司法理念。法官职业道德的一些内容可以直接表现为准则、规范，而一些观念性的要求如审判独立、司法公正等司法理念则难以具体化，也需要法官牢记于心、牢固掌握。根据最高人民法院 2010 年发布的《法官职业道德基本准则》的规定，法官职业道德的核心是公正、廉洁、为民；基本要求是忠诚司法事业、保证司法公正、确保司法廉洁、坚持司法为民、维护司法形象。法官应当自觉遵守法官职业道德，在本职工作和业外活动中严格要求自己，维护人民法院形象和司法公信力。

二、法官职业道德的基本要求

1. 忠诚司法事业

法官应树立社会主义法治理念，忠于党、忠于国家、忠于人民、忠于法律，做中国特色社会主义事业的建设者和捍卫者；坚持和维护中国特色社会主义司法制度，认真贯彻落实依法治国基本方略，尊崇和信仰法律，模范遵守法律，严格执行法律，自觉维护法律的权威和尊严；热爱司法事业，珍惜法官荣誉，坚持职业操守，恪守法官良知，牢固树立司法核心价值观，以维护社会公平正义为己任，认真履行法官职责；维护国家利益，遵守政治纪律，保守国家秘密和审判工作秘密，不从事或参与有损国家利益和司法权威的活动，不发表有损国家利益和司法权威的言论。

2. 保证司法公正

法官应坚持和维护人民法院依法独立行使审判权的原则，客观公正审理案件，在审判活动中独立思考、自主判断，敢于坚持原则，不受任何行政机关、社会团体和个人的干涉，不受权势、人情等因素的影响；坚持以事实为根据，以法律为准绳，努力查明案件事实，准确把握法律精神，正确适用法律，合理行使裁量权，避免主观臆断、超越职权、滥用职权，确保案件裁判结果公平公正；牢固树立程序意识，坚持实体公正与程序公正并重，严格按照法定程序执法办案，充分保障当事人和其他诉讼参与人的诉讼权利，避免执法办案中的随意行为；严格遵守法定办案时限，提高审判执行效率，及时化解纠纷，注重节约司法资源，杜绝玩忽职守、拖延办案等行为；认真贯彻司法公开原则，尊重人民群众的知情权，自觉接受法律监督和社会监督，同时避免司法审判受到外界的不当影响；自觉遵守司法回避制度，审理案件保持中立公正的立场，平等对待当事人和其他诉讼参与人，不偏袒或歧视任何一方当事人，不私自单独会见当事人及其代理人、辩护人；尊重其他法官对审判职权的依法行使，除履行工作职责或者通过正当程序外，不过问、不干预、不评论其他法官正在审理的案件。

3. 确保司法廉洁

法官应树立正确的权力观、地位观、利益观，坚持自重、自省、自警、自励，坚守廉洁底线，依法正确行使审判权、执行权，杜绝以权谋私、贪赃枉法行为；严格遵守廉洁司法规定，不接受案件当事人及相关人员的请客送礼，不利用职务便利或者法官身份谋取不正当利益，不违反规定与当事人或者其他诉讼参与人进行不正当交往，不在执法办案中徇私舞弊；不从事或者参与营利性的经营活动，不在企业及其他营利性组织中兼任法律顾问等职务，不就未决案件或者再审案件给当事人及其他诉讼参与人提供咨询意见；妥善处理个人和家庭事务，不利用法官身份寻求特殊利益。按规定如实报告个人有关事项，教育督促家庭成员不利用法官的职权、地位谋取不正当利益。

4. 坚持司法为民

法官应牢固树立以人为本、司法为民的理念，强化群众观念，重视群众诉求，关注群众感受，自觉维护人民群众的合法权益；注重发挥司法的能动作用，积极寻求有利于案结事了的纠纷解决办法，努力实现法律效果与社会效果的统一；认真执行司法便民规定，努力为当事人和其他诉讼参与人提供必要的诉讼便利，尽可能降低其诉讼成本；尊重当事人和其他诉讼参与人的人格尊严，避免盛气凌人、"冷硬横推"等不良作风；尊重律师，依法保障律师参与诉讼活动的权利。

5. 维护司法形象

法官应坚持学习，精研业务，忠于职守，秉公办案，惩恶扬善，弘扬正义，保持昂扬的精神状态和良好的职业操守；坚持文明司法，遵守司法礼仪，在履行职责过程中行为规范、着装得体、语言文明、态度平和，保持良好的职业修养和司法作风；加强自身修养，培育高尚道德操守和健康生活情趣，杜绝与法官职业形象不相称、与法官职业道德相违背的不良嗜好和行为，遵守社会公德和家庭美德，维护良好的个人声誉；法官退休后应当遵守国家相关规定，不利用自己的原有身份和便利条件过问、干预执法办案，避免因个人不当言行对法官职业形象造成不良影响。

第四节　检察官职业道德

一、检察官职业道德的含义

检察官是依法行使国家检察权的检察人员，包括最高人民检察院、地方各级检察院和军事检察院等专门人民检察院的检察长、副检察长、检察委员会委员、检察员和助理检察员。检察官必须忠实执行宪法和法律，全心全意为人民服务。检察官依法履行职责，受法律保护。根据我国《检察官法》第6条的规定，检察官的职责包括：（1）依法进行法律监督工作。根据我国《宪法》和《人民检察院组织法》的规定，我国各级人民检察院是国家的法律监督机关，负有对有关国家机关，主要是司法机关执行和遵守国家法律的情况进行监督的职责。例如，人民检察院可以提起民事公益诉讼；人民检察院通过抗诉、检察建议等方式，对民事诉讼活动实行法律监督。检察官作为直接行使国家检察权的人员，其职责之一就是依法进行法律监督工作。检察官进行法律监督的目的是保证国家法律得以正确地贯彻实施，保障公民的人身权利、民主权利和其他权利不受侵犯，保证违法者受到法律追究。（2）代表国家进行公诉。人民检察院决定提起公诉的案件，检察官以国家公诉人的身份出席法庭审判，支持公诉。根据我国《刑法》和《刑事诉讼法》的规定，除少数由当事人自诉的案件以外，大多数刑事案件依法由人民检察院审查以决定是否需要提起公诉。人民检察院经过审查，认为犯罪嫌疑人的犯罪事实已经查清、证据确实充分，依法应当追究刑事责任的，应当作出起诉决定并向人民法院提起公诉。人民检察院决定提起公诉的案件，检察官以国家公诉人的身份出席法庭审判，支持公诉，包括对被告人提出指控、参加法庭调查和辩论等。（3）对法律规定由人民检察院直接受理的犯罪案件进行侦查。根据我国《人民检察院组织法》和《刑事诉讼法》的规定，人民检察院还负有对特定案件的直接侦查职责。作为直接行使国家检察权的人员，检察官的职责之一就是依法开展对人民检察院直接受理的刑事案件的侦查活动。（4）法律规定的其他职责。主要包括：受理公民的控告、举报、报案并依法及时处理；对公安机关提请批准逮捕的案件进行审查以决定是否批准以及其他法律授权由检察机关行使的职责。另外，根据我国《检察官法》第 7 条的规定，检察长、副检察长、检察委员会委员除履行检察职责外，还应当履行与其职务相适应的职责。

　　检察官职业道德是检察官在行使检察权、履行检察职责过程中或从事各项社会活动时应当遵循的行为规范和具备的道德品质。它是检察官职业信念、职业态度、职业纪律和职业作风的集中体现，是检察官在职业活动中应该遵循的基本行为准则，是对检察官职业特点和职业本质的特殊要求，是法律职业道德的有机组成部分，对引导和规范检察官正确履职尽责具有十分重要的作用。检察机关作为国家的法律监督机关，承担着强化法律监督、维护公平正义、查办职务犯罪、促进反腐倡廉的神圣使命。加强检察官职业道德建设，造就一支政治坚定、作风优良、纪律严明、勤政为民、恪尽职守、清正廉洁的检察队伍，是履行监督职能、维护公平正义的前提和保证。最高人民检察院 2009 年颁布的《检察官职业道德基本准则（试行）》，将检察官职业道德内涵概括为"忠诚、公正、清廉、文明"。忠诚是检察官职业道德的本质要求，是检察官必备的政治品质；公正是检察官职业道德的核心内容，是检察官根本的价值追求；清廉是检察官职业道德的内在规定，是检察官应有的人格操守；文明要求检察官弘扬人文精神、体现人文关怀，做到执法行为文明、执法作风文明、执法语言文明。根据最高人民检察院 2016 年颁布的《检察官职业道德基本准则》的规定，检察官职业道德基本要求为：坚持忠诚品格，永葆政治本色；坚持为民宗旨，保障人民权益；坚持担当精神，强化法律监督；坚持公正理念，维护法制统一；坚持廉洁操守，自觉接受监督。根据检察机关的职能和办案的实际，检察官应具有"忠诚""为民""担当""公正""廉洁"的品格。"忠诚"即忠于党，忠于法律，信仰法治；"为民"强调要让人民群众在每一个司法案件中都感受到检察机关在维护公平正义；"担当"强调敢于对司法和执法活动进行监督，防止冤假错案的发生；"公正"强调维护法制的统一、权威和尊严；"廉洁"强调监督者更要接受监督。

二、检察官职业道德的基本要求

1. 忠诚

忠诚，即检察官必须忠于党、忠于祖国、忠于人民、忠于法律和事实。这是检察职业道德的本质要求。忠诚是检察官职业品行的试金石，也是检察官的职业本色。只有忠诚，才能不负党的重托，才能取信于人民，也才能认真履行职责、运用好手中的权力。检察官忠实于党，就要坚定共产主义信念，坚定对党的事业的信心，接受和服从党的领导，与党中央保持高度一致，牢固树立政治意识、大局意识、核心意识、看齐意识，始终遵循党的路线，自觉贯彻党的方针，坚决执行党的政策，努力维护党的声誉和检察工作的正确政治方向。检察官处理案件，要切实做到事实清楚，证据确实、充分，忠实于案件事实真相。在查明事实真相的基础上，准确理解和执行法律，处理案件做到程序合法，适用法律无误，自觉维护法律权威，保障人民合法权益。

2. 为民

为民，即检察官要始终坚持立检为公、执法为民的执法宗旨和理念，全心全意为人民服务。检察官手中的权力来自于人民，也必须服务于人民，忠于人民，在思想上，就必须牢固地树立"人民利益高于一切"的意识；在行动上，必须始终把人民利益放在检察工作的首位，为人民用好权力，切实保障宪法和法律赋予人民的权利得到充分实现，为人民的工作、生产、学习和生活创造良好的法治环境。检察官要秉持执法公正，坚守法制精神，严格执法，秉公办案；坚持法律面前人人平等，尊重保障人权，努力追求实体公正与程序公正统一；要理性执法，妥善处理经济领域的矛盾纠纷，坚决打击干扰破坏企业经济活动的违法犯罪行为，保护企业合法权益，维护正常经济秩序，为改革发展和社会主义建设创造良好环境。

3. 担当

敢于担当是检察官的职责所在。检察官要严格执法、刚直不阿、敢于监督、勇于纠错；必须维护国家法制统一、尊严、权威，切实保证宪法法律有效实施，绝不允许任何人以任何借口任何形式以言代法、以权压法、徇私枉法；必须以规范和约束公权力为重点，加大监督力度，做到有权必有责、用权受监督、违法必追究，坚决纠正有法不依、执法不严、违法不究行为；要有强烈的责任心和进取心，有做好检察工作的主动性和自觉性；在胜利和顺境时不骄傲不急躁，在困难和逆境时不消沉不动摇，经受住各种风险和困难考验，自觉抵御各种腐朽思想的侵蚀，敢于同任何亵渎乃至践踏法律的邪恶势力作坚决的斗争，真正提高人民群众的满意度，真正让人民群众切实感受到公平正义就在身边。

4. 公正

公正，即崇尚法治，客观求实，依法独立行使检察权，坚持法律面前人人平等，自觉维护程序公正和实体公正。这是检察职业道德的核心内容。公正是司法的生命。公正要求检察官在办案过程中，尊重事实、忠于事实，严格依照法定程序，客观、全面地收集证据，准确查明案件事实，正确地适用法律，严格区分罪与非罪、重罪与轻罪、此罪与彼罪的界限，使有罪的人均依法受到应有的惩罚，无罪的人不受法律的追究。严禁以刑讯逼供的方式，或以威胁、引诱、欺骗的手段搜集证据。不论大案、小案，也不论案情简单、复杂，均应严谨认真、一丝不苟地查处。严格把握好事实、证据、定性三个关键环节，做到该严则严、当宽则宽、防错防漏、有错必纠、公正司法。

5. 清廉

清廉，即模范遵守法纪，保持清正廉洁、淡泊名利、不徇私情、自尊自重、接受监督。要做到廉洁，首先须正己。检察官履行的是法律监督职能，只有保持自身的清正廉洁，才能正确地对待和行使好手中的权力。保持清正廉洁，要求检察官在对待职责与名利的关系问题上，必须有正确的认识，这就是职责重于名利。具体要求是，不为名亵渎法律、滥权枉法，不为利贪图享乐、腐化堕落，做到一身正气，两袖清风，抗得住侵袭和腐蚀，守得住人格和节操。一名清廉的检察官不仅应当在执行职务的过程中，而且也应当在社会交往和日常生活中，模范地遵守宪法、法律、政治纪律、生活纪律以及社会公德，坚决反对形式主义、官僚主义、享乐主义和奢靡之风，拒绝低级趣味。

第一节　法律文书概述

一、法律文书的含义

法律文书是指，一切在法律上有效的或具有法律意义的文件和文书的总称。法律文书可分为规范性法律文书和非规范性法律文书。规范性法律文书是指，国家机关依照职权所制定并正式颁布要求人们普遍遵守的行为规范，它包括宪法、法律、行政法规、地方性法规、规章和其他规范性文件。这些法律文书是法的表现形式，其制定主体、适用范围和法律效力等都不同。非规范性法律文书是指司法机关、行政机关以及其他机构或组织在其职权范围内制作的有关办理刑事、行政、民事等诉讼案件和非诉讼案件的各种文书。它不是具有普遍约束力的行为规范，而仅是对某一案件所涉及的当事人的规范，因而，只是对特定的案件当事人产生法律效力的一种法律事实，是适用法律的结果。

这里所指的法律文书只包括非规范性法律文书，不包括规范性法律文书。也就是说，这里所指的法律文书是指法院、检察院、公安机关、安全机关、监狱以及公证机关、仲裁机构依法制作的处理各类诉讼案件和非诉讼案件的法律文书以及案件当事人、律师事务所和律师自书或代书的具有法律效力或法律意义的文书的总称，主要包括司法机关依法制作的司法文书、公安机关制作的法律文书、公证机关出具的公证文书、仲裁机关制作的仲裁文书和律师代书和自用的律师实务文书。法律文书是一种实用文体，是法律活动的专业文书。因此，法律文书学是法学和写作学相结合的边缘学科。

从上述定义可知，法律文书可从如下几个方面理解：

第一，法律文书的制作主体为司法机关和行政机关及其他组织和当事人。司法机关和行政机关包括法院、检察院、公安机关、安全机关和监狱等；其他组织包括律师事务所、公证部门、仲裁机构等；当事人包括公民、法人和非法人组织，他们进行诉讼或处理某些案件，也需要依法制作具有某种法律意义的文书。

第二，法律文书的制作必须依照程序法和实体法的规定。我国《刑事诉讼法》《行政诉讼法》和《民事诉讼法》对各类案件所涉及的法律文书的程序、期限和内容都有明确的规定和要求。绝大多数法律文书是解决实体问题的载体，无论是司法机关还是诉讼当事人，在诉讼活动中的法律文书涉及权利义务关系的，必须符合实体法的规定。

第三，法律文书一般产生直接的法律效力，或者具有一定的法律意义。这是法律文书区别于一般文书的一个重要特性。直接的法律效力是指该类文书一经制作完成或送达当事人就产生强制性，具有法律约束力，必须执行或履行，如生效判决等。一定的法律意义是指某些法律文书虽不产生直接法律效力，但其本身就是法律的实施或执行，如原告的起诉状、律师的代理词等。

二、法律文书的特点

1. 内容的合法性

法律文书的制作主体只能根据法律所赋予的职权或规定的权利依法制作，而且法律文书的内容必须合乎法律规定。内容的合法性主要包括三个方面：(1) 正确适用实体法。凡涉及当事人实体权利义务的类型和内容，必须以实体法的明确规定为依据。(2) 按法定的程序制作。程序法是确保各种实体法得以贯彻实施的保障，也是确保法律文书具有法律效力和法律意义的必要条件。(3) 履行法定的手续。依照法律规定，不少法律文书在制作时还必须履行法定的手续，如各类诉讼文书的送达等，如果不履行法定的手续，则所制作的法律文书，就失去了它的有效性，不产生法律效力。

2. 形式的规范性

法律文书在长期的法律实践过程中逐步形成了相对稳定的体裁和格式，它既能保证法律文书的科学性和权威性，又便于制作、查阅、管理和执行。不同种类的法律文书，其行文结构大都有固定的格式，一般都具备首部、正文、尾部三部分，而且，各类法律文书在某些特定项目内容的表述中还须符合其要素规定，不可残缺不全，如当事人的身份信息必须齐全。另外，法律文书的语言表述必须与法律的精神相一致，必须与法律规定的提法相同。语言风格力求朴实庄重、简明易懂，不用或少用各种修辞手法，不能滥用文言文，也不能使用不符合法言法语要求的语句，应使用肯定、否定、陈述、判断等具有客观性、明确性的语句，少用或不用反问、疑问、感叹等加强语气和感情色彩的句式。

3. 严格的时限性

法律文书的制作必须严格遵守法律关于时限的规定，否则所制作的文书将不会产生相应的法律效力。在民事诉讼中，超过上诉期没有上诉的判决、裁定，是发生法律效力的判决、裁定。当事人不服地方人民法院第一审判决的，有权在判决书送达之日起十五日内向上一级人民法院提起上诉。当事人不服地方人民法院第一审裁定的，有权在裁定书送达之日起十日内向上一级人民法院提起上诉。我国《民事诉讼法》第239条规定："申请执行的期间为二年。申请执行时效的中止、中断，适用法律有关诉讼时效中止、中断的规定。前款规定的期间，从法律文书规定履行期间的最后一日起计算；法律文书规定分期履行的，从规定的每次履行期间的最后一日起计算；法律文书未规定履行期间的，从法律文书生效之日起计算。"

4. 法定的实效性

法律文书是法律实施的重要手段，具有法律效力或法律意义，并关系到当事人权利的享有和义务的履行，因而，它的实施必须依靠国家的强制力来保证其有效执行。对于一些具有执行意义的文书，这种法定的强制力就表现得更为明显。例如，一方当事人逾期不履行发生法律效力的法律文书确定的义务，对方当事人可以依法向人民法院申请执行。根据规定，人民法院执行机构负责执行生效的法律文书，主要包括人民法院民事和行政判决、裁定、调解书、民事制裁决定书、支付令，以及刑事附带民事判决、裁定、调解书；仲裁机构作出的仲裁裁决和调解书；人民法院依据我国《仲裁法》有关规定作出的财产保全和证据保全裁定；公证机关依法赋予强制执行效力的关于追偿债款、物品的债权文书等。

三、法律文书的种类

　　法律文书按制作主体分类，可以分为法院法律文书、检察院法律文书、公安机关法律文书、律师实务文书等。法院法律文书，是指各级法院依照法律规定的诉讼程序，在审理刑事、行政、民事案件中，就实体问题和程序问题制作的具有法律意义的文书，包括刑事案件裁判类、行政案件裁判类、民事案件裁判类等文书。检察院法律文书是各级检察院为实现检察机关的职能而依法制作的具有法律意义的文书，包括立案类、侦查类、公诉类、执行类等文书。公安机关法律文书是指公安机关在实施法律、依法办理刑事案件及其他行政执法工作中所专用的具有法律意义的文书，包括刑事案件文书和行政执法文书两大类。前者如公诉书、逮捕证、监视居住决定书等，后者如治安管理处罚裁决书、治安案件调解书、道路交通事故认定书、道路交通事故处理通知书等。相比较而言，法院法律文书适用的法律依据具有多样性，适用的范围具有广泛性，不仅适用于包括公诉和自诉案件在内的全部刑事案件，而且还适用于各类行政、民事纠纷案件。

　　律师实务文书是指律师在开展业务活动过程中，根据案件事实和法律规定，制作和使用的具有法律意义的文书。律师通过制作文书，把当事人的意志用语言文字形式表达出来，既为当事人进行诉讼提供了依据和凭证，也为司法机关正确审理案件提供了有利条件。司法实践中，律师实务文书范围广泛，种类繁多，内容也各不相同，根据文书性质的不同，可以分为诉讼文书和非诉讼文书。诉讼文书是指律师参与诉讼活动制作的法律文书，如诉状类文书、代理词、辩护词等。非诉讼文书是指律师参与非诉讼法律事务活动制作的法律文书，如出具律师意见书、代书遗嘱、代签合同等。根据文书制作主体的不同，可以分为律师代书的文书和律师自用的文书两大类。律师代书的文书是指，律师根据委托人的委托，代替委托人书写的相应法律文书，如起诉状、答辩状、申请书等。律师自用的文书是指律师接受当事人的委托，作为代理人或辩护人参加诉讼而以律师名义书写的法律文书，如代理词、辩护词等。它的作用是为了引起法律程序的提起及法律程序的变化，因此，它具有一定的法律意义，但没有强制性、约束力，也不产生直接法律效果。

　　法律意见书是律师非诉讼法律事务中重要的一种。它是指律师或律师事务所受当事人的委托，针对某一事实，运用法律进行分析、阐述和认定，并提供法律依据、法律建议以及解决问题的方案的一种文书。例如，证券发行、公司上市、上市公司资产重组、金融借贷等，都需要律师提供专门的法律意见书。律师在担任政府、企业或其他组织的法律顾问解答有关法律咨询时，对于重大的法律事务或重大的决策行为，通常要以法律意见书的形式作出答复。由于法律意见书往往关系着委托人的重大利益决策，因此，起草法律意见书应当慎重，一定要经过充分调查和论证，寻找出有关适用的法律、政策依据，评估已经存在的风险和预见可能发生的风险，提供具体、明确、可靠的参考意见，为作出合理的决策提供参考。虽然法律意见书的格式和内容很难统一和标准化，但一般包括如下要素：第一，引言部分，如提供法律意见的法律或政策依据、本法律意见书的范围、律师声明等；第二，正文部分，针对不同的案情做重点阐述，内容要符合客观实际，论述要符合法律规定，语言要简洁、明确，不可含糊其辞、模棱两可；第三，结尾部分，写明结论性的意见，注明日期，律师事务所及律师签字、盖章，并写明正、副本的份数等。

四、法律文书的作用

法律文书的制作主体不尽相同，有的是司法机关和行政机关，有的是其他社会组织，有的是案件当事人或律师，因此，它们的作用也有很大区别。例如，有的文书具有明显的强制性和最直接的法律效力，有的文书只具有一定的法律意义或证明作用，有的文书只有在相应的司法机关受理之后才能发挥推动法律活动进展的作用。

法律文书是在进行诉讼活动、与诉讼相联系的非讼活动中实施法律行为的文字载体，它的根本作用在于正确反映实施法律的情况。具体表现在如下几个方面：

第一，法律文书是实现法律职能的文书凭证。法律文书是实施法律的一种表现形式，反映了法律规范实际运行过程中的状态。国家机关处理各种刑事、民事、行政等诉讼案件，商事仲裁机构处理合同纠纷案件，公证机关办理公证事项，劳动仲裁机构处理劳动纠纷，无一不使用法律文书。实现这些机构的职能必然要在法律活动中制作相应的文书，并将它作为具体实施法律的凭证。

第二，法律文书是反映诉讼和非诉讼的忠实记录。法律文书是忠实记载、如实反映有关法律活动的专用文书。各个环节的诉讼文书，从头到尾依次衔接或间有交错，忠实地记载办理案件的全过程。一套完整的诉讼案卷便形成一个诉讼文书的系统，储存着诉讼信息。公证书记载公证机关办理公证事项的活动，使法律行为或者有法律意义的文书和事实的真实性、合法性得以确认。

第三，法律文书是反映办案质量的书面材料。法律文书的制作，是进行诉讼和非讼活动的重要环节，而高质量的法律文书是办理诉讼案件和非讼活动事件质量的保证。如果说司法机关、公证机构和仲裁机构的办案质量较高，那么它们所制作的法律文书不仅形式规范、事项齐备、层次清晰，而且事实叙述清楚、证据说明确实充分、理由阐述深刻有力、法律适用正确具体、语言准确简洁。

第四，法律文书是考核法律从业人员的重要尺度。法律文书是法律工作者办案工作的结晶，是其政治素质和业务素质的集中反映。各类法律文书的制作，不仅需要扎实的法学理论、较高的法律专业水平和丰富的基础写作知识，还要有一定的政治理论水平、严谨的逻辑分析能力和较为丰富的工作经验。因此，一份法律文书，既是对法律人政治素质、工作责任心、工作作风、业务能力和文字表达能力的综合检验，也应该成为考核其水平和业绩的有效尺度。

第五，法律文书为立法、执法和司法提供借鉴和参考。法律文书从整体上说，是适用法律的结果，包含大量的、系统的法律信息。通过法律文书的信息反馈，可以了解法律、法规运行的实际状况，可以为后来的立法、执法和司法提供信息资料。例如，最高人民法院建立案例指导制度，定期发布指导性案例，以一个个具体案例来指导、规范众多类似案件的裁判，可以使广大法官审理同类案件的进程大大加快，为群众提供更为高效的司法服务。

第六，法律文书是进行法制教育的生动教材。宣传法律知识、教育公民崇法守法，是司法机关的重要工作，也是诉讼活动的一项重要内容。司法机关处理案件所形成并公开发布的法律文书，都是进行法制宣传的重要材料。法律文书以各种具体的事例，生动地告诫人们，哪些行为是违法行为，哪些行为属于犯罪行为，哪些行为是民事侵权行为，以及它产生的原因和危害后果，从而使当事人和广大人民群众从中受到警示和教育。

第二节　法律文书的写作要求

一、遵循格式，写全事项

法律文书在结构上具有程式化特点，不仅不同的法律文书结构已经类型化，而且法律文书的各种要素、各个部分的组合与编排都已经固定化。法律文书是法律知识和写作知识的具体运用，因而具有鲜明的逻辑性、严肃性和权威性。法律文书的布局谋篇既要遵循写作规律和阅读要求，也要将法律、事实和结果完整地表达出来，因此，司法机关通常对法律文书的结构有明确的规定，即使案件事实千差万别，但法律文书的结构布局始终是统一的。从整体上看，法律文书的全局与局部、整体与部分、过渡与照应、层次与段落、开头与结尾等必须契合有序、精细严密、齐整庄重。在法律实务中，法律文书也会因案情不同而存在制作方法上的差异。制定统一格式的法律文书的作用主要表现在：其一，为法律文书的制作者提供便利，使其制作文书时有所遵循，有助于提高文书的制作质量，并体现文书的严谨性和规范性。例如，法院统一裁判文书样式，将法律文书标准化，既是公正司法的必然要求，也是规范司法活动的客观体现。其二，有助于法律文书效用的发挥，使接受文书的一方更容易认可、信服，便于社会公众理解和学习。例如，诉讼文书的格式化和规范化，对当事人具有较强的参考和指引作用，不仅可以帮助当事人解决制作诉讼文书的困难，而且也有利于规范当事人的诉讼行为，从而为诉讼程序的有序进行创造条件。其三，便于归档保存，有利于文书检索和相关研究。

法律文书的制作主要有写作式和表格填写式两大类。其结构一般由标题、正文和落款三部分构成，每一部分的内容都由特定的要素构成。三部分涉及的内容，在不同种类的法律文书中不完全一致。虽然每一种文书都有各自的必备要素，即必备的几个方面的基本内容，但总体来说，法律文书结构中三部分及每部分包含的内容相对固定。主要包括：（1）标题，包括文书制作者名称、文种名称、编号、当事人身份事项、案由、案件来源等情况。（2）正文，包括事实、理由和相应的结论。正文是法律文书的核心部分。（3）尾部，包括交代有关事项、签署、日期、印章，以及附注事项。由于法律文书的结构和布局都已经格式化，因而制作者只需严格按照要求制作即可，在语言表达上要简洁、清晰、明了。而且，文书内容应具有层次性和顺序性，要对事实、法律、结果等各个要素之间的内在逻辑关系进行准确把握。只有使各个层次和段落之间紧密关联、衔接有序，才能更充分地体现文书的科学性和完整性。根据最高人民法院的规定，裁判文书的基本结构为标题、正文、落款三部分：标题包括法院名称、文书名称和案号；正文包括首部、事实、理由、裁判依据、裁判主文、尾部；落款包括署名和日期。正文部分是对案件实体、程序问题作出的明确、具体、完整的处理决定，其中，首部部分包括诉讼参加人及其基本情况、案件由来、审理经过等；事实部分包括当事人的诉讼请求、事实和理由，法院认定的证据及事实；理由部分包括裁判的理由和裁判的法律依据；尾部包括诉讼费用负担和告知事项。

二、主旨鲜明，阐述精当

法律文书的主旨，就是文书制作者在文书中所表现的写作目的和具体主张，也就是我们所说的普通文章的主题思想或基本观点。主旨是文书的统帅和灵魂，直接影响文书的质量和水平。法律文书是为了解决法律活动中的具体问题而制作的，不同法律问题、不同法律程序应由不同的法律文书来体现。一篇法律文书只能有一个主旨，只能阐明一个基本观点，只能说明一个基本问题。法律文书的制作者应通过文书将意图、诉求、主张明确地表达出来。文书肯定什么，否定什么；主张什么，反驳什么，都要做到态度明朗、观点鲜明、用语准确，绝不可含糊其辞、模棱两可，以致于产生歧义和误解。一篇文书不可多中心，也不可将次要的甚至与主旨无关的枝节问题与主旨放在一个层次上来写，更不能文书无主旨，东拉西扯、漫无边际。如果文书有多个中心或者不分主次，文书结构则会枝蔓丛生、零乱分散，以致于文书的读者和受众不知所云，从而不能产生相应的社会效果和法律效果。只有主旨鲜明，才能将反映的问题或所要表达的观点写得透彻，从而实现法律文书的功效。

不同种类的法律文书，其主旨又有不同的表达要求。例如，判决书是公信力和执行力的载体，判决书应当表述案件的审判过程；表述案件审理过程中当事人的举证、质证和法院认证情况；表述法院对争议事项的认定意见；表述法院对所审理事项适用法律的意见。判决书在陈述和分析过程中应使用中性、客观的文句和语气，无倾向性和带感情色彩的语言，也不追求辞藻华丽和修饰效果；在叙述当事人的诉辩意见时，应完整反映当事人的意见，无断章取义之嫌；在查明事实及分析法律适用时，应用词精当。当事人的陈述有可能不规范，有许多方言和土语，这个时候要根据当事人的目的和观点用规范性语言表达出来，而不是照搬到判决书中。在撰写民事起诉状时，应写明具体的诉讼请求，这是因为诉讼请求是否符合要求，直接关系到案件的受理和胜败。而且，提出的诉讼请求要与诉状中的"事实和理由"部分相一致，请求的内容要有具体事实和法律规定的支持，陈述事实和理由时应详略得当，切不可长篇大论，做到"事实清楚""理由充分"即可。诸如此类，都必须根据不同法律文书的功能，阐明其主旨，并能使主旨在文书中表达得鲜明突出、一目了然，以期更好地发挥它应有的效能。

三、叙事清楚，材料真实

法律文书叙述案情事实必须做到清晰明了，使用的材料必须客观真实，因为事实是案件的基础，材料是说明事实的依据。首先，叙述案情事实，必须写清事实的基本要素，即一般事件所必须写清的时间、地点、人物、事件、原因、结果和证据等。除此之外，还应根据法律文书的特定要求，区别案件的不同性质，写清不同的具体要素。例如，民事案件应反映下列要素：当事人之间存在民事法律关系；民事法律关系的类型如合同关系、侵权关系、不当得利关系或无因管理关系等；法律关系发生的时间、地点；具体的权利和义务；纠纷的过程、情节、后果、因果关系等。其次，法律文书中的事实叙述，要求具体写明关键性情节，因为只有关键性情节，才有助于确定案件的性质和当事人的法律责任。关键性情节主要有以下几类：一是决定案件性质的情节，如是否构成违约、侵权等；二是涉及当事人有无法律责任的情节；三是涉及责任大小的情节。例如，在违约损害赔偿中，必须具体写明是哪方违约，抑或是双方均有违约行为，孰轻孰重、孰先孰后等。只有这样才能判定谁有责任、谁无责任、谁可以减轻责任，或谁的责任较大、谁的责任较小等。

法律文书的材料是指文书制作者为了某一目的，从办理的诉讼案件及非诉讼法律事务中，搜集、摄取并经过认真分析、归纳、取舍后写入文书中的一系列事实、证据、法律条款和法学理论等。法律文书材料大致分为以下几类：第一，按照材料来源分，包括来自诉讼参与人的材料、司法机关主动搜集取证的材料以及来自其他人的材料等；第二，按照材料性质分，包括诉讼案件材料和非诉讼法律事务材料；第三，按照材料形式分，包括口头材料、书面材料、视听材料和实物材料等。文书中阐述事实所选择的材料，包括时间、地点、情节、人名、数据等都必须客观真实，并有必要的证据支持，要避免先入为主，夸大或缩小案件事实。法律文书材料的运用过程大致分为以下环节：第一，要全面占有材料，全面掌握案情，其中包括认真阅卷、做好阅卷笔录，根据案情需要有目的地深入实际调查收集相关证据，从法律、法规和案例中获取材料信息；第二，要科学地分析材料，其中包括对材料真伪的分辨、对材料来源的核实、对材料性质的确定以及对材料的综合判断和运用；第三，有针对性地选择材料，即以主旨为轴心，通过去伪存真、由表及里地对材料进行整理和提炼，选择真实、准确的材料。

四、说理充分，论证有力

说理，是文书制作者通过事实材料及逻辑推理来明辨是非、阐发道理、表明见解和主张的一种表达方式。法律文书的理由必须做到逻辑严密，一以贯之，只有这样才能起到贯通全文的作用。公正的判决必然符合公理常情，裁判过程及其结果只有符合人们的一般法律心理、主流价值观，才可能为公众所认可和接受。司法不是超脱于现实社会生活的静态逻辑推演，任何司法活动都应当与社会现实、公众需求结合起来。法律文书的写作，要以法律理性对待社会公众的诉求，应当尊重当事人的情感以及习惯、礼俗等因素，充分考虑社会对司法裁决的接受程度。当前司法实践中，存在着法律与情理、规则与习俗、裁判与民意的博弈，存在各种利益冲突。因而，了解各方利益诉求，妥善平衡各方利益，缓解社会矛盾，是司法过程中必须考虑的现实要求。裁判文书说理应当坚持法理一致，适当区分案件类型和受众，力求最佳效果。例如，对赡养、抚养类案件，可以侧重讲传统美德、家庭和睦的道理，对邻里关系要侧重讲有利生产、方便生活的道理，而对债权债务纠纷要侧重讲诚实、守信用的道理。裁判文书将法理与情理融为一体，以法服人、以情感人，弘扬正确的价值观，从而实现法律效果和社会效果的有机统一。

法律文书的说理论证主要包括两个部分：一是事实论证，阐明认定案件事实的理由；二是法律论证，阐明适用法律的理由。这两种论证为法律文书作出结论提供支撑。事实论证要重点分析案件要素的内在联系，把握案情的本质和关键。案件事实不能面面俱到，既要做定性分析，也要做定量把握，法律文书中的案件事实要与诉讼请求和纠纷性质相衔接。法律论证是指阐明法律文书结论所依据的法律规定和法律原理。法律文书是法律的具体运用，必须以法律为准绳，体现法的价值、法的观念和法的情感，体现法的科学性、规范性和公正性，从而使法律文书合乎法理和情理。它不仅要求文书制作者对事实的特点了如指掌，对有关法律规定、政策精神以及所涉法学理论运用得准确、恰当，具有针对性，而且还要求文书制作者应具备分析判断能力，熟练掌握推理论证方法，以使法律文书理由充分、结论准确、令人信服。事实论证和法律论证是法律文书写作的必备要素和客观要求，事实和法律的分析到位、论证有力，可以增强法律文书的说服力和可接受性。例如，民事判决书的生效往往会改变当事人的人身关系和财产关系。这就要求法官作出的裁决书不仅要做合法性阐述，使其符合法律规定和法律精神，而且要做合理性分析，使其符合社会公德、善良风俗、公平正义和社会常理，以取得当事人和社会民众的心理认同，从而维护司法判决的权威。

五、语言规范，表意严谨

法律语言，是在长期的法律研究和法律实践中逐步形成的，服务于一切法律活动而且具有法律特色的一种专业语言，包括立法、司法、执法和法律解释中具体运用的语言。法律语言的表现形式是语言符号，实质内容是法律意义，因而应该规范、准确、严谨、庄重。法律语言可以表现为法律的专门术语，体现了法律术语界限的分明和适用的单纯性。例如，民法上有民事法律行为、不当得利、无因管理、表见代理、诉讼时效、责任人等，刑法上有自首、立功、盗窃、剥夺政治权利以及主犯和从犯等，诉讼法上有起诉、受理、审判、被告、原告等。这些法律概念具有抽象性、概括性，必须经过界定和解释才能准确适用。此外，法律文书在表达方式的选择上，不论是说明还是叙事、议论都应保持客观的态度，既不能出现"损失巨大""荒谬至极"之类的夸张性语言，也不能言辞含混、模糊不清。在司法实践中，当事人的陈述和证人证言等都可能出现非专业性的语言，作为法律工作者在法律文书中应注意用词规范、句式严密、表意严谨。俚俗语和方言若出现在法律文书中，就会破坏文书的准确性和严肃性。

各部门法之间的法律用语已经专门化，具有相当的独立性，并非可以任意交替使用。例如，隐私—阴私，询问—讯问，被告—被告人等，这几组词语意义上有相近之处，但又互相区别。"隐私"指不愿公开的个人隐秘的私事，但不一定是坏事或违法的事，多用于民事诉讼和行政诉讼中，为中性词语；"阴私"则多指男女关系或个人私生活方面的事，或不可告人的坏事，多用于刑事诉讼中，带有一定的贬义色彩，可见"隐私"与"阴私"在适用对象和感情色彩上均有区别。"询问"与"讯问"在适用对象上各异，"讯问"只适用于刑事案件的被告人、犯罪嫌疑人，而"询问"则适用于被害人、证人以及民事案件的当事人，态度和缓。"被告"与"被告人"的区别也在于适用对象之不同，前者是民事、行政诉讼中被提起诉讼的人，后者指刑事诉讼中犯罪嫌疑人被提起公诉后的称谓，不能互相替代。另外，既是同一术语，在各部门法中又有不同的含义，如"非法占有"。在民法上，非法占有又称为无权占有、无权源占有，是指没有法律依据对他人财物实施控制和管领的状态，包括善意的非法占有和恶意的非法占有。在刑法上，非法占有是指行为人实施犯罪行为时，客观上对财物的实际非法控制状态和主观上企图通过危害行为达到对财物实际非法控制的目的，而不是要求行为人对财物的永久控制。不过，部门法内也有用语的区别，例如，我国《物权法》第36条中的"修理、重作、更换"与《合同法》第111条中的"修理、更换、重作"被赋予不同的法律意义。

第三节　民事起诉状

一、民事起诉状的含义

起诉状是向法院提起公诉或自诉的法律文书，依据起诉对象的不同，可以分为刑事起诉状、行政起诉状和民事起诉状三类。刑事起诉状是检察院依照法定的诉讼程序，代表国家向人民法院对被告人提起公诉的法律文书，由于它是以公诉人的身份提出的，因而也被称为公诉书。行政起诉状，是指行政诉讼的原告认为自己的合法权益受到行政主体具体行政行为的侵害，向人民法院提起诉讼，要求依法处理的法律文书。民事起诉状，是指公民、法人或非法人组织在认为自己的合法权益受到侵害，或者与他人发生争议需要确权时，向法院提交的请求法院依法裁判的法律文书。

民事起诉状的作用在于：第一，当事人向法院提交起诉状是其行使起诉权、请求司法救济的表现。司法救济是维护当事人合法权利的重要途径，它具有权威性、强制性，也是纠纷解决的最终方式。第二，起诉状是法院受理民事案件的凭证和依据。当事人向法院递交民事起诉状，法院经审查并决定受理后，将直接引起民事诉讼程序，并成为法庭审理的重要依据和基本内容。第三，起诉状是法院对民事纠纷进行调解和审理的基础。法院通过起诉状可以了解原告的诉讼请求、事实和理由，为合法合理解决纠纷打下基础。第四，起诉状也是被告应诉和答辩的依据。

二、民事起诉状的格式

民事起诉状的法律依据是我国《民事诉讼法》的相关规定。我国《民事诉讼法》第 119 条规定，起诉必须符合下列条件：（1）原告是与本案有直接利害关系的公民、法人和其他组织；（2）有明确的被告；（3）有具体的诉讼请求和事实、理由；（4）属于人民法院受理民事诉讼的范围和受诉人民法院管辖。第 120 条规定，起诉应当向人民法院递交起诉状，并按照被告人数提出副本。书写起诉状确有困难的，可以口头起诉，由人民法院记入笔录，并告知对方当事人。第 121 条规定，起诉状应当记明下列事项：（1）原告的姓名、性别、年龄、民族、职业、工作单位、住所、联系方式，法人或者其他组织的名称、住所和法定代表人或者主要负责人的姓名、职务、联系方式；（2）被告的姓名、性别、工作单位、住所等信息，法人或者其他组织的名称、住所等信息；（3）诉讼请求和所根据的事实与理由；（4）证据和证据来源，证人姓名和住所。

民事起诉状主要由三部分构成，即首部、正文和尾部。

1. 首部

（1）标题，标明"民事起诉状"。（2）原告和被告的基本情况。原告应写明姓名、性别、出生年月日、民族、职业、工作单位和住址。如果有诉讼代理人的，可在各当事人名下，另起一段写明代理人的姓名、单位和职务。被告基本情况的写法和原告相同，如有的项目不知道的，可以不写，但必须写明被告的姓名或名称与住址或所在地址，因为"有明确的被告"是法院受理案件的法定条件之一；如有的被告下落不明（如离婚案件中的对方当事人），则要说明原因和有关情况。住所，通常亦称住所地。自然人的住所地是指自然人的户籍所在地，起诉状中要求写明自然人的住址，一般是指该自然人的住所地，但该自然人的住所地与经常居住地不一致的，则可写经常居住地的地址。为便于联系，提高办案效率，在诉状中应尽量写明原告和被告的联系方式。

2. 正文

（1）诉讼请求，写明原告请求法院依法解决的有关民事权利义务关系中有关争议的具体请求事项；（2）事实与理由，重点写明原告和被告之间民事法律关系存在的事实以及权益发生争议的基本情况，并就双方发生争议的权益性质、被告行为的性质和后果以及被告应当承担的民事责任加以阐述和论证，以说明原告诉讼请求提出的真实性、合理性和合法性；（3）证据和证据来源、证人姓名和住所。

3. 尾部

主要是依次写明受诉法院全称、起诉人名称、起诉时间，最后由起诉人签名、盖章。

三、民事起诉状的样式

民事起诉状

原告：×××，男/女，××××年××月××日生，×族，……（写明工作单位和职务或职业），住址：…… 联系方式：……

法定代理人/指定代理人：×××，……

委托诉讼代理人：×××，……

被告：×××，……

……

（以上写明当事人和其他诉讼参加人的姓名或者名称等基本信息）

诉讼请求：

1. ……

2. ……

……

事实和理由：

……

证据和证据来源，证人姓名和住所：

……

此致

××××人民法院

附：本起诉状副本×份

起诉人（签名）

××××年××月××日

【说明】

1. 本样式由最高人民法院根据《中华人民共和国民事诉讼法》第 120 条第 1 款、第 121 条制定，供自然人提起民事诉讼用。

2. 起诉应当向人民法院递交起诉状，并按照被告人数提出副本。

3. 原告应当写明姓名、性别、出生日期、民族、职业、工作单位、住所、联系方式。原告是无民事行为能力或者限制民事行为能力人的，应当写明法定代理人姓名、性别、出生日期、民族、职业、工作单位、住所、联系方式，在诉讼地位后括注与原告的关系。

4. 起诉时已经委托诉讼代理人的，应当写明委托诉讼代理人基本信息。

5. 被告是自然人的，应当写明姓名、性别、工作单位、住所等信息；被告是法人或者非法人组织的，应当写明名称、住所等信息。

6. 原告在起诉状中直接列写第三人的，视为其申请人民法院追加该第三人参加诉讼。是否通知第三人参加诉讼，由法院审查决定。

7. 起诉状应当由本人签名。

<h2 align="center">民事起诉状</h2>

原告：×××，住所……

法定代表人/主要负责人：×××，……（写明职务），联系方式：……

委托诉讼代理人：×××，……

被告：×××，……

……

（以上写明当事人和其他诉讼参加人的姓名或者名称等基本信息）

诉讼请求：

1.……

2.……

……

事实和理由：

……

证据和证据来源，证人姓名和住所：

……

此致

××××人民法院

附：本起诉状副本×份

起诉人（公章和签名）

××××年××月××日

【说明】

1. 本样式由最高人民法院根据《中华人民共和国民事诉讼法》第 120 条第 1 款、第 121 条制定，供法人或者非法人组织提起民事诉讼用。

2. 起诉应当向法院递交起诉状，并按照被告人数提出副本。

3. 起诉时已经委托诉讼代理人的，应当写明委托诉讼代理人的基本信息。

4. 被告是自然人的，应当写明姓名、性别、工作单位、住所等信息；被告是法人或者非法人组织的，应当写明名称、住所等信息。

5. 原告在起诉状中直接列写第三人的，视为其申请人民法院追加该第三人参加诉讼。是否通知第三人参加诉讼，由法院审查决定。

6. 起诉状应当加盖单位印章，并由法定代表人或者主要负责人签名。

第四节　民事答辩状

一、民事答辩状的含义

答辩状是被告、被反诉人、被上诉人和被申诉人针对起诉状、反诉状、上诉状、申诉书的内容，在法定期限内根据事实和法律进行回答和辩驳的文书。根据案件性质的不同，它可以分为刑事答辩状、行政答辩状和民事答辩状。被告和被诉人通过答辩状，可以针对原告或上诉人、申诉人提出起诉或上诉、申诉的事实、理由和根据以及请求事项，进行有的放矢的回答和辩驳，阐明自己的理由和要求，并提出事实和证据证实自己的观点。答辩状是法律赋予处于被告地位的案件当事人的一种权利，其有处置答辩权的自由，既可以答辩，也可以沉默。

民事答辩状是民事诉讼的被告或被上诉人或再审被申请人收到原告（上诉人、申诉人）的起诉状（上诉状、申诉书）副本后，在法定期限内，针对原告（上诉人、申诉人）在诉状中提出的事实、理由及诉讼请求，进行回答和辩驳时使用的文书。民事答辩状又因答辩人的不同而分为自然人提出的答辩状以及法人或非法人组织提出的答辩状。根据审级的不同，民事答辩状可分为一审答辩状、二审答辩状和再审答辩状。

我国《民事诉讼法》第113条规定，人民法院应当在立案之日起5日内将起诉状副本发送被告，被告在收到之日起15日内提出答辩状。被告提出答辩状的，人民法院应当在收到之日起5日内将答辩状副本发送原告。被告不提出答辩状的，不影响人民法院审理。因此，提出答辩状是当事人的一项诉讼权利，不是诉讼义务。

二、民事答辩状的格式

答辩状主要由三部分构成，即首部、正文和尾部。

1. 首部

（1）标题，写明"民事答辩状"。（2）答辩人和被答辩人的基本情况，写明答辩人的姓名、性别、出生年月日、民族、职业、工作单位和职务、住址等。如答辩人系无诉讼行为能力人，应在其项后写明其法定代理人的姓名、性别、出生年月日、民族、职业、工作单位和职务、住址，及其与答辩人的关系；答辩人是法人或非法人组织的，应写明其名称和所在地址、法定代表人（或主要负责人）的姓名和职务。如答辩人委托律师代理诉讼，应在其项后写明代理律师的姓名及代理律师所在的律师事务所名称。（3）答辩缘由，写明答辩人因××一案进行答辩。

2. 正文

（1）请求事项。答辩人应针对提起诉讼一方的诉讼请求向法院提出保护其合法权益的具体请求。一审民事答辩状中的答辩请求主要有：要求法院驳回起诉；要求法院否定原告请求事项的全部或一部分；提出新的主张和要求，如追加第三人；提出反诉请求。如果民事答辩状中的请求事项为两项以上，应逐项写明。

（2）事实与理由。答辩人应针对提起诉讼一方的诉讼请求及其所依据的事实与理由进行反驳与辩解。答辩人可以从实体方面针对提起诉讼一方的事实、理由、证据和请求事项进行答辩，全面否定或部分否定其所依据的事实和证据，从而否定其理由和诉讼请求。答辩人还可以从程序方面进行答辩，如对方不是适格的诉讼主体、案件不属于受诉法院管辖、提起的诉讼不符合法定的条件等，从而否定案件。答辩理由，要实事求是，有证据支持，并符合法律规定。

（3）证据。应写明证据的名称、件数、来源或者证据线索，有证人的，应写明证人的姓名、住址。

3. 尾部

应写明受送的法院，由答辩人签名或盖章，注明答辩日期，并在附项中写清答辩状副本份数。

三、民事答辩状的样式

民事答辩状

答辩人：姓名、性别、出生年月、民族、文化程度、工作单位、职业、住址和联系方式。（答辩人如为单位，应写明单位名称、住所地）

法定代理人/指定代理人：×××（若为单位，应写明法定代表人或主要负责人的姓名、职务和联系方式）

委托诉讼代理人：×××

对××××人民法院［××××］……民……号……（写明当事人、案由和案号）一案，进行答辩如下：

请求事项：（写明答辩所要达到的目的）

事实与理由：（写明答辩的事实依据和法律依据，应针对原告、上诉人、申诉人，即被答辩人提出起诉、上诉、申诉所依据的事实、法律和所提出的主张陈述不能成立的理由）

证据和证据来源，证人姓名和住所：……

此致

××××人民法院

附：本答辩状副本×份。

答辩人：（签名或盖章）

××××年××月××日

第五节　民事上诉状

一、民事上诉状的含义

上诉状是刑事、行政、民事案件的当事人对地方各级法院作出的第一审刑事、行政、民事判决或裁定不服，按照法定的程序和期限，向上一级法院提起上诉时使用的法律文书，包括刑事上诉状、行政上诉状和民事上诉状。上诉状必须依照法定的程序，在法定的期限内，向制作一审裁判的上一级法院提起，不能超期也不能越级。而且，上诉状只能对地方各级法院，即高级以下法院所制作的裁判提起。最高人民法院作出的判决、裁定都是终审的判决、裁定，自判决、裁定作出之日即发生法律效力，因而对最高人民法院制作的裁判，不能提起上诉，即只能对地方各级法院的一审裁判不服才能提起上诉。我国法院实行两审终审制，二审裁判是终审裁判，不得再提起上诉。

民事上诉状，是指诉讼当事人、有独立请求权的第三人和被法院判决承担法律责任的无独立请求权的第三人在上诉期限内不服第一审法院的判决或裁定，请求上一级法院撤销、变更原审判决或裁定而制作的法律文书。当事人书写上诉状提起上诉，可引起第二审程序的发生，使第二审法院对上诉案件再一次进行审理，有利于防止错案的发生和保证审判质量，从而维护当事人的合法权益。民事上诉状的写作，主要有两种方法，一是说明的方法。上诉请求的内容要概括地、准确地、有针对性地说明一审的判决或裁定存在的问题，请求第二审法院撤销、变更原审判决或裁定，或者要求重新审理。二是反驳的方法。针对一审判决或裁定所认定的事实和理由逐一进行驳斥，从中突出上诉人的观点，反驳要求具有针对性、说理性和逻辑性。

二、民事上诉状的格式

民事上诉状主要由三部分构成，即首部、正文和尾部。

1. 首部

（1）标题，写明"民事上诉状"。（2）当事人基本情况，先写上诉人，再写被上诉人，包括上诉人和被上诉人的姓名、性别、年龄、民族、职业、工作单位和住所，法人或者非法人组织的名称、住所和法定代表人或者主要负责人的姓名、职务。上诉人如有法定代理人或委托代理人的，写明法定（委托）代理人姓名、性别、年龄、民族、职业或职务、工作单位或住址、与上诉人的关系。代理人是律师的，只列写姓名、职务和所在的单位。（3）上诉缘由，写明上诉人因与被上诉人××纠纷一案，不服××人民法院×年×月×日［××××］×民×字第××号民事判决（裁定），现依法提出上诉。

2. 正文

（1）上诉请求。说明上诉请求目的，并做到明确、具体、详尽。上诉请求的目的一般是要求"撤销"原判决、裁定，进而要求"驳回诉讼请求"或"驳回起诉"，或者要求"部分"或"全部"改判。

（2）事实与理由。民事上诉状的上诉理由主要针对原审裁判，不是针对对方当事人，而民事起诉状则完全是针对与对方当事人有关的事实和法律问题。这是上诉状和起诉状在写法上的根本区别。针对原审裁判，需要论证不服的理由，包括对原审认定事实错误的论证、对原审确定性质不当的论证、对原审适用实体法不当的论证、对原审适用程序法不当并影响正确审判的论证等。

3. 尾部

（1）受送法院，可写为：此致××××中级（或高级）人民法院。（2）署名：

上诉人：×××（签名或盖章），并注明年、月、日。(3)附项：本上诉状副本×份；证据××（名称）×件。

三、民事上诉状的样式

民事上诉状

上诉人（原审诉讼地位）：×××，男/女，××××年××月××日出生，×族，……（写明工作单位和职务或者职业），住址：……联系方式：……

法定代理人/指定代理人：×××，……

委托诉讼代理人：×××，……

被上诉人（原审诉讼地位）×××，……

……

（以上写明当事人和其他诉讼参加人的姓名或者名称等基本信息）

×××因与×××……（写明案由）一案，不服××××人民法院××××年××月××日作出的（××××）……号民事判决/裁定，现提起上诉。

上诉请求：

1. ……

2. ……

……

上诉理由：

……

此致

××××人民法院

附：本上诉状副本×份

上诉人（签名或者盖章）

××××年××月××日

【说明】

1. 本样式由最高人民法院根据《中华人民共和国民事诉讼法》第 164 条、第 165 条、第 166 条、第 269 条制定，供不服第一审人民法院民事判决或者裁定的当事人，向上一级法院提起上诉用。

2. 当事人是法人或者非法人组织的，写明名称住所，另起一行写明法定代表人、主要负责人及其姓名、职务、联系方式。

3. 当事人不服地方人民法院第一审判决的，有权在判决书送达之日起15日内向上一级人民法院提起上诉。当事人不服地方人民法院第一审裁定的，有权在裁定书送达之日起10日内向上一级人民法院提起上诉。在中华人民共和国领域内没有住所的当事人，不服第一审人民法院判决、裁定的，有权在判决书、裁定书送达之日起30内提起上诉。

4. 上诉状的内容，应当包括当事人的姓名；法人的名称及其法定代表人的姓名或者非法人组织的名称及其主要负责人的姓名；原审人民法院名称、案件的编号和案由；上诉的请求和理由。

5. 上诉状应当通过原审人民法院提出，并按照对方当事人或者代表人的人数提出副本。

6. 有新证据的，应当在上诉理由之后写明证据和证据来源，证人姓名和住所。

第六节　代理词

一、代理词的含义

代理词是诉讼代理人在诉讼中依据事实和法律，在法庭辩论阶段发表的，以维护被代理人合法权益为目的的，表明代理人对案件处理意见的诉讼文书。在法庭审理的辩论阶段，诉讼代理人恰当地分析案情，中肯地阐述诉讼理由，有助于法院客观地、全面地了解案情，对案件作出公正处理，使诉讼当事人的合法权益得到保护。与起诉状和答辩状相比，代理词有其自身的特点：首先，它的格式比较灵活，而起诉状和答辩状的格式要求比较严格；其次，它的写法主要以论证分析为主，包括论证原告起诉的事实的真实性，反驳被告的答辩观点；最后，它是代理的法律意见，通过全面分析案情，总结出自己的观点，发表对整个案件的处理意见。

代理词不是法定的法律文书。在法庭上，诉讼代理人是否有书面的规范化的代理词，因人而异。从写作特点上来看，代理词是一种说明性或辩驳性的文书。撰写代理词正文，应当着重注意下列问题：第一，根据案件具体情况，抓住争执点，鲜明地提出代理意见，并围绕这一观点多角度、多侧面展开论证，包括从事实、证据、法理、逻辑等方面进行分析。第二，立足于事实和法律，进行准确、详尽而深入的剖析，以为其诉讼请求提供有力的支持。第三，代理词应当随着诉讼进程不断充实、修改和完善，注意及时把握新出现的情况，弥补代理意见中的漏洞。第四，代理词的用语和表达应当生动、简练、恰当，做到论点明确、重点突出、说服力强，又留有余地。

二、代理词的格式

代理词无固定的格式，但一般由三部分构成，即首部、正文和尾部。

1. 首部

（1）注明文书名称，如"代理词"。（2）称呼语，即审理本案的审判长和审判员。（3）前言，简要说明代理人出庭代理诉讼的合法性、代理权限范围、出庭前准备工作概况。

2. 正文

正文是代理词的核心内容。这一部分应根据具体案情、被代理人所处的诉讼地位、诉讼目的、诉讼请求以及被代理人与对方当事人的关系等因素来确定内容。代理人应当在代理权限内，依据事实和法律，陈述并论证被代理人提供的事实与理由成立，从而使法庭支持其主张和请求，同时揭示对方的错误、驳斥对方的主张。代理意见通常从认定事实、适用法律和诉讼程序等几方面展开论述，最后还要归纳有利于被代理人的结论性主张。

3. 尾部

主要包括代理律师署名，注明代理词发表日期。

三、代理词的样式

代理词

审判长、审判员：

根据《中华人民共和国民事诉讼法》第四十九条和《中华人民共和国律师法》第二十五条之规定，××××律师事务所接受本案当事人的委托，并指派我担任其诉讼代理人。接受委托之后，本诉讼代理人进行了阅卷并进行了全面调查，今天又参加了庭审，对于该案有了较为全面的了解。根据法律和事实，本诉讼代理人发表如下代理意见，请法庭予以考虑：

……

综上所述，代理人认为……以上意见请法庭考虑。

代理人：××××律师事务所×××律师

××××年××月××日

第一节　案件策划概述

一、案件策划的含义

《后汉书·隗器传》有云："是以功名终申，策画复得。"策划一词最早出现于此，其中"画"与"划"相通。"策画"即"策划"，意思是计划、打算。一般而言，策划是指个人或组织为了达到一定的目的，在充分调查相关背景和影响因素的基础之上，遵循一定的方法或者规则对将来需要处理的事情，进行系统、周密论证并制定科学可行的行动方案的过程。案件策划是指律师在调查和了解诉讼案件或者非诉业务具体情况的基础上，根据法律的规定和法理知识，充分展现自己的专业能力，对受托事务的解决方案进行全面、整体的运筹和谋划，并创造性地解决法律争议的过程，包括法律关系的确定、诉讼证据的取舍、管辖法院的选择、诉讼保全和先予执行的运用等。简而言之，案件策划就是根据现有案件情况设计出来的办案行动路线图。任何案件，律师都会面临全面运筹和规划的问题，而且，新型和疑难案件更需要律师精心准备、全面谋划。案件策划有如下几个方面的特点：第一，案件策划是复杂思维的结晶。律师需要具备基本的法律素养，包括专业知识、实务技能和思维能力等，并对涉及案件处理的事实和法律进行综合分析，以此提出解决问题的可行方案。第二，案件策划具有目的性。不论什么方案，都有特定的目的，否则策划就失去意义。案件策划的目标主要包括实现委托人的利益最大化、成本最小化、程序最简化。例如，原告要求被告承担什么性质的法律责任、多大的法律责任，被告如何抗辩以免除责任或者减轻责任等，都需要律师根据案情和法律规定加以明确。第三，案件策划具有一定的科学性。案件策划需要把握影响目标实现的各种因素，遵循一定的方法或规则对相关信息进行加工，并提出可行性方案或最优方案。律师应对案件的走向有一个初步的预见和判断，并且这种预判是建立在合法合理基础之上的。

策划是律师职业思维的运用。从律师职业的角度而言，律师的思维应是从实现委托人利益目标出发，按照法律逻辑来观察问题、分析问题和解决问题，从而预防纠纷或解决争议。在案件的处理过程中，律师通过精心准备和充分论证，可以变"山重水复疑无路"为"柳暗花明又一村"的境地，通过对案件的分析，可以全面再现律师的办案过程和具体思路，展现诉讼前及诉讼过程中诉辩双方的博弈。在司法实践中，案件事实可能存在认定的难度，法律规范也可能存在适用的多种选择，如果只是机械地将法律条文与事实结合，得出的不一定是最有利于当事人的最佳解决方案。而且，在较为复杂的法律纠纷中，一个细小的因素变动都可能导致不同的结果，因此，律师在对案件进行策划时，除了吃透案情和熟悉法律之外，更重要的是找到最合适的解决策略。作为律师，面对一些特殊类型的案件，无论任何时候都不能无缘无故地加以拒绝，或者直接告诉他人说处理不了，只要充分发挥思维的能动性，如集体智慧或团队力量，总能找到相对较好的或较为现实的解决方案。律师应当明确的是，并不是每个案件都能够胜诉，更不是每个案件都能够完全胜诉，有些时候，通过律师的努力而减轻了委托人应承担的法律责任，本身也就是一种胜利，只要尽职尽责达到了这一目的，律师所提供的法律服务就是有价值的。

虽然案情的性质和复杂程度对策略运用有直接的影响，但一般而言，案件策划可以通过如下途径进行：（1）专业论证。对于比较重要的案件，律师需要梳理有关的法律条文、法学理论和相关案例等，通过严密的逻辑分析和论证，提出专业化的法律方案。（2）团体合作。律师的业务领域总体可以分为诉讼业务和非诉讼业务两大类，其中，非诉讼业务在律师业务领域中所占的比重越来越大。非诉讼业务主要包括法律咨询、代书服务、专项法律服务和法律顾问服务等。律师业务的专业化越来越强，如房地产纠纷、投资纠纷、金融纠纷、证券纠纷、知识产权纠纷、保险纠纷等。因而，专业分工、团队合作，乃是当今律师发展的两大主题。起草起诉状、答辩状、代理词等法律文书时，律师之间应当进行充分讨论，确保文书质量，以提高法律意见的采纳率。(3) 专家咨询。律师可以根据委托人提供的事实材料，邀请法学理论工作者和实务人士参与探讨和论证，并对案件事实和法律适用提出书面意见。(4) 模拟庭审。律师通过对案情和法律的分析论证，大多对案件的走向有一个预判，但是这种预判可能预见性不足，从而导致出现意想不到的事情，并影响案件的走向。因此，一些律师在涉及重大案件的处理时，往往在法院开庭前进行庭审模拟。通过近似实战的庭审，当事人的预期和法官的思维以及证据事实完全得以公开展现，有助于及时调整案件的实施策略和案件处理的预期。

二、案件策划的素质要求

案件策划是律师业务素养的综合体现。这是因为，在案件策划的过程中，律师需要结合相关立法、司法动态、理论知识和社会实践，对案件进行深入分析，找到案情的焦点，并选取一个合适的突破口。律师需要掌握业务技巧并详尽筹划，如起诉前应准备哪些证据、选择哪个法院管辖、适用何种法律、怎样更好地保护自己等，都是需要充分考虑的问题。不同的案件有不同的解决思路和处理策略，而这种不同也会产生不同的结果，因而，这是对律师基本素养的挑战和考验。一名合格的律师的专业素养主要包括：首先，是一名分析家，可以从错综复杂的案情中理出头绪、抓住脉络，经过反复推敲和仔细权衡找出解决问题的根本方法；其次，思维敏捷、条理清晰，不被一些虚假现象和微枝末节所蒙蔽；最后，能够积极主动寻找解决问题的方法，并能够与当事人和其他人进行有效沟通，集思广益，从不同观点的碰撞和交锋中找寻突破口。

作好案件策划的根本前提是律师需要具备基本的职业素质。主要包括如下几个方面：

第一，法律知识要求。律师职业的专业性要求律师要具备丰富的法律专业知识，包括法律理论知识和实务知识。美国法学家博登海默在《法理学：法律哲学和法律方法》中指出："法律概念是解决法律问题所必不可少的工具。没有限定严格的专门概念，我们就不能清楚地和理性地思考法律问题。没有概念，我们便无法将我们对法律的思考转变为语言，也无法以一种可理解的方式把这些思考传达给他人。如果我们试图完全否弃概念，那么整个法律大厦将成为灰烬。"我国台湾学者王泽鉴在《民法思维》中指出："要成为一个合格的法律人，应当具备的首要能力便是掌握法律知识，即明了现行法制的体系、基本法律的内容、各种权利义务关系及救济程序。"案件策划通常要具备深厚的专业造诣、较宽的知识面，知晓法律理论、法律部门、法律体系，并能将法律理论和司法实践具体结合起来。在法律业务逐步专业化的背景下，律师不再是全能的，也不可能为委托人提供所有领域的法律服务，而只是提供专职于某个领域的专业性法律服务，成为擅长某专业领域法律问题的专家。这就要求律师在掌握基本法学知识的同时，根据自己的专业特长，熟悉某个领域和服务对象的知识，精通与之相关的法律和政策，以更专业地提供高质量的法律服务。另外，律师知识越丰富，对有关知识了解得越广泛，分析案件的视野就会越来越广阔，解决案件的手段就会越来越多，而且驾驭各种案件的能力就会越来越强。许多复杂案件，需要通过综合分析来研究纠纷产生的原因和探寻解决纠纷的办法，而不仅仅局限于法律上的分析，例如，具备一定的商业知识、财务知识及经济知识，对律师的业务开拓和发展尤其重要。

第二，业务技能要求。律师从事的是一种具有逻辑性和程序性的法律工作，不仅需要普通技能：如语言表达、沟通、创新、计算机操作等能力，而且也需要专业技能：如法律识别、法律解释、法律推理和论辩、法律程序、证据运用、文书制作等能力。具备较强的分析能力和敏锐的洞察力，是判断案情、去伪存真、发现突破口，并准确运用法律规范的基本条件。律师应从复杂的案件事实中归纳出各方的法律关系、彼此争议的关键问题所在以及需要证明双方权利义务状态的基本法律事实和所需要的证据材料。律师应该具有法律人独特的思维方式和优良的思维品质，具备逻辑推理和论辩能力。律师在理解、运用法律时，要借助经验法则和价值判断，通过法律职业思维分析规范性文件的效力层次和适用范围，解决规范性文件竞合的问题，并排除具有冲突性规定的适用。律师应当根据法律原理和法律规范，灵活运用解释规则，从维护委托人利益的角度进行合法合理解释。律师在进行法律思维时，应当从可以证明的事实出发，运用法律原理和根据法律规定，仔细分析相应的、可能的法律后果，以最大限度地维护委托人的合法权益。尤其在案件事实基本确定的情况下，更应注意把握案情细节，妥善处理细节问题，因为这些细节处理不当可能会影响整个案件的进展和最终结果。在诉讼业务中，律师应搜集证据并确定案件性质和法律关系、分析影响案件处理的争议焦点、查找需要适用的法律规范并作出合乎法律与合乎情理的论证。在从事非诉业务时，律师应根据当事人的生活或生产需要，分析和论证可能存在的法律风险点，以达到防止发生争议或消除诉讼风险的目的。

第三，执业经验要求。法学理论水平再高，也需要在法律实践中点滴地积累办案经验。律师经验具有直观性、实践性、动态性、多样性和创造性的特点。每一名律师都有自己的经验积累过程，一般而言，案件办得越多，积累的经验就越丰富，对于问题解决的思路就越明晰。律师开展诉讼业务和非讼业务，通常从自己已有的经验教训和类似的典型案例入手，从中寻找出合适的处理案件的途径和方法。律师的专业知识可以经过学习获得，律师需要运用的法律规范也可以通过检索获得，而实务技能和专业化的思维方式非经长期专门训练无以养成。律师在办理案件中可以获得各种社会认知，积累相当的社会经验，并提升自己的实践能力，如事实调查的能力、证据运用能力、法律语言表达能力、法律文书写作能力等，以适应律师业务的发展需要。律师思维是一种需要在法律实践中训练和培养才能具有的职业思维方式，脱离具体的法律业务和丰富的法律实践，不可能养成律师应具有的思维方式。律师只有不断通过参与各种法律活动，在法律实践中运用法律知识和思维方法思考问题、解决问题，才能养成一种职业化的思维自觉和习惯。很多情况下，对一名律师水平的衡量不在于专业知识的多少，而在于应对社会问题的能力和经验以及综合素质。律师要善于学习、勤于总结、精于研讨，这样才能开拓思路，满足实践需要，提升法律服务的可信度，并在激烈的职业竞争中立于不败之地或有更大的突破。

第四，道德素质要求。律师的道德素质，不仅是律师本职工作的客观需要，也是不断锻炼、长期修养的结果。律师通过为社会提供法律服务的方式，通过维护当事人的合法权益来实现公平正义。律师作为法律服务的提供者，其职责在于解决委托人提出的问题和有关事务，因此，委托人利益的实现便成为律师从事执业活动的基本目标。这与法官通过查明案件事实而作出一项中立的裁判具有显著的职责区别。律师在处理一项法律事务时，首先应明确委托人的目的，进而从委托人的利益出发，根据既定的案件事实和相应的法律规则，通过举证、质证和论证等诉讼手段，得出使委托人利益最大化的解决方案。只有对当事人抱有高度负责的专业精神和职业操守，全面搜集证据，精心分析案情，才可能准确把握案件事实和相应的法律关系类型，确定合适的解决方案。律师应有对法治的理性追求，具有信仰法律的素养，法律信仰来自于人们对法律的信任感和崇敬感，律师只有真正信仰法律，才能确保在执业过程中不至于偏离法治轨道。律师应尊重事实和法律，把维护当事人合法权益和维护法律正确实施作为行动的基本准则；律师应有责任心和事业心，不得利用职务便利损害当事人的利益，不得将自己的利益和追求凌驾于当事人利益之上，更不得通过伪造事实和采取非法手段去迎合、满足当事人的非法要求和不法目的。现实中的虚假诉讼、恶意诉讼以及妨碍诉讼等行为不仅违反了诚实信用原则，而且严重地扰乱了司法秩序。

第二节　案件策划的基础

一、了解案件事实，把握案情焦点

律师通过当事人的叙述了解基本案情之后，就要依照法学原理和社会经验分析、判断整个事实过程，并形成相应的办案思路。这就需要律师抓住案件的主脉或者焦点，提纲挈领地为当事人指明诉讼案件的基本情况和解决问题的方向。案情焦点是整个案件的核心问题，这是因为，案情焦点是民事案件中原告和被告重点关注甚至是双方争议的重要并需要解决的问题，是当事人纠纷得到有效处理的突破口和关键因素。一方面，只有事实清楚、证据充分，当事人的主张才能得到法院的支持；另一方面，只有准确把握焦点才能对他方的主张予以抗辩，甚至是否认。在民事诉讼中，抗辩是指为了使对方的诉讼请求丧失合法性或有效性，避免该请求可能获得法院判决的支持而进行的抵消、吞并或排斥该请求的行为。根据当事人主张事项所依据的法律不同，可分为实体法上的抗辩和程序法上的抗辩，具体是：（1）实体法上的抗辩，即当事人以实体法上的事项来排斥或者对抗相对方的请求。实体法上的抗辩包括三类：其一，权利障碍的抗辩，又称为权利不发生的抗辩，即对方主张的请求权，基于特定的事由而自始不发生。例如，主张合同主体不合格、合同内容违反效力性规定、合同标的不合法、无权代理未取得本人追认等。其二，权利消灭抗辩。抗辩者承认相对方主张的权利发生，但权利发生后因特定事由已归于消灭，例如，主张债务已经清偿、担保权实现、因不可抗力导致不能履行以及免除、混同、提存等。其三，权利限制的抗辩。抗辩者针对相对方的请求，有权拒绝履行，如诉讼时效抗辩、先履行抗辩、不安抗辩、同时履行抗辩及检索抗辩等。此种抗辩权不能引起债的消灭，仅产生债的效力停止之法律效果。（2）程序法上的抗辩，即当事人以程序法上的特有事项来排斥或者对抗相对方的请求，包括妨诉抗辩和证据抗辩。前者是指被告主张本诉为不合法或者诉讼要件有欠缺等事项，如不属于法院主管、法院无管辖权、原告不适格等，在这种情况下，被告一般要求法院裁定驳回原告的起诉。证据抗辩则是指当事人举证证明相对方提供的证据不具有合法性、真实性、关联性或者缺乏证明力，请求法院对该证据不予采信。在民事诉讼中，否认是指一方当事人不认可对方当事人提出的事实主张而做出的陈述，在当事人承担证明责任方面，否认不同于抗辩。具体来说，被告否认原告的事实主张，不需要对自己提出的主张负证明责任，而被告对原告请求的原因事实提出的抗辩，则须对自己提出的主张负证明责任。根据否认对象不同，可以将否认分为对诉讼请求的否认、对证据的否认和对事实的否认。

案情焦点是案件当事人发生争执、影响案件处理结果的事实问题和法律适用问题。具体分析如下：（1）事实类焦点。事实涉及时间、地点、人物、起因、经过、结果等要素，但客观事实与法律事实存在差距。原告为了其诉讼请求得到法庭支持，会全力提出对其有利的事实及证据，而被告则相反，会尽可能地反驳甚至否定原告的主张。法官只能遵循"谁主张、谁举证"的民事诉讼基本原则，用依法予以认定的证据还原事实。例如，在自然人之间的借贷纠纷案件中，借款协议、支付款项和约定利息都是实质的要素，都可以成为焦点问题。依据我国《婚姻法》的规定，如果感情确已破裂，调解无效，应准予离婚，那么在离婚纠纷中，感情破裂就是案情焦点。而感情破裂的判断要素包括：①重婚或有配偶者与他人同居的。所谓"有配偶者与他人同居"是指有配偶者与婚外异性，不以夫妻名义，持续、稳定地共同居住。如果以夫妻名义同居，则构成重婚。②实施家庭暴力或虐待、遗弃家庭成员的。所谓"家庭暴力"，是指行为人以殴打、捆绑、残害、强行限制人身自由或者其他手段，给其家庭成员的身体、精神等方面造成一定伤害后果的行为。持续性、经常性的家庭暴力，构成虐待。③有赌博、吸毒等恶习屡教不改的。④因感情不和分居满两年的。另外，在合同纠纷中，当事人、标的物的数量和质量、价款、履行时间和方式、违约金等都可以成为案情焦点。（2）法律适用类焦点。基于法律规定的抽象性、滞后性，当事人对法律的不同理解会对法律适用产生影响，法律适用焦点包括对法律部门的选择、法律规范的理解、法律关系的分析、法律空白的填补等。在民法中存在责任竞合问题，即某一法律事实的出现，导致产生两种或两种以上的民事责任，这些民事责任被数个法律规范调整，彼此之间相互冲突的现象，如违约责任和侵权责任的竞合。我国《民法总则》第186条规定："因当事人一方的违约行为，损害对方人身权益、财产权益的，受损害方有权选择请求其承担违约责任或者侵权责任。"例如，乘客陈某乘坐客运汽车，途中客运汽车与另一货车相撞，造成陈某受伤，这次交通事故就产生违约和侵权两种民事责任。陈某有权要求客运公司承担违约责任，或者要求客运公司和货运公司承担侵权责任，两种责任类型中可选择一种。陈某可依照有利于保护自己利益的原则进行选择，所考虑的因素包括责任构成要件、赔偿数额的大小、是否适用精神损害赔偿等。

二、明确请求基础，固定请求权

权利请求基础，亦称请求权规范基础，是指当事人提出的民事权利主张所依据的法律规范。之所以需要识别请求权基础规范，其原因主要表现在：第一，规范基础不同，权利义务关系亦不同。请求权体系多种多样，请求权不同，法律关系的性质不同，请求权的选择和判断对当事人权利的实现产生实质性影响。请求权是民法的核心，它覆盖了整个民法的体系，包括合同上的请求权、侵权上的请求权、不当得利请求权、无因管理请求权、缔约上过失的请求权等，形成了请求权的完整体系。不仅如此，请求权构成了民事诉讼的基本对象。民事诉讼一般可分为三种，即给付之诉、确认之诉和形成之诉，其中，给付之诉是民事诉讼中最具有代表性的诉讼形态，也是司法实践中利用率最高的诉讼类型。民事诉讼法中有关给付之诉的规定涉及实体法规定的请求权的实现，因此，从实体法的角度而言，请求权构成了民事诉讼的基础。第二，不同的请求权有不同构成要件，并直接影响当事人的主张和诉辩重点。同一个案件，可以有不同的请求权，如果请求权选择错误，就会出现不利于当事人的法律后果。同一诉讼中涉及两个以上法律关系的，应当依当事人诉争法律关系性质确定案由。例如，涉及商品房的房屋买卖合同纠纷包括商品房预约合同纠纷、商品房预售合同纠纷、商品房销售合同纠纷、商品房委托代理销售合同纠纷，有些案件经过了预约、预售、销售、委托代理等多个环节，但如果仅在预售环节发生争议，则应确定为商品房预售合同纠纷；如果仅在销售环节发生争议，则应确定为商品房销售合同纠纷。在出现请求权规范竞合的情况下，已经就同一事实基础作出的判决对所有规范竞合的请求权享有既判力，只有判决之后出现新的事实基础，才可以提出新的诉讼请求。第三，不同的请求权诉讼时效也可能存在差异。根据最高人民法院《关于审理民事案件适用诉讼时效制度若干问题的规定》第1条的规定，不适用诉讼时效的债权请求权包括，支付存款本金及利息请求权；兑付国债、金融债券以及向不特定对象发行的企业债券本息请求权；基于投资关系产生的缴付出资请求权。第四，不同的请求权规范所涉及的证明责任不同。例如，同一侵权纠纷，如果认定为一般侵权案件，则适用过错责任原则，由原被告双方按各自的过错程度分担损失；如果认定为产品责任、机动车交通事故责任、环境污染责任、高度危险责任、饲养动物损害责任、物件损害责任等特殊侵权责任，则一般适用无过错责任或过错推定责任原则，被告无法定减免责任事由的，通常承担全部责任，即使原告有过错，也只是适用过错相抵原则对被告适当予以减轻责任。

请求权是指权利人得请求他人为或不为特定行为（作为、不作为）的权利。鉴于各个请求权的构成要件、诉讼时效、举证责任和法律效果大多存在区别，主张何种请求权，在相当程度上决定着能否依法保护当事人权益，决定着能否准确确定审理思路，因此，请求权的选择对于律师从事代理工作是相当重要的。一方面，请求权的选择要遵循当事人利益最大化原则；另一方面，要寻求一个能够得到有效救济的请求权方式。诉讼请求可以是物的交付、所有权的移转、损害赔偿、赔礼道歉、支付费用等，但应当明确、具体，便于实际履行。例如，请求给付货币或实物的，应明确给付主体、种类、金额等；请求实际履行的，应明确履行内容和方式，是否可以执行或便于强制执行；请求多名被告承担责任，应明确各被告承担责任性质和份额等。根据请求权的基础关系不同，可将请求权分为如下几类：一是债权请求权，包括合同履行的请求权、违约损害赔偿请求权、缔约过失请求权、无因管理请求权、侵权的请求权、不当得利所产生的返还请求权。合同法上的损害赔偿请求权基础有：违约责任赔偿请求权；瑕疵担保责任赔偿请求权；合同解除后的赔偿请求权；违反后契约义务赔偿请求权；合同无效、被撤销和不成立的赔偿请求权；缔约过失责任赔偿请求权。其中，赔礼道歉、恢复名誉等责任形式，因本质上不是一种给付关系，不应当包括在债权的请求权中。二是物权请求权，主要包括返还原物请求权、停止侵害请求权、排除妨碍请求权、妨碍预防请求权。三是占有保护请求权，主要包括占有返还请求权、妨碍排除请求权、消除危险请求权。四是人格权和身份权上的请求权。人格权上的请求权，主要是指在人格权受到侵害的情况下产生的停止侵害和赔偿损失的请求权；身份权上的请求权主要包括抚养请求权、赡养请求权和扶养请求权等。五是知识产权上的请求权，主要是指知识产权受到侵害的情况下产生的停止侵害、排除妨碍、消除危险请求权等。各种请求权在同一案件中同时并存或发生冲突时，应该确定各项请求权在行使上的先后顺序，以形成一种体系的观念。考察任何一个民事案件，请求权的体系在原则上应当按照如下顺序来确定：合同上的请求权；缔约过失请求权；无因管理请求权；物权请求权；不当得利和侵权的请求权。遵循以上顺序，是因为在后请求权基础的成立，一般须以在先请求权基础的不成立为前提。例如，如果存在合法有效的合同关系，则不存在无因管理、不当得利问题，一般也不存在侵权损害赔偿和所有物返还问题。当然，在请求权基础竞合时应允许当事人自行选择。

三、掌握逻辑知识，精通法律推理

推理是人们的一种理性思维活动，是从一个或几个已知的前提得出另一个未知的命题或结论的思维过程。这种思维活动在法律领域中的运用就被称为法律推理。法律推理在法律领域中的运用非常广泛，从立法、执法、司法、对法律实施的监督及至一般公民的法律意识中，都包含着丰富的法律推理过程。法律推理具有思维与实践相统一的辨证特点，它是主体从已知的前提材料合乎逻辑地论证法律结论的思维活动，是具有创造性的思维活动。法律推理又可以分为形式法律推理和实质法律推理。形式法律推理就是在法律适用过程中，根据认定的案件事实，直接援用相关的法律规范，并严格按照确定的法律规范的逻辑结构所进行的推理。在成文法系，形式法律推理是最基本的推理形式，形式法律推理一般采用演绎推理、归纳推理和类比推理三种方法。具体分析如下：(1) 演绎推理。它是从一般性的前提出发，通过推导即"演绎"，得出个别结论的推理过程。我国是以制定法为主要法律渊源的国家，在适用法律过程中运用的形式推理主要是指演绎推理，即三段论推理或司法三段论。三段论推理是以法律规范为大前提，案件事实为小前提，并将案件事实适用于法律规范进行判决或裁定的过程。这一过程是将抽象的法律规范适用于具体个案的逻辑思维过程。(2) 归纳推理。它是从两个或更多的同类特殊命题中获取一般性命题的推理方法。比较而言，演绎推理是从一般到特殊的推理，归纳推理就是从特殊到一般的推理。在法律适用中运用归纳推理的典型是判例法制度。（3）类比推理。它是根据两个或两类对象某些属性相同，从而推出它们在另一类属性方面也可能存在相同点的推理方法。法律具有滞后性和抽象性，不可能将所有的社会关系都纳入调整范围，不可能直接涉及各种案件的规范处理，通常会存在法律没有明文的规定或没有相应的规定的情况，因而类比推理有适用的客观基础。类比推理实际上是对现行法所采取的一种弥补措施，具有补充法律的意义，其目的就是更好地利用法律手段，调整社会关系，解决有关问题。例如，根据我国《合同法》第124条的规定，该法分则或其他法未规定的合同，可参照该法分则或其他法最相类似的规定来对待。

在司法实践中，针对一些复杂疑难案件，有可能找不到可以适用的法律依据，或者法律规定之间互相冲突，"大前提——小前提——结论"的三段式论证推理常常难以解决问题，这时就需要运用辩证推理来裁判案件。在我国经济社会快速发展的时期，运用辩证推理解决社会纠纷，增强裁判的社会效果和可接受性，具有较强的现实意义。所谓辩证推理，又称实质推理，是指面临两个或两个以上相互矛盾的法律命题时，运用科学的方法和规则，借助于辩证思维从中选择最佳命题以解决法律问题，从而为法律适用提供正当理由的一种逻辑思维活动。辩证推理的目的是解决由法律规定或案件事实的复杂性引起的疑难问题，从而为法律适用提供正当理由。在辩证推理过程中，不排除演绎、归纳和类比等形式推理方法的运用，通过多种方法的推理可以得出更加符合法律和事实的结论。辩证推理与各种形式推理存在本质的区别。与形式推理主要是直接论证和判断不同，辩证推理需要综合运用鉴别、评价、平衡等多种手段，遵循立法的基本精神和价值取向，以达到符合理性的实质正义。由上述分析可知，两种法律推理形式具有不同的功能，分别适用于不同的情形。在司法实践中，法官进行价值判断必须严格遵循形式推理的逻辑要求，根据事实和法律作出裁决，确保裁判的合法性。在进行实质推理时，不得违反形式逻辑，只有遵循形式理性，才能使裁判活动更加符合法治精神。运用辩证推理的情形主要包括：其一，法律规定存在漏洞。由于现实的复杂性和立法的抽象性，出现法律漏洞或法律空白是难以避免的，在此种情形下，法官不得因为法律没有明确规定而拒绝裁判，法官必须运用辩证推理进行裁判。其二，法律规定的不确定性。在立法上，存在大量的基本原则、法律概念，其含义具有模糊性和不确定性。民法上的基本原则如诚实信用原则、公序良俗原则、禁止权利滥用原则等，法律概念如显失公平、善意、恶意、重大过失等，在法律适用中，法官需要对基本原则和法律概念进行解释，并符合立法精神。其三，法律规定之间存在冲突。在对案件的处理中，同一位阶的法律的有关规定有可能出现"打架"现象，给法律适用造成困难。这时就需要法官运用辩证推理进行价值衡量，决定选择适用的相应的法律规定。其四，合法与合理之间存在矛盾。在具体案件中，存在明确的法律规定和具体规则，但如果将该规定直接适用于案件，将明显悖于法理和情理，法官此时应通过价值判断和衡平手段，克服现有法律规定的僵化和不足以实现个案的公正合理。

四、了解法官思维，熟悉裁判方法

美国法官波斯纳和卡多佐分别著有《法官如何思考》和《司法过程的性质》，探讨和分析了法官如何思维的问题。尽管法官思维具有复杂性，但也具有一定的规律性。法官思维指的是从法官形成内心确信到作出裁判的全过程，既包括作为个体的法官对具体案件内心确信的确立和裁判意见的选择，也包括合议庭、审判委员会法官集体意志和裁判意见的形成，还包括影响法院裁判结果的工作机制和相关因素等。法官的思维是职业思维，具有专业性、严谨性、稳定性、中立性、判断性等特征，法官的思维比较保守、追求稳定、不求激进。例如，西塞罗的《论法律》写道："官员只是说话的法律。"孟德斯鸠在《论法的精神》中认为："国家法官只不过是讲法律的嘴，仅是被动物，没有能力削弱法的强制性和严格。"法律格言有云，"国王只不过是执行中的法律。"相比于律师、检察官等其他法律人，法官的思维表现为一种居中裁判的思维。居中是指法官在案件审理过程中应客观公正、不偏不倚，对当事人持中立的立场与态度，这种居中裁判的特殊身份和使命决定了法官的思维与检察官、律师等其他法律人的思维是不同的。由于处于居中的地位，因而，法官不能先入为主或带有立场偏见去听取原、被告双方的陈述。法官要组织和驾驭好法庭的节奏与秩序，要保障各方当事人享有的诉讼权利得到平等和充分地行使，防止诉讼结构失去平衡；法官要善于听取双方的陈述和辩论，而非参与到当事人双方的辩论中，不得对任何一方当事人有偏见或袒护；

法官不能像律师一样极力展示口才，以达到能言善辩的效果。律师要实现当事人利益的最大化，就要成功地说服法官，从而使自己的法律意见被法院裁决所认可和吸收。律师要靠自己的水平、学识、能力和技巧，从法理、证据、事实、逻辑分析等方面，用智慧去说服法官。司法实践中，律师影响法官决策主要通过以下两个途径实现：其一，通过立案、保全、举证、质证、辩论等方式向法官阐明自己的观点，影响法官形成内心确信；其二，从法官决策的机制着手使律师意见最大限度地为法院裁判所采纳。

法官作为一个特殊的职业群体，其思维是抽象的、理性的，这是一个职业群体的特有的职业思考方式和裁判逻辑体系。法官的思维也是具体的，这种思维的展开需要通过具体的法官来展现，由具体的案件与裁判承载。演绎推理是法官基本的思维方式。根据民法原理中关于请求权基础的基本理论，任何诉讼主张都应当符合法律规定的大前提与法律事实的小前提，从而得出最终的裁判结论。在司法实践中，有法官将司法裁判方法总结为：固定权利请求、识别权利请求基础、识别抗辩权基础、法律条文（基础规则）的构成要件、诉讼主张的检索（避免遗漏要件、与主张错误或不匹配的事实）、争点整理、要件事实的证明、事实认定、要件归入并制作判决等九个步骤，增加了法官处理案件的可操作性。司法裁判，是司法机关通过对某一具体案件适用一般法律规则得到法律结论的过程。一般而言，法官裁判的过程是：（1）了解案情，认定事实。"以事实为根据"中的"事实"，只能理解为法官通过特定的法律程序（举证、质证）所认定的"法律事实"，而这种事实有可能与客观事实相符，有可能与客观事实不符。（2）寻找法律规范。民商事案件找法的结果有三种可能性：一是有可供适用的法律规范，但有多个法律规定时，处理的规则是：上位法优于下位法；特别法优于普通法；新法优于旧法；强行法优于任意法；具体规则优于原则性规定。二是没有法律规定，即存在法律漏洞。填补法律漏洞的方法有：依据习惯补充法律漏洞；类推适用补充法律漏洞；目的性扩张；目的性限缩；反对解释；比较法解释；直接适用基本原则；适用习惯和法理；法官创设规则。三是法律虽有规定，却因过于抽象而无法直接予以援引，还须加以具体化，如民法上的"显失公平""重大过失"等。立法上使用类似抽象的法律术语，主要是立法技术的需要，借以维持法律的稳定性，使法律规定能够适应社会变迁。当遇到类似不确定的术语时，法官就要以立法原意作为适用法律的标准。（3）作出裁判。法官以事实为根据，以法律为准绳作出裁判时，应确保裁判结果具有合法性和正当性，具有可接受性。司法过程的实质，就是各种社会利益的确认与分配，因而司法裁判应进行利益衡量，以实现法律效果与社会效果的有机统一。这就要求法官在司法过程中发挥能动司法，既要尊重法律，又要合乎常理，善于运用经验法则，以实现"法"与"理"的互动和融通，维系司法的权威和公信。

第三节 案件策划的要素

一、诉讼请求

诉讼请求，是一方当事人就其与对方当事人之间的民事纠纷如何处理而提交法院作为审判客体的诉讼主张。之所以有诉讼请求，是因为原告与被告之间存在民事争议，即当事人之间关于民事权利义务的争议。如果原告主张的民事权利系针对特定的义务人，该义务人否定其权利或拒绝履行义务时会产生争议，他人与原告争夺该权利时也会发生争议。如果原告主张的民事权利系针对不特定的人，仅在有人与原告争夺该权利时，才会发生争议。而且，原告的诉讼请求应有具体的事实、理由支持，否则法院可能会驳回诉讼请求。在司法实践中，下列情况可能被判决驳回诉讼请求：第一，原告的诉讼请求没有事实依据。如果在审理过程中，原告不能提供证据，而法院依职权也无法调取支持原告诉讼请求所依据的事实的证据时，则应判决驳回原告的诉讼请求，以保护被告的合法权益。第二，原告的诉讼请求没有法律依据。例如，原告的诉讼请求超过了被告依法应承担的责任部分，其超过部分的诉讼请求将被驳回；被告依法应承担某种责任，而原告却提出要其承担其他责任的。第三，原告错误地主张法律关系。错误主张法律关系是指原告在起诉时提出的诉讼请求与案件事实是两个不同性质的法律关系。对案件事实所涉及的法律关系性质确定错误，因而不可避免提出错误的法律关系主张；这种错误的法律关系主张将因案件本身事实证据与诉讼请求不具关联性，而导致原告必然败诉，其诉讼请求必然被驳回。第四，原告超过诉讼时效提起诉讼。当事人超过诉讼时效期间起诉的，人民法院应予受理，受理后查明无中止、中断、延长事由的，判决驳回原告的诉讼请求。另外，如果部分事实不清，原告只能变更诉讼请求事项，或者放弃部分诉讼请求。例如，我国《继承法》第33

条规定，继承遗产应当清偿被继承人依法应当缴纳的税款和债务，缴纳税款和清偿债务以他的遗产实际价值为限。继承人放弃继承的，对被继承人依法应当缴纳的税款和债务可以不负偿还责任。超过遗产实际价值部分，继承人自愿偿还的不在此限。据此，在继承权纠纷中，法院须查明债务人的具体遗产以及继承人的继承份额和偿还债务的多少，否则原告的诉讼请求就无法得到支持。如果只能查明部分事实，那么原告的请求只能得到部分支持。诉讼请求一般有以下几类：一是请求法院确认某种法律关系，包括积极确认和消极确认，前者如请求确认收养关系，请求确认某公民失踪或死亡，后者如确认肇事车辆不属于其所有等；二是请求对方当事人履行给付义务，比如请求赔偿损失、请求偿还本金和利息、请求转移财产、请求交付成果等；三是请求变更或者消灭一定的民事法律关系，如请求离婚、请求撤销合同、请求解除合同等。我国《物权法》第32至37条从请求权的角度规定了权利人可以请求确认权利；请求返还原物；请求排除妨害或者消除危险；请求修理、重作、更换或者恢复原状；请求损害赔偿等。我国《合同法》第七章规定了可以请求继续履行，采取补救措施，赔偿损失，修理、更换、重作、退货，减少价款或者报酬，支付违约金，适用定金罚则等。

根据我国《民事诉讼法》第119条的规定，起诉的条件之一是"有具体的诉讼请求"。据此，诉讼请求应当符合具体性要求，而且诉讼请求的具体化应由原告在起诉时完成。诉讼请求必须具体，被告才会有针对性地提出答辩意见，法院才会有针对性地进行审理和裁判，执行中才会有明确的执行标的。如何具体化，需要考虑三个方面的因素：其一，由于当事人之间发生争议的法律关系各不相同，原告要求被告承担的责任类型也存在差异，因而，需要从法理上分析可以具体适用的与争议性质相适应的责任形式。例如，对自然人的人身侵权可以主张精神损害赔偿，但不能适用于合同关系中的违约请求；在合同关系中可以主张定金罚则，但不能适用于侵权关系中；对于已经结束的人身和财产侵害，不得请求停止侵害；对于原物不存在的或不能恢复原状的，只能请求赔偿，不能请求返还原物或修理等。其二，要求多个被告之间承担责任的形式。例如，在侵权诉讼中，在有多名被告时，他们之间既存在对外的责任承担问题，还存在内部的责任分担问题。尽管内部责任最终都是按份责任，但对外责任却有不同形式。如我国《侵权责任法》第8条规定："二人以上共同实施侵权行为，造成他人损害的，应当承担连带责任。"第12

条规定："二人以上分别实施侵权行为造成同一损害，能够确定责任大小的，各自承担相应的责任；难以确定责任大小的，平均承担赔偿责任。"其三，需从履行或强制执行的角度分析所选择的责任形式是否需要进一步具体化。立法规定的责任形式非常抽象，含义模糊。有的责任形式没有明确其组成部分，如赔偿损失；有的则没有明确实现的方式，如赔礼道歉、消除影响、恢复名誉，若不对其进一步明确化，则可能导致义务人无法具体履行，法院也无法强制执行。具体分析如下：（1）行为类请求，包括赔礼道歉、消除影响、恢复名誉、继续履行、停止侵害等。请求赔礼道歉，需要明确方式（口头还是书面）、媒体、范围、刊登次数等。请求消除影响、恢复名誉，需要明确范围、内容、形式和实施主体等。要求继续履行房屋买卖合同的，需要明确具体履行内容，如支付购房款、交付房屋、办理房屋过户登记等。侵犯著作权、专利权、商标权的行为，都可以适用停止侵害，但通过什么方式停止，则存在区别。（2）财产类请求。对于非金钱类，如交付标的物、返还财产等，诉讼请求的具体程度取决于要求交付的是种类物还是特定物。对于金钱类请求，如请求赔偿损失，首先要确定具体的损失种类，然后确定具体的损失金额或计算方法。最高人民法院《关于审理人身损害赔偿案件适用法律若干问题的解释》第 17 条规定了三类不同的损失情形，并且对每种情形下的损失种类作了具体规定。受害人遭受人身损害，因就医治疗支出的各项费用以及因误工减少的收入，包括医疗费、误工费、护理费、交通费、住宿费、住院伙食补助费、必要的营养费，责任人应予以赔偿。受害人因伤致残的，其因增加生活上需要所支出的必要费用以及因丧失劳动能力导致的收入损失，包括残疾赔偿金、残疾辅助器具费、被扶养人生活费，以及因康复护理、继续治疗实际发生的必要的康复费、护理费、后续治疗费，责任人也应予以赔偿。受害人死亡的，赔偿义务人除抢救治疗的相关费用外，还包括赔偿丧葬费、被扶养人生活费、死亡补偿费以及受害人亲属办理丧葬事宜支出的交通费、住宿费和误工损失等其他合理费用。

二、证据材料

虽然我国立法与司法实践并没有严格区分证据和证据材料两种情形，但对于准确理解证据的形成仍具有非常重要的意义。严格来说，"证据"在未经查证属实之前，仅仅是证据材料。证据材料要成为诉讼证据，需要经过当事人质证和法庭的审核、认定，只有符合证据资格和证据能力的证据材料才能作为证据加以使用。证据是诉讼的基石，当事人确定的诉讼请求必须有证据的支持。受诉法院受理案件后的全部诉讼活动，始终围绕着审查、判断和认定证据，通过运用已知证据，查明争讼案件事实的是非，确认争讼双方的权利义务关系。在诉讼程序中，原告和被告要运用证据理论和诉讼证据规则，从证据的合法性、客观性、相关性以及证明力的大小以及有无等方面削弱、否定对方证据的效力，直接将其置于不利的诉讼境地。一个事实要有多个证据佐证，孤证不为证。证据要能够证明事实，两者之间存在或者符合因果逻辑关系，证据与事实能够相互得到印证，从而形成证据链。《最高人民法院关于民事诉讼证据的若干规定》第 66 条规定，"审判人员对案件的全部证据，应当从各证据与案件事实的关联程度、各证据之间的联系等方面进行综合审查判断。"当事人证据链条的形成因法律责任的构成不同而有所区别。具体分析如下：(1) 违约责任涉及的证据材料。违约责任是指合同当事人一方不履行合同义务或履行合同义务不符合合同约定所应承担的民事责任。我国《合同法》第 107 条规定："当事人一方不履行合同义务或者履行合同义务不符合约定的，应当承担继续履行、采取补救措施或者赔偿损失等违约责任。"据此，违约责任的归责原则是严格责任原则。根据合同纠纷中当事人的请求的不同，违约责任涉及的证据材料包括合同主体、合同成立生效、合同履行、违约金、定金、实际损失等方面，包括特定情况下的过错。(2) 侵权责任涉及的证据材料。侵权责任的构成要件因具体侵权行为的不同而有所差异，与归责原则、法律的特殊规定以及侵权责任的形式密不可分。因此，适用所有的侵权责任的构成要件是不存在的。根据一般侵权责任的构成要件，一般侵权中的诉讼请求所涉及的证据材料主要包括：①损害后果。损害后果的客观存在是确定侵权责任的首要的、必要的条件。其条件是，该损害是客观存在的，是确定的，具有法律上的补救性，即在量上必须达到一定程度，并能用一定的形式填补权利人所遭受的损害。②因果关系。这里所说的因果关系是行为与损害之间的因果关系，即行为是导致损害的原因，损害是行为的必然结果，所要解决的是侵权责任是否成立的问题。③行为的违法性。侵权行为因为违反了法定义务，故具有违法性。违法行为是指行为人违反法定义务、违反法律禁止性规定而实施的作为或者不作为。④过错。过错作为一般侵权责任的构成要件，是一种主观条件，是行为人实施不法行为时的心理状态，是行为人对自己行为的损害后果的主观态度，分为故意和过失两种状态。此外，特殊侵权行为在侵权责任的主体、主观构成要件、举证责任的分配等方面不同于一般侵权行为，应适用民法上的特别规定。需要指出的是，公安机关档案材料中没有任何带有结论性的或表明公安机关意见的文书，只有一些对当事人及现场证人的调查笔录，以及对于当事人的讯问笔录，在诉讼中不能作为证据使用。

交通事故损害赔偿纠纷所需要的证据材料，主要包括主体资料、事故处理资料、伤情和诊疗资料、事故当事人家庭关系资料、事故当事人间相关关系证明资料、涉案事故车辆保险资料、费用支出和财产损失资料、先行垫付的费用资料等。具体分析如下：(1)主体资料，包括当事人身份证以及营业执照、登记证书、审批文件和其他证明。(2)事故处理资料，包括交通事故认定书、交通事故处理通知书、车辆技术检验报告、车辆痕迹检验报告、现场勘验记录和证人证言等。(3)损害情况和诊疗资料，包括门诊病历、检查报告和医疗费票据；住院病历和医疗费票据；复诊记录、检查报告和医疗费票据；用药清单；死亡记录、死亡证明、尸检报告；伤残鉴定书和鉴定费票据。(4)事故当事人家庭关系资料，包括户口簿、身份证或居住证明；驾驶证；行车证；家庭关系证明、被抚养人关系证明、亲属关系证明、监护关系和继承关系证明。(5)事故当事人间相关关系证明资料，包括劳务关系、劳动关系、借用关系、帮工关系、委托关系和车辆盗抢证明资料以及车辆挂靠、承包、租赁关系证明。(6)涉案事故车辆保险资料，包括保险单、商业保险条款；保险费发票。(7)费用支出和财产损失资料，包括护理费、交通费、住宿费等票据；误工证明、工资单、纳税证明以及财产证明等。(8)先行垫付的费用资料，包括付款证明和说明；收条、欠条；医疗费预交收据。(9)其他材料，如交通事故目击证人、现场照片和监控摄像等。在证据的关联性方面，还需要考虑以下因素：①医疗费，包括医疗费实收票据，此费用的支持属于必需，以及必需的后期治疗费用和计算依据。②误工费，必须证明收入状况和误工时间；有固定收入或有"经营性不确定收入"的，要以法律认可的形式证明收入数额及因误工导致的收入减少。③住院伙食补助费和护理费，包括住院的事实，对护理费应当另外证明伤情严重、必需专人护理的事实。④残疾者生活补助费、残疾用具费、丧葬费、死亡补偿费，即受害人残疾和残疾程度或者死亡的事实。⑤被扶养人生活费，包括受害人死亡或残疾致丧失劳动能

力的事实，被扶养人及其无其他生活来源的事实。⑥交通费、住宿费，该费
用属于必需，包括费用支出的具体明细及其合理性。

三、诉讼主体

诉讼主体，又称案件的当事人，是指因民事上的权利义务关系发生纠纷
以自己的名义进行诉讼活动，并受法院裁判约束的利害关系人。可以作为原
告、被告或者第三人参与诉讼的包括自然人、法人或者非法人组织。非法人
组织包括领有营业执照的个体工商户、合伙企业、个人独资企业、特定机构
的分支机构（如银行的分行）等。对民事案件审理和裁判，首先应当正确地
确定诉讼主体，否则将直接影响诉讼程序的进行以及实体处理结果。在司法
实践中，实际存在两种不同性质的当事人，即程序法上的当事人和实体法上
的当事人。程序法上的当事人，是指案件进入诉讼程序后的原告和被告。由
于起诉时的当事人是否在事实上存在利害关系还不确定，真正的法律利害关
系只有在法院开庭审理之后才能确定，因此称为程序法上的诉讼主体。实体
法上的当事人，是指经过案件的审理，法院依法确定的与案件有直接利害关
系的主体，因此称为实体法上的诉讼主体。在审判实践中，基于认识上的差
异，这两种不同性质的当事人经常交织在一起，给法院正确审理案件造成了
一定的困难，因此，法院审理民事案件正确确定诉讼当事人就成为首要任务。
诉讼中的原告和被告包括：（1）自然人。自然人作为民事主体，在与他人发生
民事争议时，可以自己的名义起诉或应诉，成为原告或被告。自然人作为诉
讼当事人的情形，还包括：①个体工商户以营业执照上登记的经营者为当事
人。有字号的，以营业执照上登记的字号为当事人，但应同时注明该字号经
营者的基本信息。②提供劳务一方因劳务造成他人损害，受害人提起诉讼的，
以接受劳务一方为被告。③法人或者非法人组织应登记而未登记即以法人或
者非法人组织名义进行民事活动，或者他人冒用法人、其他组织名义进行民
事活动，或者法人或者非法人组织依法终止后仍以其名义进行民事活动的，
以直接责任人为当事人。④企业未依法清算即被注销的，以该企业法人的股
东、发起人或者出资人为当事人。⑤对侵害死者遗体、遗骨以及姓名、肖像、
名誉、荣誉、隐私等行为提起诉讼的，死者的近亲属为当事人。（2）法人。法
人是民事主体，在与他人发生争议后，也可以自己的名义起诉或应诉，成为
当事人。法人工作人员因职务行为或者授权行为发生诉讼时，该法人为当事

人；企业法人合并的，因合并前的民事活动发生的纠纷，以合并后的企业法人为当事人。法人作为当事人，应由其法定代表人进行诉讼。法人的法定代表人以依法登记的为准，但法律另有规定的除外。依法不需要办理登记的法人，以其正职负责人为法定代表人；没有正职负责人的，以其主持工作的副职负责人为法定代表人。法定代表人已经变更，但未完成登记，变更后的法定代表人要求作为代表法人参加诉讼的，人民法院可以准许。在诉讼中，法人的法定代表人更换的，由新的法定代表人继续进行诉讼，并应向人民法院提交新的法定代表人身份证明书。原法定代表人进行的诉讼行为对法人仍然有效。(3)非法人组织。作为民事诉讼当事人的非法人组织，是指合法成立、有一定的组织机构和财产，但又不具备法人资格的组织。其他组织作为民事诉讼当事人时，应由其主要负责人进行诉讼。非法人组织虽然可以自己名义从事民事活动，但他们本身不是民事主体，并不能独立承担民事责任，而只能由其成员承担民事责任。非法人组织包括：依法登记领取营业执照的个人独资企业；依法登记领取营业执照的合伙企业；依法登记领取我国营业执照的中外合作经营企业、外资企业；依法成立的社会团体的分支机构、代表机构；依法设立并领取营业执照的法人的分支机构；依法设立并领取营业执照的商业银行、政策性银行和非银行金融机构的分支机构；经依法登记领取营业执照的乡镇企业、街道企业等。但是，法人非依法设立的分支机构，或者虽依法设立，但没有领取营业执照的分支机构，以设立该分支机构的法人为当事人。另外，村民委员会或者村民小组与他人发生民事纠纷的，村民委员会或者有独立财产的村民小组为当事人。

通常情况下，民事诉讼的原告一方或被告一方都只有一人。但在某些民事纠纷中，当事人一方或双方均为两人以上，形成诉讼时，原告或被告一方或双方均是多数，这就形成了一种特殊的诉讼形态，即共同诉讼。共同诉讼属于诉的合并，其意义在于简化诉讼程序、提高审判效率，同时避免法院在同一事件处理上作出矛盾的判决。根据司法解释，能够引起必要共同诉讼的具体情形有：(1)以挂靠形式从事民事活动，当事人请求由挂靠人和被挂靠人依法承担民事责任的，该挂靠人和被挂靠人为共同诉讼人。(2)在劳务派遣期间，被派遣的工作人员因执行工作任务造成他人损害的，以接受劳务派遣的用工单位为当事人。当事人主张劳务派遣单位承担责任的，该劳务派遣单位为共同被告。(3)个体工商户营业执照上登记的经营者与实际经营者不一致的，以登记的经营者和实际经营者为共同诉讼人。(4) 未依法登记领取营业执照的个人合伙的全体合伙人为共同诉讼人。(5) 企业法人分立的，因分立前的民事活动发生的纠纷，以分立后的企业为共同诉讼人。(6) 借用业务介绍信、合同专用章、盖章的空白合同书或者银行账户的，出借单位和借用人为共同诉讼人。(7) 因保证合同纠纷提起的诉讼，债权人向保证人和被保证人一并主张权利的，法院应当将保证人和被保证人列为共同被告。保证合同约定为一般保证，债权人仅起诉保证人的，法院应当通知被保证人作为共同被告参加诉讼；债权人仅起诉被保证人的，可以只列被保证人为被告。(8) 无民事行为能力人、限制民事行为能力人造成他人损害的，无民事行为能力人、限制民事行为能力人和其监护人为共同被告。(9) 在继承遗产的诉讼中，部分继承人起诉的，人民法院应通知其他继承人作为共同原告参加诉讼；被通知的继承人不愿意参加诉讼又未明确表示放弃实体权利的，人民法院仍应将其列为共同原告。(10) 原告起诉被代理人和代理人，要求承担连带责任的，被代理人和代理人为共同被告。(11) 共有财产权受到他人侵害，部分共有权人起诉的，其他共有权人为共同诉讼人。根据最高人民法院 2001 年颁布的《关于审理劳动争议案件适用法律若干问题的解释》的规定，原用人单位以新的用人单位和劳动者共同侵权为由向人民法院起诉的，应将新的用人单位和劳动者列为共同被告。就参加诉讼的程序而言，必须共同进行诉讼的当事人没有参加诉讼的，人民法院应当依照《民事诉讼法》第 132 条的规定，通知其参加；当事人也可以向人民法院申请追加。人民法院追加共同诉讼的当事人时，应当通知其他当事人。应当追加的原告，已明确表示放弃实体权利的，可不予追加；既不愿意参加诉讼，又不放弃实体权利的，仍应追加为共同原告，其不参加诉讼，不影响法院对案件的审理和依法作出判决。

四、诉讼管辖

民事诉讼中的管辖，对于民商案件的解决具有十分重要的现实意义。诉讼管辖是指各级法院之间以及不同地区的同级法院之间，受理第一审民商事案件、知识产权案件及其他各类案件的职权范围和具体分工。管辖可以按照不同标准做多种分类，其中最重要、最常用的是级别管辖和地域管辖。级别管辖，是指各级法院之间受理第一审民商事案件、知识产权案件以及其他各类案件之间的职权范围和具体分工。级别管辖从纵向划分上、下级法院之间受理第一审民事案件的权限和分工，解决某一民事案件应由哪一级法院管辖的问题。地域管辖、专属管辖、协议管辖均不得违反级别管辖的规定。地域管辖，是指同级法院之间受理第一审民事案件的分工和权限。地域管辖是在级别管辖的基础上划分的，只有在级别管辖明确的前提下，才能确定地域管辖；而要最终确定某一案件的管辖法院，则必须在确定了级别管辖之后，再通过地域管辖来进一步具体落实受诉法院。我国《民事诉讼法》确定地域管辖主要是根据以下两点：（1）法院辖区与国家行政区域相一致，使诉讼当事人的所在地（尤其是被告的住所地）与法院辖区内之间存在一定的联系，当诉讼当事人的所在地等在某一行政区域内时，诉讼就由设在该行政区域内的法院管辖。（2）诉讼标的、诉讼标的物或者法律事实与法院辖区之间的隶属关系，即诉讼标的、诉讼标的物或者法律事实在哪个法院的辖区内，案件就由该辖区内的法院管辖。根据上述标准，我国《民事诉讼法》将地域管辖分为一般地域管辖和特殊地域管辖。我国《民事诉讼法》第21条规定："对公民提起的民事诉讼，由被告住所地人民法院管辖；被告住所地与经常居住地不一致的，由经常居住地人民法院管辖。对法人或者其他组织提起的民事诉讼，由被告住所地人民法院管辖。同一诉讼的几个被告住所地、经常居住地在两个以上人民法院辖区的，各该人民法院都有管辖权。"因此，除非法律另外规定，一般由被告住所地法院管辖。我国《民事诉讼法》第23条规定："因合同纠纷提起的诉讼，由被告住所地或者合同履行地人民法院管辖。"具体案件的诉讼管辖，并不是简单地只根据级别管辖或地域管辖加以判断，而应将相关规则相结合，综合多种因素判断。管辖地点的确定，不但直接关系到案件当事人的诉讼成本支出，还可能会影响诉讼程序和诉讼结果。当事人进行诉讼目的是维护自己的合法权益，因而，降低成本、谋求利益最大化也是当事人进行诉讼的出发点。选择管辖法院主要有如下几种因素：第一，地方司法机关有可能适用本地的一些裁判规则，法院裁判甚至受到本地资源的影响。第二，地方法规、规章或政策中的实体性规定有可能对裁判产生直接影响。最典型的是人身损害赔偿案件，在赔偿标准上采用的是受诉法院的标准，而各地的经济发展和收入水平不同，其赔偿的标准也不一样，选择合适的法院管辖，可以获得更大的赔偿。第三，如果原告在异地起诉，可能要先期支付差旅费、取证费等各项费用。第四，异地执行不仅增加执行成本，而且还可能增加执行难度。

诉讼管辖策略主要表现在：第一，管辖恒定原则的运用。管辖恒定，是指原告起诉时，若受诉法院依民事诉讼法的规定享有对案件的管辖权，则此后不论确定管辖的事实在诉讼中发生何种变化，均不影响受诉法院对案件所享有的管辖权。第二，管辖异议的提出。被告提出管辖异议能够争取更多的时间，化被动为主动，因此可以根据案件的特殊情况，必要时提出管辖异议。但管辖异议必须在答辩期届满前提出。第三，协议管辖的运用。协议管辖，是指民事案件的双方当事人在民事争议发生之前或者发生之后，用协议的方式来选择管辖他们之间争议的法院。根据我国《民事诉讼法》第 34 条的规定，当事人在合同中可以选择的约定管辖的地点包括被告住所地、合同履行地、合同签订地、原告住所地、标的物所在地等五个"与争议有实际联系的地点"。由此可知，对于管辖地点的约定，也应当围绕上述五个有联系的地点展开。在约定管辖地点时，应充分考虑这些地点的可变程度。具体分析如下：(1)"被告住所地"和"原告住所地"两个地点相对稳定和固定，除非被告或者原告的地址发生变化。因此，选择上述两个地点作为管辖地点比较稳妥。(2)"合同履行地"的不确定性最大。根据我国《民事诉讼法》司法解释第 18条第 2 款的规定："合同对履行地点没有约定或者约定不明确，争议标的为给付货币的，接收货币一方所在地为合同履行地；交付不动产的，不动产所在地为合同履行地；其他标的，履行义务一方所在地为合同履行地。即时结清的合同，交易行为地为合同履行地。"如果选择以合同履行地作为管辖地点，最妥当的办法就是直接约定某地为合同履行地，并在"争议解决"条款中约定"协商不成时向合同履行地法院起诉"。但是，约定的合同履行地必须慎重，要充分考虑合同是否能够实际履行。根据我国《民事诉讼法》司法解释第 18 条第 3 款的规定，在"合同没有实际履行"，并且"当事人双方住所地都不在合同约定的履行地的"，"由被告住所地人民法院管辖"。因此，选定的合同履行地最好是己方的住所地。(3)"合同签订地"和"标的物所在地"这两个地点变化的可能性最小。比较而言，合同签订地的确定性显然要大于标的物所在地。这是因为，通常情况下，合同签订地只能是唯一的，而标的物所在地可以是多个。另外，合同签订地的选择，既可以是双方当事人住所地以外的地方，也可以充分利用法律规定加以确定。例如，根据我国《最高人民法院关于适用〈中华人民共和国合同法〉若干问题的解释（二）》第 4条的规定："采用书面形式订立合同，合同约定的签订地与实际签字或者盖章地点不符的，人民法院应当认定约定的签订地为合同签订地；合同没有约定签订地，双方当事人签字或者盖章不在同一地点的，人民法院应当认定最后签字或者盖章的地点为合同签订地。"法律实务中，有合同约定的管辖法院是"守约方所在地的法院"或"当地法院"等，都违反了法律规定，而且也属于约定不明，无法具体确定管辖法院，直接影响到纠纷的解决。需要指出的是，一些合同纠纷不适用约定管辖。根据我国《民事诉讼法》司法解释第28条第2款的规定："农村土地承包经营合同纠纷、房屋租赁合同纠纷、建设工程施工合同纠纷、政策性房屋买卖合同纠纷，按照不动产纠纷确定管辖。"因此，上述四种类型的合同纠纷不能再在合同中进行约定管辖，而只能由不动产所在地法院管辖。

第四节　案例策划练习

一、合同纠纷案件策划

基本案情：

2015年2月5日，被告向原告借款，原告为保证被告到期能实现债权，与被告签订了《房屋买卖合同》一份。合同约定，原告以100万元的价格向被告购买位于某市的别墅，被告于2015年5月6日前到房屋产权登记机关配合原告办理产权过户登记手续。同日，原告向被告汇款94.5万元，被告向原告出具收条一份。收条载明，被告已收到原告支付的别墅转让款100万元，其中转账支付94.5万元，现金支付5.5万元。另查明，原告、被告双方未出具书面借条，未约定利息及还款时间，被告为购买本案诉争房屋交纳房款183万余元。原告的原诉请为由被告于判决生效后立即为原告办理房屋过户手续，经法庭释明后，原告诉请变更为由被告偿还原告借款本金100万元。

请就原告的诉讼方案进行分析。

二、侵权纠纷案件策划

基本案情：

2012年10月，煤矿经营者李某通过他人介绍请来张某为自己搬运煤，约定张某自行提供运输车辆和其他搬运工具，按搬运量获取报酬。某天张某在矿区搬运煤时，身后一堵旧墙突然倒塌将其砸伤，张某为此花去住院费、医疗费以及护理费等近2万元。张某现要求维护自己的合法权益。

请就本案提出相应的解决方案。

三、物权纠纷案件策划

基本案情：

孙某某等三人于2004年投资承包内蒙古某村林地，承包期15年，用于开发铁矿。孙某某等三人委托玄某某办理勘查许可证，并将委托勘查合同书、林地承包合同书、存款证明、探矿权申请登记书等相关资料及办证资金114万元交付玄某某。2005年12月28日，经内蒙古自治区国土资源厅批准，某市国土资源局对某村一带铁矿普查探矿权实行挂牌出让，并予以公告。玄某某将办证资料上孙某某的名字篡改成自己的名字，并私刻"某省地质大队"的公章伪造勘查合同，用孙某某等三人交给他的办证资金，以某建筑公司（该公司法定代表人为玄某某）名义竞标，将勘查许可证办至玄某某自己名下；2006年2月13日，内蒙古国土资源厅向玄某某颁发了《矿产资源勘查许可证》。孙某某等三人提起诉讼，请求：确认案涉《矿产资源勘查许可证》归孙某某等三人所有。

请就本案提出相应的解决方案。

四、婚姻纠纷案件策划

基本案情：

原告陈某某与被告吕某某于1980年经人介绍相识，双方在未办理结婚登记手续的情况下开始同居生活。1983年6月4日生育长子吕甲，1986年5月30日生育次子吕乙，1988年12月28日生育三子吕丙，现三个孩子均已成年，并已独立生活。原告陈某某系重性精神分裂症患者，患病后无法独立生活，被告吕某某不履行夫妻间的扶养义务。因此，原告陈某某提起诉讼，请求判令与被告吕某某离婚，均分夫妻财产，并要求吕某某返还工资款33 000元，并给予其经济帮助金60 000元。本案中，陈某系原告陈某某的姐姐，并且是原告的监护人。

请就本案提出相应的解决方案。

五、劳动纠纷案件策划

基本案情:

2011 年 4 月 6 日,龚某某到重庆××机械设备有限公司上班,从事维修工作。××机械公司于 2012 年 3 月至 2014 年 10 月为龚某某办理了工伤保险。2012 年 7 月 14 日,龚某某因交通事故受伤。2012 年 12 月 2 日,龚某某与侵权人胡某某就交通事故达成赔偿协议,由胡某某赔偿龚某某各项费用共计 124 725.78 元。2013 年 2 月 8 日,某区人力资源和社会保障局认定龚某某受伤为工伤。2013 年 9 月 25 日,某区劳动能力鉴定委员会鉴定龚某某的伤残等级为七级,无护理依赖。龚某某要求××机械公司支付各项工伤保险待遇。

请就本案提出相应的解决方案。

第六章

事实调查与证据运用

第一节　事实调查

一、案件事实的意义

事实是指事情的真实面貌，即客观存在的一切事物、事件、现象的一种状态或态势。例如，《史记·老子韩非列传》写道："《畏累虚》《亢桑子》之属，皆空语，无事实。"鲁迅在《花边文学·安贫乐道法》中写道："事实是毫无情面的东西，它能将空言打得粉碎。"由于受到认识能力和相关条件的限制，对事物的认识有可能出现错误，并为假象所迷惑，这个时候需要排除干扰，探寻真相，以把握事物的本质。在自然界和社会生活中，并不是所有的事实都具有法律意义。因此，这里所说的事实是指具有法律意义的事实，或者与案件有关的事实，即能够导致民事权利义务关系产生、变更或消灭的事实。"以事实为根据，以法律为准绳"是诉讼法的基本原则之一。以事实为根据，就是坚持实事求是，一切从具体的案件情况出发，使认定的事实尽可能接近于或趋向于符合案件的客观真相。只有查清事实，才能正确运用法律，因而，案件的审理首先是一个探查、认识、证明案件事实的过程。所谓案件事实，就是从常识和经验得知，在案件发生后，客观上确实发生了和存在着一个已经逝去的事实，包括纠纷的起因、过程、结果等构成的一个整体事实。案件事实直接影响到当事人的权利义务关系。例如，在确认之诉中，应重在证明当事人间是否存在某种权利义务的事实；在变更之诉中，应重在证明当事人间是否存在消灭、变更某种权利义务关系的原因；在给付之诉中，应重在证明当事人权利义务关系的现状，义务人不履行义务的原因等。

案件事实可以区分为行为和事件以及单一事实和事实构成。事件是与人的意志无关的法律事实，事件的法律后果由法律直接规定。事件是一种自然现象，因其可以导致民事法律关系的变动，才具有法律意义成为法律事实，包括人的出生和死亡、自然灾害、一定时间的经过、天然孳息的产生等。例如，人的死亡可能导致继承关系的发生，而地震若将房屋震塌则导致所有权的消灭。行为是与人的意志有关的法律事实。根据当事人意志的法律效果的不同，行为又被划分为表意行为和非表意行为。前者是指行为人通过意思表示，旨在设立、变更或消灭民事法律关系的行为，如设立遗嘱、抛弃所有权、单方允诺、订立合同、作出决议等。后者是指行为人主观上没有产生民事法律关系效果的意思表示，客观上引起相应法律效果的行为，如侵权行为、不当得利、无因管理、创作行为等。在一些情况下，单一的事实就可以导致民事法律关系的变动，如在法定继承中，只需要具备被继承人死亡的事实。而在另外一些情况下，需要多个事实才能导致民事法律关系的变动，例如，在遗嘱继承中，需要具备设立遗嘱和遗嘱人死亡两个事实。在设立遗嘱时，遗嘱人必须具有遗嘱能力，无行为能力人或者限制行为能力人所立遗嘱无效。遗嘱人的意思表示必须真实，因受威胁、强迫、欺骗所立的遗嘱或伪造、篡改的遗嘱无效。遗嘱须具有一定的形式。再如，离婚案件中，需要具备合法的婚姻和感情破裂两个事实。民事案件的有关事实主要指两个方面：一是指双方当事人的有关情况，主要涉及实体问题；二是指当事人主张的程序法律事实，即对解决诉讼程序问题具有法律意义的事实。这些事实虽不直接涉及实体问题，但在具体案件中，如不加以证明，就会影响诉讼活动的顺利进行，进而影响实体问题的正确解决。这类事实包括：（1）有关当事人资格的事实；（2）有关主管和管辖的事实；（3）有关审判组织形式的事实；（4）有关回避的事实；（5）有关审判方式的事实；（6）适用强制措施条件的事实；（7）有关诉讼期间的事实等。

在诉讼中，正确认识不同语境和不同程序中的"事实"，对于案件解决方案的提出以及对于案件的最终处理都具有重要的实践意义。从学理和司法的角度，可以将事实分为如下几种：

第一，客观事实。一般而言，客观事实是指在一定的时间和空间中存在的事物、现象和过程。它是指人的认识所反映的不以人们的意志为转移的客观内容，是一种本体意义上的范畴。由于客观事实不以人的主观意志为转移，因而，也就不能用对错、好坏之分来进行评价。客观真实是人类对世界的认知期望能够到达而无法实现的理想认识状态。由于认识能力的局限以及观察方法的差异，人们对客观世界的认识只能是一定程度的反映或再现。在诉讼中需要查明的事实，都已经时过境迁，一般情形下，法官难以查明案件的客观事实，并据此进行审理和裁判。案件的发生通常是在某个特定时间以前或者持续一段时间，从事法律工作的律师、法官都不可能在场直观感受，因而也就不能准确描述场景、再现客观事实。即使某些当事人或旁观者能够准确描述、回顾所发生的事实，但如果没有相关的证据直接支持，一般都不会被相信或采纳。一个案件事实的客观性与法律事实之间是存在距离的。客观真实是一个理想化的、标准很高的证明要求；案件事实只能以客观事实为追求目标，最大限度地确保对客观事实的发现。因此，在案件的审理中，法官判定案件事实的真伪，不能依赖于人们的直观和感性认识，不能单纯根据当事人的亲眼所见、亲耳所闻或者亲身感知来认定事实。虽然案件事实存在着实然状态和应然状态的差异，但应通过发挥主观能动性，使对案情的认识不断地接近于客观状态，再现其本来面目。

第二，当事人陈述的事实。在诉讼中，当事人可以通过口头、书面以及举证质证等形式阐述事实。当事人陈述的情况比较复杂，可以区分为：全部或部分真实的陈述；故意隐瞒或者遗漏重要事实的陈述；被胁迫或者被欺骗而杜撰、编造的陈述等。从应然的意义上讲，当事人陈述的事实比任何其他证据形式都更能反映案件真实情况，具有更大的证明价值；但是从实然的意义上讲，又不能忽视当事人陈述的虚假的一面，不可轻信以免被其误导，造成错判。这是因为，当事人对案件的陈述大多数情况下都是本着对自己有利的原则进行的，有可能只陈述对自己有利和对对方不利的事实，或者将对自己不利和对对方有利的事实加以隐瞒或者不予陈述。当然，在现实生活中，当事人隐瞒真相或虚假陈述的原因或动机是多种多样的。另外，随着时间的推移，许多原始证据可能已经毁损、灭失，而且总是存在一些证据是无法通过合适的载体体现出来的。因此，在司法实践中，对当事人的陈述，法院应当结合案件的其他证据审查其是否真实、准确，是否有所遗漏或者隐瞒。在证据的搜集上，应尽可能地通过形成证据链条来印证当事人陈述的事实的可靠程度。

第三，待证事实。它是指当事人双方争议的且需要通过证据予以证明的能够产生法律效果的具体事实。在诉讼过程中，当事人所主张的事实中有些需要通过举证质证予以证明，而另一些则根据法律规定或自然属性无需证据资料证明，前者为待证事实，后者则为无需证明的事实。因此，待证事实是相对于无需证明的事实而言的。成为证明对象的待证事实包括三个条件：（1）该事实对于正确处理案件有法律意义，或者是实体法上的意义，或者是程序法上的意义；（2）双方当事人对该事实存在争议；（3）该事实不属于诉讼上的免证事实。待证事实的确定是一个复杂的逻辑推演过程。在具体案件中，所要证明的事实已经不是当事人主张的生活意义上的具体纠纷事实，而是当事人主张的事实需要通过法律要件的筛选、加工，并涵摄反映在程序上需要经过证据证明的具体事实。无需举证证明的事实包括：自然规律以及定理、定律；众所周知的事实；根据法律规定推定的事实；根据已知的事实和日常生活经验法则推定出的另一事实；已为法院发生法律效力的裁判所确认的事实；已为仲裁机构生效裁决所确认的事实；已为有效公证文书所证明的事实。另外，一方当事人在法庭审理中，或者在起诉状、答辩状、代理词等书面材料中，对于己不利的事实明确表示承认的，另一方当事人无需举证证明；但对于涉及身份关系、国家利益、社会公共利益等应当由人民法院依职权调查的事实除外。

第四，法律事实。与案件事实对应的是法律事实，即通过审判程序，对各种证据经举证、质证、交叉询问和辩论等程序加以调查后，裁判者在判决书中认定的案件事实，也就是判决书在证据基础上用法律语言重构和再现的事实。诉讼是在特定的时空和其他条件的限制下进行的，其对客观事实的发现受到了很大的局限。法律上的"事实"并不一定是真相，而是通过证据能够证明曾经发生过的事件。对局外人来说，永远不知道现场到底发生了什么，无法确定事情的本来面目和来龙去脉。在这种局限性之下，必须在研究和把握审判规律的基础上，尽量设计科学合理的审判规则或者法律手段，以确保客观事实的发现。在法律事实的认定中，法官是分析判断的职权主体，当事人以及其他诉讼参与人发挥辅助作用，而程序规则、证据规则、法律思维等成为认识的手段。在案件审理过程中，法官按照法定程序和证据规则对证据材料进行甄别和认定，就保证了案件的公正处理。较之客观真实的证明要求，法律真实的证明要求较低，在符合证据规则和认知规律的前提下，能较大地提高诉讼效率。

二、案件事实的调查

由于存在着诉与被诉的对立，因而，争议双方往往是各自站在自己的立场上陈述案情。当事人为了自己的利益，通常会提供对自己有利的事实材料，这就有可能歪曲事实、掩盖真相，从而影响案件的处理。为了真正分清是非曲直，切实保护当事人的合法权益，就需要通过事实调查以最大限度地还原客观事实。只有对案情进行详细的调查研究，全面地、客观地收集相关资料，才能作出符合实际的判断，才能正确地处理案件。因此，调查工作不仅是处理案件所必须坚持的"以事实为根据"的办案原则和重要程序，更重要的是它是正确处理争议案件的基础和前提。另外，事实调查的范围与当事人依法应当承担的举证责任密不可分，事实调查要实现的首要目标就是完成自己一方当事人的举证责任。例如，老人追索赡养费的案件，老人应对子女不尽赡养义务的事实举证；工伤赔偿案件，需要查明的事实包括劳动合同、工伤事故发生的情况、伤情鉴定、费用支出等。就调查的权限和途径而言，可以分为三种：（1）自行调查。律师自行调查取证的，凭律师执业证书和律师事务所证明，可以向有关单位或者个人调查与承办法律事务有关的情况。（2）申请调查。受委托的律师根据案情的需要，可以申请检察院、法院收集、调取证据或者申请法院通知证人出庭作证。（3）受托调查。接受委托进行调查的法律文书是调查令，它是指当事人在民事诉讼中因客观原因无法取得自己需要的证据，经申请并获法院批准，由法院签发给当事人的代理律师向有关单位和个人收集所需证据的法律文件。律师在调查取证过程中必须遵循客观性原则和系统性原则。客观性原则是指在调查时，律师应该按照事物的本来面目了解事实本身，必须尊重事实，如实记录、收集、分析和运用材料。律师在实施调查计划时，对调查对象不抱任何成见，收集资料不带主观倾向，对客观事实不能有任何一点增减或歪曲，切忌主观臆断。系统性原则指律师对事实的调查要有整体性把握，对各个涉案要素进行系统分析，调取的证据材料要环节清晰、关联紧密，力求互相印证；切忌孤立片面、互相矛盾。

在社会生活中，存在着不同类型的民事纠纷，如离婚纠纷、损害赔偿纠纷、房屋所有权纠纷、合同纠纷、著作权纠纷、劳动纠纷等。民事纠纷作为法律纠纷的一种，一般来说，是因为违反了民事法律规范而引起的。民事主体因违反民事义务而侵害了他人的民事权利，由此产生以民事权利义务为内容的民事争议，这些民事争议在诉讼过程中直接体现为当事人的诉讼请求。当事人为了实现诉讼请求，必须将实体法所规范的与案件有关的事实完整地展现在法庭上，并得到法庭的确认。根据实体法规范，民事纠纷的有关事实主要包括民事主体、违反民事义务、人身和财产损害、因果关系和过错等。基于此，案件事实的调查一般涉及如下方面：

第一，有关民事主体的事实。民事主体分为自然人、法人和非法人组织。对自然人，应查明其姓名、年龄、性别、民族、身份证号、婚姻状况、工作单位、住所或经常居住地、文化程度、是否属于无民事行为能力和限制民事行为能力以及监护人等相关情况。对法人或非法人组织，首先应查明该组织是否依法成立，是否具备法人资格，设立人或主管机关是谁，是否被吊销营业执照或者已经注销，其单位性质是否属于国家机关、企业组织、事业单位、社会团体、分支机构、捐助法人、特别法人、社会服务机构等；其次应查明其住所或经营（办公）地址、法定代表人或主要负责人、注册资本、股东或出资人、经营范围（经营方式）或职能范围、组织形式等情况。这些事实一般可以根据出生证、户口簿、身份证、结婚证和离婚证以及营业执照、登记证书、审批文件、判决书、公证书等证明文件来认定。例如，我国《民法总则》第15条规定："自然人的出生时间和死亡时间，以出生证明、死亡证明记载的时间为准；没有出生证明、死亡证明的，以户籍登记或者其他有效身份登记记载的时间为准。有其他证据足以推翻以上记载时间的，以该证据证明的时间为准。"此外，在特定的案件中，还需要查明身份事实，如消费者、劳动者等事实。在法人人格否认、未经清算而注销企业、关联交易等案件中，还应查明出资人、清算义务人等主体的相关信息。例如，我国《民法总则》第84条规定："营利法人的控股出资人、实际控制人、董事、监事、高级管理人员不得利用其关联关系损害法人的利益。利用关联关系给法人造成损失的，应当承担赔偿责任。"

第二，有关违反民事义务的事实。根据义务发生的根据，民事义务可分为法定义务与约定义务。法定义务是直接依据法律规定产生的而非由当事人约定的义务，如抚养义务、赡养义务、不得侵犯他人人身和财产的义务、安全保障义务等。例如，我国《侵权责任法》第37条规定："宾馆、商场、银行、车站、娱乐场所等公共场所的管理人或者群众性活动的组织者，未尽到安全保障义务，造成他人损害的，应当承担侵权责任。因第三人的行为造成他人损害的，由第三人承担侵权责任；管理人或者组织者未尽到安全保障义务的，承担相应的补充责任。"约定义务是指当事人自行约定的义务，如合同债务人的义务。根据义务的内容，民事义务可分为积极义务与消极义务。积极义务，是指以义务人须为一定行为（作为）为内容的义务，如交付标的物、交付工作成果、支付货币的义务等。消极义务，是指以义务人须不为一定行为（不作为）为内容的义务，又可分为：（1）单纯不作为义务，如不干涉所有人行使权利的义务；（2）容忍义务，对于他人的行为本来可以阻止，但由于约定或者法律上的规定不能进行干涉，如不动产相邻关系中，采光、通行、通风等只有超过一定的限度才构成妨碍行为，受害人也才可以要求排除妨碍和主张损失赔偿。此外，民法上还规定了不真正义务。此种义务的特点在于，不得请求义务人履行，且义务人违反该义务不承担赔偿责任，仅负减损权利的不利后果。例如，我国《合同法》第119条第1款规定："当事人一方违约后，对方应当采取适当措施防止损失的扩大；没有采取适当措施致使损失扩大的，不得就扩大的损失要求赔偿。"

第三，有关损害的事实。损害是指因一定的行为或者事件使他人受法律保护的财产、人身或者其他权利遭受不利益的一种事实状态。损害须具备以下要件：损害是侵害合法权益的结果、损害具有可补救性、损害是已经发生的确定的事实。损害可以分为如下类型：（1）财产损害与非财产损害。财产损害包括财产的积极减少和消极的不增加；非财产损害包括生命的损害、身体的损害、健康的损害、精神损害等。另外，在一些特定情况下的损害并不针对具体的财产或人身，即非因人身或者物被侵害而发生，如工人挖断电缆、工厂停电停工造成工厂营业损失、工人收入损失，以及进行虚假陈述、操纵市场、内幕交易等证券欺诈行为造成投资者损失等。这种损失被称为纯粹经济损失。（2）直接损害与间接损害。直接损害，亦称实际损害，是指对他人人身权和财产权造成的现实损害，或者受害人为补救受到损害的民事权益所为的必要支出，如伤害他人身体造成的医疗费、护理费、交通费等，以及因误工而减少的收入等。间接损害，亦称可得利益损害，是指由于受害人受到侵害而发生的可得财产利益的丧失，如工资收入的丧失、营业收入的丧失。对于实际损害一般应赔偿，而对于可得利益损害则需根据情况确定。（3）违约损害和侵权损害。违约损害是指因违反合同义务而对他人造成的各种损失，包括直接损失和间接损失。在合同关系中，当事人可以对损害赔偿进行约定。

另外，违约损害赔偿范围还受到可预见规则的限制。侵权损害是指违反法定义务对他人造成的损害，包括直接损失和间接损失。在侵权诉讼中，法律支持权利人对精神损害赔偿的主张；但是，在违约关系中，法律不支持精神损害赔偿。

第四，有关因果关系的事实。行为与损害之间是否存在引起与被引起的关系与民事责任的承担直接关联。在现实生活中，违法行为越来越多样化和复杂化，纠纷的起因千差万别，有的一因多果，有的多因一果，有的多因多果等。同时，当因果形式是多因一果或多因多果的状态，在确定因果关系时，还要充分考量损害的原因力，即区分损害的主要原因和次要原因以及直接原因和间接原因等。唯有如此，才能确定行为人是否承担责任以及责任的大小。而且，即使行为与结果之间仅存在一定的联系，如可能性或诱发性因素，也对因果关系的判断具有实践意义。在司法实践中对因果关系的分析和认定，应当分两个步骤进行：首先，确定行为人的行为或者依法由责任人承担责任的事件或行为是否在事实上属于损害事实发生的原因，即事实上的因果关系。其次，确定事实上属于损害事实发生原因的行为或事件，在法律上是否能够成为责任人对损害事实承担责任的原因，即法律上的因果关系。因果关系有些情况下是无需当事人证明，只需由法官推定的。在环境污染致人损害案件中，对其损害后果的确定，多采用因果关系的推定，例如，我国《侵权责任法》第 66 条规定："因污染环境发生纠纷，污染者应当就法律规定的不承担责任或者减轻责任的情形及其行为与损害之间不存在因果关系承担举证责任。"因果关系推定的具体方法是：第一，确定违法行为与损害后果发生的时间顺序；第二，明确违法行为与损害后果之间是否存在客观联系以及关联程度；第三，排除其他可能性。

第五，有关过错的事实。过错是行为人对其行为的一种心理状态，分为故意、重大过失和一般过失。故意是指行为人明知自己的行为会造成他人损害的结果而实施行为的心理状态。过失是指行为人应当预见自己的行为可能造成他人损害，但因为疏忽大意或者过于自信而没有预见导致损害结果发生的心理状态。一般认为，一名专业技术人员违反了普通人应有的注意义务，即构成重大过失。衡量行为人对其作为和不作为是否有主观故意或过失，应根据具体的时间、地点和条件等多种因素综合确定。过错程度直接影响行为人责任大小的认定。对于明知、恶意等故意行为，法律加重了行为人的责任，例如，我国《侵权责任法》第 47 条规定："明知产品存在缺陷仍然生产、销售，造成他人死亡或者健康严重损害的，被侵权人有权请求相应的惩罚性赔偿。"不过需要指出的是，在民事案件中，有时候并无区分故意和过失的必要，如返还原物、损失赔偿等。另外，行为人是否有过错直接关系到责任有无和举证责任的认定。在过错责任原则下，由受害人来证明行为人存在过错，如果行为人没有过错，则不承担责任。在过错推定的情况下，受害人不需要对行为人的过错举证，法律推定行为人存在过错，除非行为人能够证明自己没有过错。适用过错推定的情况，需要法律明确规定，例如，我国《侵权责任法》第 85 条规定："建筑物、构筑物或者其他设施及其搁置物、悬挂物发生脱落、坠落造成他人损害，所有人、管理人或者使用人不能证明自己没有过错的，应当承担侵权责任。所有人、管理人或者使用人赔偿后，有其他责任人的，有权向其他责任人追偿。"

第六，其他有关事实。主要包括：（1）约定违约金的事实。合同一方要求对方支付违约金必须证明违约金条款的存在。我国《合同法》第 114 条规定："当事人可以约定一方违约时应当根据违约情况向对方支付一定数额的违约金，也可以约定因违约产生的损失赔偿额的计算方法。约定的违约金低于造成的损失的，当事人可以请求人民法院或者仲裁机构予以增加；约定的违约金过分高于造成的损失的，当事人可以请求人民法院或者仲裁机构予以适当减少。当事人就迟延履行约定违约金的，违约方支付违约金后，还应当履行债务。"（2）交付定金的事实。定金合同是实践合同，主张适用定金罚则需要证明定金合同成立生效。我国《担保法》第 90 条规定："定金应当以书面形式约定。当事人在定金合同中应当约定交付定金的期限。定金合同从实际交付定金之日起生效。"（3）欺诈的事实。消费者向经营者主张惩罚性赔偿，需要证明经营者有欺诈行为。我国《消费者权益保护法》第 55 条规定："经营者提供商品或者服务有欺诈行为的，应当按照消费者的要求增加赔偿其受到的损失，增加赔偿的金额为消费者购买商品的价款或者接受服务的费用的三倍；增加赔偿的金额不足五百元的，为五百元。法律另有规定的，依照其规定。经营者明知商品或者服务存在缺陷，仍然向消费者提供，造成消费者或者其他受害人死亡或者健康严重损害的，受害人有权要求经营者依照本法第四十九条、第五十一条等法律规定赔偿损失，并有权要求所受损失二倍以下的惩罚性赔偿。"我国《食品安全法》第 148 条规定："消费者因不符合食品安全标准的食品受到损害的，可以向经营者要求赔偿损失，也可以向生产者要求赔偿损失。接到消费者赔偿要求的生产经营者，应当实行首负责任制，先行赔付，不得推诿；属于生产者责任的，经营者赔偿后有权向生产者追偿；属于经营者责任的，生产者赔偿后有权向经营者追偿。生产不符合食品安全标准的食品或者经营明知是不符合食品安全标准的食品，消费者除要求赔偿损失外，还可以向生产者或者经营者要求支付价款十倍或者损失三倍的赔偿金；增加赔偿的金额不足一千元的，为一千元。但是，食品的标签、说明书存在不影响食品安全且不会对消费者造成误导的瑕疵的除外。"

第二节　证据运用

一、证据种类

在诉讼中，全部诉讼活动实际上都围绕证据的搜集和运用进行。证据是认定案情的基础和根据，只有正确认定案情，才能正确适用法律，从而正确处理案件。因此，证据问题历来是诉讼中的关键问题。对证据制度的研究已经形成一门学科，称为证据学或证据法学。证据具有真实性、关联性和合法性三个特征。从证据所反映的内容而言，证据是客观存在的事实；从证明关系而言，证据是证明案件事实的凭据，是用来认定案情的手段；从表现形式而言，证据必须符合法律规定的形式，诉讼证据是客观事实内容与表现形式的统一。只有符合这三个特征的证据才可能成为法官判断过去事实的依据，反之，就不具有证据能力。需要指出的是，证据材料与证据尽管经常易于混淆，且常被不加区分地使用，以至于在证据这一概念下包含了证据与证据材料两种情形。也就是说，在司法实践中，"证据"一词，有时是指证据，有时又指证据材料。在民事诉讼中，证据是能够证明民事案件真实情况的根据，且这个根据要被法官经过认证并采信。而证据材料只是诉讼过程中的证据来源和最初表现形式，离开了证据材料，据以证明案件事实的证据便成为无源之水，无本之木。而且，证据材料只是为了证明待证事实而提供的各种形式的材料，这些案件材料中只有具备证据资格的，才能作为证据，成为法院认定案件事实的根据，如果证据材料不具备法定的证据能力，则不能作为证据使用。基于此，凡是未被法庭所认证的都不能称之为证据，而只能称之为证据材料。因此，当事人在开庭前提供的或者法院在开庭前收集的，凡未经法院确认的一些所谓证据，相对于法庭或者法官而言，都属于证据材料。当然，证据材料通常又被当事人或其诉讼代理人视为证据，这显然与法律规定的证据有所区别。总之，证据材料能否成为认定事实的证据，需要依赖于法官根据证据规则对其所作的判断。证据材料若被法官认定采信，便可成为定案证据，否则，就永远只能属于当事人提供的证据来源，而非民事诉讼中有证据能力的证据。

在法理上，依据不同的标准，证据可以分为不同的类型。一般来说，以证据来源的不同为标准，可以把证据分为原始证据和传来证据；以证据事实的表现形式为标准，可以分为言词证据和实物证据；以证据的证明作用、方式为标准，可以分为直接证据和间接证据；根据证据事实与诉讼主张的关系，可以分为本证和反证。在立法上，对于证据种类，我国的三部诉讼法分别作了规定。我国《刑事诉讼法》第48条规定："可以用于证明案件事实的材料，都是证据。证据包括：（一）物证；（二）书证；（三）证人证言；（四）被害人陈述；（五）犯罪嫌疑人、被告人供述和辩解；（六）鉴定意见；（七）勘验、检查、辨认、侦查实验等笔录；（八）视听资料、电子数据。证据必须经过查证属实，才能作为定案的根据。"我国《行政诉讼法》第33条规定："证据包括：（一）书证；（二）物证；（三）视听资料；（四）电子数据；（五）证人证言；（六）当事人的陈述；（七）鉴定意见；（八）勘验笔录、现场笔录。以上证据经法庭审查属实，才能作为认定案件事实的根据。"我国《民事诉讼法》第63条规定："证据包括：（一）当事人的陈述；（二）书证；（三）物证；（四）视听资料；（五）电子数据；（六）证人证言；（七）鉴定意见；（八）勘验笔录。证据必须查证属实，才能作为认定事实的根据。"这些不同种类的证据具有不同的含义和功能，是不同性质的诉讼的客观反映。现将民事诉讼的八类证据分述如下：

1. 当事人陈述

当事人陈述是指诉讼当事人在诉讼中就与案件有关的事实，向法院所作的陈词、叙述和主张。当事人是案件纠纷的亲历者，对纠纷发生的起因、经过、结果有亲身体验和直接感知，因而，其陈述具有直接证明性和一定的可靠性。当事人所处的地位决定了其陈述所反映的案件事实，最为直接、具体和全面，有利于法庭借以查明案件的事实真相。对于专业性问题，当事人可以向法庭申请某一领域的专家对涉及案件的某个专门性知识表达自己的意见、推论或者结论。例如，最高人民法院《关于民事诉讼证据的若干规定》第61条规定："当事人可以向人民法院申请由一至二名具有专门知识的人员出庭就案件的专门性问题进行说明。人民法院准许其申请的，有关费用由提出申请的当事人负担。审判人员和当事人可以对出庭的具有专门知识的人员进行询问。经人民法院准许，可以由当事人各自申请的具有专门知识的人员就有关案件中的问题进行对质。具有专门知识的人员可以对鉴定人进行询问。"这里需要明确的是，当事人陈述作为民事证据的一种，是指原告和被告双方当事人的陈述，即它可以是原告关于案件事实和主张的陈述，也可以是被告反驳原告而向法庭所作的陈述。当事人陈述可以分为对案件事实的陈述和诉讼请求的陈述，前者是一种证据意义上的陈述，后者是当事人的诉讼主张。另外，当事人的自认，是指一方当事人对另一方当事人所证明的案件事实表示同意的一种陈述。当事人的自认又可以分为诉讼上的自认和诉讼外的自认两种。诉讼上的自认，是指在案件审理时，当事人向法院所作有关案件事实的承认。这种自认是一方当事人对对方当事人所作的关于事实的陈述表示同意，一旦承认即可免除对方当事人的举证责任。该承认的主体仅限于原告、被告、法定代理人、第三人、诉讼代表人和经特别授权的诉讼代理人等。诉讼外的自认，是当事人在审判程序之外对某些事实所作的承认。由于没有法庭的主持，这种承认对法庭不具有法律约束力，也不能免除当事人对有关事实的举证责任。另外，这种自认不同于认诺，认诺是被告对原告提出的诉讼请求的全部或部分明确表示承认。

当事人是民事诉讼法律关系的主体，与诉讼结果有着直接的利害关系，决定了当事人陈述具有一定的主观性和倾向性，真实与虚假可能并存。因此，法官在运用证据时应注意防止将虚假的证据材料作为认定案件事实的根据，对于当事人的陈述应结合其他证据进行审查核实，以确定其证据能力和证明力。对当事人的陈述进行审核认定，应注意从以下几个方面着手：第一，审查认定当事人是否基于不良动机或目的进行虚假陈述，或者有无因受到威胁、利诱、欺骗等而进行虚假陈述。经审查发现当事人的陈述是基于重大误解，或是受到他人的威胁、欺诈而违背自己真实意思所作出的，或与对方通谋以损害国家、集体或他人的利益为目的而作出的，便不能作为认定案件事实的根据。第二，从发生争议的民事法律关系本身进行审查认定。即从当事人陈述的具体内容上进行审查，着重查明其陈述与案件事实的关系，是否符合案件事实所涉及实体法律关系的发生、变更和消灭的实际过程，有无自相矛盾或可疑之处，是否合情合理。一方当事人在法庭审理中，或者在起诉状、答辩状、代理词等书面材料中，对于己不利的事实明确表示承认的，另一方当事人无需举证证明。另外，对于涉及身份关系、国家利益、社会公共利益等的事实，应当由法院依职权调查。还有一种情况就是，对一方陈述的事实，另一方既未表示承认，也未表示否认，经法官充分说明并询问后，其仍不表示肯定或否定的，视为对该项事实的承认。不过，自认的事实与查明的事实不符的，法院不予确认。第三，审查判断当事人的陈述与其他证据是否关联、有无矛盾，是否能够互相印证。为此，不仅要审查一方当事人的陈述与其所提供的其他证据是否存在相互抵触的情形，还要审查该方当事人的陈述与对方当事人的陈述及其所提供的其他证据是否存在相互印证之处。如果有矛盾之处，应查明发生矛盾的症结所在，以便决定当事人的陈述证明力的有无以及大小。

2. 书证

书证是指以文字、符号、图画所记载的思想内容来证明案件事实的书面材料和其他物品，如各种借条或欠条、协议书、证明文件、记账凭证、房产证、车船票、书信、传真、书面遗嘱、结婚证、判决书、公证书、交通事故认定书等。与其他证据类型相比，书证在社会生活中具有广泛的适用性。无论是人身关系，还是债权关系、物权关系、股权关系等其他法律关系，都大量地通过书证形式加以证明。书证在形式上，必须是文字、符号或图案等用来记载或表达人的特定思想内容的物质材料。基于书证所表达的思想内容必须以反映一定的物质材料作为其存在的客观载体，书证在形式上相对固定，具有一定的稳定性；除非载体受到破坏，一般不受时间的影响，可以在一个较长时间内进行保存而不受影响。从司法实践来看，书证类型多种多样。在表达方式上，书证可以是手写、印制、雕刻等方式；在载体上，书证可以是纸张、竹木、布料、金属和石块等；在具体形式上，书证表现为合同书、法律文书、票据和图表等。因此，书证的主要表现形式是各种书面文件，但有时也表现为各种物品，并且，这种通过一定形式记载的思想内容，应按照通常标准或行业标准进行制作，确保相关信息的准确性和完整性，并为受众所认识和理解。对于书证，应重点关注它所记载或表达的内容，而不是它存在的处所、外形、属性等物质特征。由于书证以所记载的内容证明待证事实，因此，应当审查其所记载的内容是否合理、是否是当事人真实意思表示，有无欺诈、胁迫或其他暴力因素。特别是个人制作的私人文书，规范性不强，有可能因制作人观察不实、理解错误、记忆不清和记载不准以及故意歪曲、篡改信息等因素，影响书证正确反映与案件相关的事实。

根据不同标准，书证可以作如下分类：(1) 以制作主体为标准，书证可以分为公文书和私文书。公文书是指国家机关在职权范围内以及企业组织、事业单位、社会团体、社会服务机构等在其权限范围内制作的文书，如判决书、调解书、公证书、结婚证和离婚证等。私文书是指公民个人制作的文书，如欠条、书信等。区分二者的意义在于制作方式和效力不同。根据最高人民法院《关于民事诉讼证据的若干规定》第77条的规定，国家机关、社会团体依职权制作的公文书证的证明力一般大于其他书证。之所以如此，主要是因为这类书证是由国家机关以及其他组织遵循一定的程序和格式，在职权范围内制作的文书。与其他书证相比，该类书证的制作较为严谨、规范，具有较强的真实性，除非有相反证据，不能轻易推翻。(2) 以记载的内容及所产生的法律效果为标准，书证可分为处分性书证和报道性书证。处分性书证是指以其记载的内容或表达的意思产生一定民事法律后果的书证，如授权委托书、公司决议和公民遗嘱等。报道性书证，是指只记载或说明某一事实，反映的是制作人的想法、感受和体会，并不会产生法律后果的书证，如报纸、信件、诊断书和会议记录等。依据该标准进行划分的意义在于，处分性书证对当事人争议的法律关系具有直接证明作用，而报道性书证不能直接证明当事人之间的法律关系。但是，报道性书证对于认识客观事实具有辅助作用和参考意义。(3) 按制作方式和来源的不同，书证可以分为原本、副本、复印件和节录本。原本是指制作人最初制作的原始材料；副本是指依照原本全文抄录、印刷而具有原本效力的资料；复印件是指通过复印方式复制的材料；节录本是指通过摘抄原本或正本部分内容所形成的资料。根据我国《民事诉讼法》第70条的规定，书证应当提交原件。提交原件确有困难的，可以提交复制品、照片、副本、节录本。提交外文书证，必须附有中文译本。最高人民法院《关于民事诉讼证据的若干规定》第20条规定："调查人员调查收集书证，可以是原件，也可以是经核对无误的副本或复制件。是副本或者复制件的，应当在调查笔录中说明来源和取证情况。"

3. 物证

物证是指以其存在的形状、质量、规格、特征等来证明案件事实的证据。物证通常以其物理属性或外部特征来证明案情，不会受到主观因素的影响，因而物证是民事诉讼中的一种重要证据，运用较为广泛。与其他证据相比，物证具有如下特征：（1）具有较强的真实性。争议的案件事实都已经发生，是一种客观存在。如果能够判定物证是客观的，不是虚假的，通过物证与案情的联系，就能够用其来证明案件事实，因而物证具有较强的证明力。（2）具有直接证明性。物证是一种客观实在，不依赖于人的主观意志，可以通过一定方法审查核实；与此不同，证人证言和当事人陈述容易受主观因素和其他客观因素的影响。在大多数情况下，物证能独立证明案件事实是否存在，而不需要其他证据加以印证，即可成为认定事实的依据。例如，在因产品质量或瑕疵而引发的诉讼中，物证就可以直接作为定案的依据，因为，该产品作为争议的标的物本身就是物证。也就是说，只要查明该标的物质量是否符合质量要求，就可以直接认定案件事实，解决当事人之间的纠纷。从这个意义上而言，物证具有一定的可靠性，因而也被称为"哑巴证人"。（3）具有特定性。物证作为一种客观存在的实物或痕迹，被特定化于特定的物体之上，具有独特性，不可替代。因此，物证不能用其他物品或者同类物品来代替，否则就不能保持原物的特征。根据我国《民事诉讼法》第70条的规定，物证必须提交原物。只有在提交原物确有困难时，才"可以提交复制品、照片"，但提交的复制品的一切特征必须与原物相同，照片也只能是原物的真实情况的反映。这种复制品和照片，只是固定和保存原物的方法，作为物证的仍是原来的物品和痕迹，而不是复制品和照片。（4）无形式上的限定。法律对物证无形式上的特殊要求，只要能以其客观存在、外形和物理特征等方面证明案件事实，就可以作为物证。与此不同的是，法律有时规定书证必须具备特定形式或履行了特定的程序后，才具有证据效力。在特定情况下，同一物品既可以作书证，又可以作物证，以其书写的内容证明待证事实的情况下属于书证，以其外部特征来证明待证事实的情况下又属于物证。

按照不同的标准，物证从学理上可以分为如下几种类型：（1）按照与争议标的物的关系为标准，可以分为争议标的物的物证和非争议标的物的物证。争议标的物的物证，是指诉讼当事人法律关系所指向的具体对象，如当事人之间产生权属争议的动产（电脑、汽车）和不动产（房屋、土地）等。非争议标的物的物证，是指不属于当事人法律关系所指向的具体对象，而是与案件有关联并对案情事实有证明作用的物品，如侵害他人权益所使用的工具等。（2）按照是否便于保存为标准，可以分为易保存的物证和不易保存的物证。易保存的物证，是指在常规环境中不易改变其物理属性和使用功能的实物证据，如桌椅、电脑、冰箱等。不易保存的物证，是指在常规环境中容易改变其物理属性或难以维持其存在的物证，如药品、食品和痕迹等。（3）以表现形态和证明作用为标准，可以分为实物物证、痕迹物证和不可量物物证。实物物证，是指表现为物体并能直接起到证明作用的物证，如房屋、汽车等。痕迹物证是指表现遗迹并起到一定证明作用的物证，如指纹、印记等。不可量物是指没有一定具体形态，不能用传统的衡量方式加以计量，但能因加害人的行为而对他人合法权益造成侵害的物质。常见的不可量物包括煤气、蒸汽、臭气、煤烟和噪音等。不可量物本身就其发生状态是可量的，如气体的体积、噪音的分贝数、闪光的强度等，但由于不可量物在传播弥散过程中一般具有空间上的广延性、方向上的不确定性以及其自身物理属性和化学性质的变化，在其侵害时成为相对的"不可量"。不可量物不同于传统民法上的物，它通常给人们的生活带来不便或者损害，比如噪音、辐射、烟尘等会损害人体健康。（4）以来源为标准，可分为原始物证和复制物证。原始物证，是指需要证明的事实直接来源于原始的物品，如伪劣产品、假冒产品等。复制物证，是指待证事实来源于原始物证的复制品，如缺陷产品、瑕疵产品的复制件等。

4. 视听资料

视听资料是指利用录音、录像、摄影、计算机等先进的科学技术贮存数据和图像资料来证明案件事实的一种证据。随着科学技术的发展，计算机、录音机、录像机、传真机、手机等进入人们的日常生活，视听资料的应用日渐广泛。但是，与电子数据以电子方式形成资料不同，视听资料主要是通过磁带式录像机、磁带式录音机、胶卷相机等传统的设备以模拟信号方式形成的数据。与其他证据相比，视听资料具有如下特点：（1）须依存于一定的物质载体。视听资料所形成的声音、图像等并不能单独存在，必须依靠一定的技术设备或物理器材，如录音带、录像带和磁盘等。没有这些具有一定技术含量的设备，无法再现声音和图像，也就不能让人感知。（2）信息量大，内容丰富。在信息化时代，人们可以通过录音、录像等方式来记录和保存各种资料，而且还通过视听设备对音像数据进行再现和解读，以声音、图像动态地反映人和事物的各种状态，从而实现对案件事实的生动"还原"。比较而言，书证的容量有限，而且只能静态地记录案件事实。(3) 便于保存，利于操作。录音带、录像带、磁带和磁盘等贮存器具有体积小、重量轻的特点，而且不会腐败变质，能够长期保存、反复使用，具有较强的稳定性和耐用性。(4) 具有较高的准确性。借助相应的技术设备，只要方法得当和设备正常，视听资料就能准确地记录和反映案件事实。当时的环境以及人的表情、声音、语调等方面的情况，能再一次直观、形象地展现出来，而且还可以运用放大或缩小、加速或减慢等手法再现某些细节，对揭示案件的事实真相具有重要作用。(5) 易被伪造和篡改。虽然视听资料具有相当的优越性，但也比其他证据更易被剪辑、删除、拼接，失真的可能性大，从而影响其证明力。而且不会留下比较明显的痕迹，对其甄别具有一定的难度。法院在审查视听资料时，应查明录制场景、参与录制的人、录制的目的、录制的时间和地点以及资料的保管情况等。凡是窃听、偷录、剪接、篡改以及内容失真的视听资料，都不能作为证据使用。

根据证据来源的标准划分，视听资料可划分为原始的视听资料和复制的视听资料；按证据所反映的内容与案件事实的关系为标准，可分为直接的视听资料和间接的视听资料。以存在的形式为标准，视听资料可分为如下几种：(1) 视觉资料，亦称无声录像资料，是指运用摄像设备将事物发生、发展的客观情况录制下来，然后经过播放再现原始景象，用来证明案件事实的证据，包括图片、摄影胶卷、幻灯片、无声录像带、无声影片等。视觉资料所展示的画面具有动态性，背景和人物生动形象，可以直观地反映案件情况。(2) 听觉资料，亦称录音资料，包括唱片、录音带等。听觉资料是运用录音设备把现场的谈话、演讲、聊天、呼叫、爆炸、电话声音等如实地记录下来，然后经过播放、再现原始声迹，并用来证明案件情况的证据。听觉资料的证明作用体现在两个方面：其一，通过原始声音信号本身所反映的内容来证明案情，如谈话人的身份、谈话的目的、谈话的情节和具体内容等；其二，通过原始声音的物理特性来证明案情，如谈话人的音质、语调、语气等声纹特征及谈话环境信息特征来证明案情。在播放这些具有不同特征的原始声音时，谈话人也难以否认自己的声音，即使谈话人拒不承认，还可以运用声音频谱分析设备进行声纹鉴定，其证明力要远远大于其他证据。(3) 声像资料，亦称音像资料或音形资料，包括电影片、电视片、录音录像片、声像光盘等，融合了视觉资料和听觉资料的证明优势。

5. 电子数据

电子数据是指通过电子化技术而形成的文字、数字等，如电子邮件、网上聊天记录、电子签名、访问记录等电子形式的数据，如聊天视频、语音聊天等。电子数据是我国《民事诉讼法》2012年修订时新规定的一种独立的证据类型，而在此之前，电子数据被视为视听资料。电子数据是一种数字化的电子信号，必须借助物理设备生成和存储，而且不能为人所直接感知，必须依赖于一定的介质加以展现和识别。因此，电子数据具有与物质载体的不可分割性，包括计算机、网络设备、通信设备和其他电子记录存储器以及播放设备等。电子形式的数据信息，所强调的是记录数据的手段和方式，而非指向记录的具体信息。与视听资料一样，电子数据可以表现为声音、图像、文字以及组合等。另外，电子数据易被部分、全部复制和远程获取及传播，被复制的电子数据可以存在于不同的物质载体中，并且不容易区分出原件和复件，对其甄别存在难度。在互联网技术下，可以借助电子信息的传输技术克服时空限制从远程获取相关资料。与传统的物证和书证不同，电子数据依赖于现代科学技术，容易被伪造、剪辑、拼接。由于电子数据可使用物理介质和电磁介质进行存储，因而，数据信息修改较为简单且不易留下痕迹。虽然电子数据可以从远程获取、具有开放性的特性，但如果计算机系统被入侵、操作出现差错或者供电系统和网络出现故障等，则存储的数据资料就有可能被窃取、篡改或损坏，面临难以事后获取或恢复的困境。

根据最高人民法院关于适用《民事诉讼法》的解释："电子数据是指通过电子邮件、电子数据交换、网上聊天记录、博客、微博客、手机短信、电子签名、域名等形成或者存储在电子介质中的信息。"随着电子技术和信息化的发展，以录音带、录像带、磁盘等载体来记录和储存图像和声音的方法逐步演变为以电子信息的方式来记录和再现图像和声音。也就是说，电子数据实际上大都是数字化了的图像、声音等视听资料，二者的外在表现形式没有实质区别。因此，电子数据和视听资料存在交叉关系。最高人民法院的司法解释规定，存储在电子介质中的录音资料和影像资料，适用于电子数据的规定。另外，关于电子数据的立法规定还要结合实体法来进行分析。例如，我国《电子签名法》对"数据电文"进行了规定："数据电文是指以电子、光学、磁或者类似手段生成、发送、接收或者储存的信息。"我国《电子签名法》虽然适用于电子商务领域，但其关于数据电文的规定概括了电子数据的属性。根据我国《合同法》的规定，合同可以采用数据电文（包括电报、电传、传真、电子数据交换和电子邮件）等可以有形地表现所载内容的形式。由此可知，电子数据也广泛运用于合同中，特别是适合于跨越一定的空间且较为频繁的商事交易关系以及大量的网络交易中，电子数据的形式更为便利。

6. 证人证言

证人证言是指了解案情并能够正确表达意志的自然人，向法庭所作的能够证明案件真实情况的陈述。证人证言有口头形式和书面形式：口头形式，是指证人就所了解的案件事实向法庭所作的陈述，这是证人作证的基本形式。审判实践中，证人主要以口头形式向法院进行陈述，证人到庭接受法官的口头询问，其目的在于便于当庭质证和认证。依据司法解释的规定，当事人向法院申请要求证人出庭作证时，应当在举证期限届满十日前提出，并经法院许可，且必须指明证人的姓名、住址，以便法院传唤。当事人虽未申请，法院为了查明一定的案情事实，也可依职权主动地传唤证人。书面形式，是指以文字形式向法院陈述已知的案件事实。证人作证以到庭接受口头询问为原则，但"证人确有困难不能出庭"的，如年迈体弱或者行动不便无法出庭的；或特殊岗位确实无法离开的；或路途遥远，交通不便难以出庭的；或因自然灾害等不可抗力的原因无法出庭的；或其他无法出庭的特殊情况，经法院许可，证人可以提交书面证言，书面证言应当庭宣读，听取当事人的意见。但应注意的是，书面证言不应认为是"书证"，而是"证人证言"的一种表现形式。此外，证人还可以通过视听传输技术或者视听资料等方式远程作证，这样既能够留存证人的视频和影像，又可以和证人进行实时互动和发问，和现场出庭作证没有本质上的区别，还能提高证人出庭作证率，在一定程度上解决了证人"出庭难"的问题。我国《民事诉讼法》第72条规定，凡是知道案件情况的单位和个人，都有义务出庭作证。最高人民法院《关于民事诉讼证据的若干规定》第57条规定："出庭作证的证人应当客观陈述其亲自感知的事实。"该规定实际上排除了出庭证人转述他人感知事实作为证言的资格，即要求证人必须就自己的眼、耳、鼻、舌、身等感觉器官感知的案件事实向法庭进行陈述。也就是说，证人必须是知道案件情况的，只有知道案情的人才能作证。知道案件情况的人并不一定都是亲眼所见，如盲人可以就其听到的事实进行作证；作证的人也并非一定要用言词形式作证才有效力，如聋哑人可以就自己亲眼所见，用哑语表达加以作证。另外，证人证言只包括能够正确表达意志的人就案件事实所作的陈述。当然，不能正确表达自己意志的人不能作证人，但待证事实与其年龄、智力状况或者精神健康状况相适应的无民事行为能力人和限制民事行为能力人，可以作为证人；精神病患者在患病期间不能正确表达自己意志，因而不能作为证人；具有利害关系的人并非不能作为证人，只是其证言的证明力会受到质疑，只要其能与其他证据相印证，该利害关系人的证言仍然具有一定效力。

根据司法解释的规定，证人作证时，不得使用猜测、推断或者评论性的语言，但是证人证言具有可塑性和不稳定性，其真实性、可靠性受到多种因素的影响。一方面，证言不是案件事实直接导致的客观产物，不具有物证所特有的客观性特征。证人证言的产生过程可以划分为三个阶段，即感受、记忆和反映阶段。证人对案件事实的所见所闻，通过输入到自己的记忆；然后再通过回忆、陈述，输出经过自己主观加工的信息，其真实性和准确性要受主观和客观方面的各种因素的影响，如证人的认识能力、表达能力、道德品行和感知案件的环境都直接影响证言的真实性和准确性。证人证言受证人的年龄、性别、情绪、心理、记忆、表达等主观因素影响很大，面对同一案件事实，即便是所处位置相同的目击证人所作出的证人证言相差也可能很大。而且，随着时间的流逝、记忆力的减退、受外界因素的干扰，或因为证人自身的情况，证人证言并非一直固定不变，这就会导致司法实践中同一证人在不同时间、场合作出的证言前后不一致甚至是相互矛盾的情形。另一方面，我国《民事诉讼法》只对证人作证的义务提出了一般性的要求，并没有就证人拒绝作证的后果作出规定，使证人作证的义务在实践中很难真正落到实处。为了落实证人的作证，我国《民事诉讼法》第74条规定："证人因履行出庭作证义务而支出的交通、住宿、就餐等必要费用以及误工损失，由败诉一方当事人负担。当事人申请证人作证的，由该当事人先行垫付；当事人没有申请，人民法院通知证人作证的，由人民法院先行垫付。"由于证人证言具有可塑性，因而法院在确定证人证言的证明力时，还必须查明如下事实：其一，证人的身份以及与当事人之间的关系；其二，证人的文化水平、认识能力和表达能力以及对事物的理解程度等；其三，证人当时所处的客观环境，如光线明暗、距离远近、室内或室外、嘈杂还是安静等。法庭必须综合案件的其他证据和情况，加以全面审查、判断，才能确定证言的真伪及其证明力的大小。

7. 鉴定意见

鉴定意见是指鉴定人对案件中的专门问题有针对性地进行检查、测试、鉴别、分析后作出的书面判断意见，如法医鉴定、痕迹鉴定、工程鉴定、笔迹鉴定、商品鉴定等。在民事诉讼中，对于疑难问题、专业问题和技术问题等，都可以通过鉴定手段查清案情。例如，在侵权纠纷中，侵权时间、侵权地点、侵权方式以及受害人伤亡原因、伤害程度、精神状态以及事故原因等都可以进行鉴定。根据我国《民事诉讼法》的规定，鉴定意见具有以下几个特征：一是鉴定意见必须由特定的主体作出，即鉴定机构和鉴定人必须具有相应的资质；二是鉴定意见的内容必须以客观事实为基础，并就事实作出相应的分析和判断；三是鉴定意见的作出必须遵循鉴定程序和技术方法要求，并解决专门性问题；四是鉴定意见必须采用书面形式，并由鉴定人签名或盖章。鉴定人有权了解进行鉴定所需要的案件材料，必要时可以询问当事人和证人。由于鉴定意见借助了科技手段，因而，其具有一定的客观性、科学性和针对性。当然，由于受到鉴定人的职业资格、专业水平、思想认识以及送检材料的准确性和全面性等原因的影响，鉴定意见有时也会发生偏差甚至错误。这就需要法官严格审查。最高人民法院《关于民事诉讼证据的若干规定》第 27 条规定："当事人对人民法院委托的鉴定部门作出的鉴定结论有异议申请重新鉴定，提出证据证明存在下列情形之一的：（1）鉴定机构或者鉴定人员不具备相关的鉴定资格的；（2）鉴定程序严重违法的；（3）鉴定结论明显依据不足的；（4）经过质证认定不能作为证据使用的其他情形。对有缺陷的鉴定结论，可以通过补充鉴定、重新质证或者补充质证等方法解决的，不予重新鉴定。"另外，一方当事人自行委托部门作出鉴定的，另一方当事人有证据足以反驳并申请重新鉴定的，法院应予准许。

进行司法鉴定应遵守相应的程序和时限规定。我国《民事诉讼法》第 76 条规定："当事人可以就查明事实的专门性问题向人民法院申请鉴定。当事人申请鉴定的，由双方当事人协商确定具备资格的鉴定人；协商不成的，由人民法院指定。当事人未申请鉴定，人民法院对专门性问题认为需要鉴定的，应当委托具备资格的鉴定人进行鉴定。"此外，最高人民法院《关于参照〈医疗事故处理条例〉审理医疗纠纷民事案件的通知》还规定："人民法院在民事审判中，根据当事人的申请或者依职权决定进行医疗事故司法鉴定的，交由条例所规定的医学会组织鉴定。因医疗事故以外的原因引起的其他医疗赔偿纠纷需要进行司法鉴定的，按照《人民法院对外委托司法鉴定管理规定》组织鉴定。"最高人民法院《关于民事诉讼证据的若干规定》第25条规定，当事人申请鉴定，应当在举证期限内提出。对需要鉴定的事项负有举证责任的当事人，在人民法院指定的期限内无正当理由不提出鉴定申请或者不预交鉴定费用或者拒不提供相关材料，致使对案件争议的事实无法通过鉴定结论予以认定的，应当对该事实承担举证不能的法律后果。根据最高人民法院《关于民事诉讼证据的若干规定》第29条的规定："审判人员对鉴定人出具的鉴定书，应当审查是否具有下列内容：（1）委托人姓名或者名称、委托鉴定的内容；（2）委托鉴定的材料；（3）鉴定的依据及使用的科学技术手段；（4）对鉴定过程的说明；（5）明确的鉴定结论；（6）对鉴定人鉴定资格的说明；（7）鉴定人员及鉴定机构签名盖章。"我国《民事诉讼法》第78条规定："当事人对鉴定意见有异议或者人民法院认为鉴定人有必要出庭的，鉴定人应当出庭作证。经人民法院通知，鉴定人拒不出庭作证的，鉴定意见不得作为认定事实的根据；支付鉴定费用的当事人可以要求返还鉴定费用。"

8. 勘验笔录

勘验笔录是指在诉讼过程中，法庭为了查明案件事实，对与案件争议有关的现场、物品或物体亲自进行或指定有关人员进行查验、拍照、录像、绘图、测量后的文字记录。勘验笔录不仅是一种证据形式，也是一种固定和保全证据的方法。我国《民事诉讼法》第124条规定："人民法院认为有必要的，可以根据当事人的申请或者依职权对物证或者现场进行勘验。勘验时应当保护他人的隐私和尊严。"勘验笔录与书证的区别主要表现在：（1）主体不同。勘验笔录是办案人员或法院指定进行勘验的人，依法制作的一种文书；而书证一般是由当事人或有关组织及自然人制作。（2）时间不同。勘验笔录是在案件发生后，在诉讼过程中，为了查明案件事实，对现场或物证进行检验后制作的；而书证一般是在案件发生前或在发案过程中制作发生的。（3）内容不同。勘验笔录所记载的内容，是对现场或物证的再现，不体现制作人的主观意志；而书证一般是用文字、符号来表达其内容，本身能直接证明案件事实，体现了制作人的主观意志。（4）能否重新制作不同。勘验笔录若记载有误或有异议，可以重新勘验，并作出新的笔录；而书证不能涂改，也不能重新制作。在民事诉讼中，对于与案件有关的事项如财产损害的场所、所有权发生争议的物、买卖合同的标的物、建筑施工、损失数额计算以及价格评估等，法院都可以进行勘验。例如，原告因认为被告侵犯自己的土地使用权而将被告诉至法庭，而被告方则辩称，所争议之土地使用权并不是同一块土地。在这种情况下，只要到现场进行勘验，记录下争议土地的位置和面积，便能够弄清争议事实。再如，在建筑合同纠纷中，双方当事人对造价存在争议，又不能根据设计图纸和预决算表确定造价，就需要进行勘验。通过现场查验，根据工程施工的难度、工程的大小、建筑材料的市场价格等进行评估核算，从而得出较为合理的具体造价。

勘验笔录的制作要求包括：第一，笔录内容必须保持客观真实，对勘验当时的情况应如实记载，既不夸大也不缩小，不能有勘验人员的主观推断。第二，笔录内容必须确切肯定，用语不能模棱两可，忌用"大概""可能""较高""较远"等模糊性的词句。第三，笔录必须是在勘验过程中当场制作，完整反映勘验的经过和结果，不能事后删改或补记。第四，为了体现勘验笔录的公正性，勘验时应当依法邀请当地基层组织或者当事人、和案件有利害关系的案外人参加并在笔录上签字。法院勘验现场或物证，应当通知当事人或其成年家属到场，并且应向案件当事人出示法院的证件。勘验笔录的首部应当记载案由、时间、地点、天气、勘验人、当事人、见证人等，勘验内容应当记载勘验过程、现场情况以及有关的物品和痕迹等，对于绘制的现场图应当注明绘制的时间、方位、测绘人姓名、身份等信息。勘验笔录应详细、如实地记录与案件有关的客观情况，勘验笔录上应由勘验人、当事人或其成年家属、被邀请参加勘验的人签名或者盖章。如果当事人或其成年家属拒不到场，不影响勘验的进行，到场后又拒绝在勘验笔录上签名、盖章或捺指印的，不影响勘验笔录的效力。勘验笔录的这种形式要件非常重要，这是因为，不符合形式要件的勘验笔录，其合法性、真实性就要受到质疑，甚至丧失证据效力。在开庭审理时，审判人员应当庭宣读或出示笔录、照片和图表，使当事人了解勘验的事实情况，并听取其意见。当事人要求重新勘验并有正当理由的，可以重新进行勘验。

二、证据取得

（一）基本要求

1. 证据的真实性要求

真实性是指证据本身必须是客观的、真实的，而不是想象的、虚构的、捏造的。任何案件事实都发生在一定的时间和空间，案件事实发生后，客观上会遗留下一些物品或痕迹，这些事实以及它们与案件的关联都是客观的。证据的这一特性独立于人的意志以外，不以人的意志为转移。它的基本要求包括：其一，当事人在举证时必须提供真实的证据，不得伪造和篡改；其二，在调查收集证据时必须客观、全面，不能先入为主，也不能只收集有利于一方当事人的证据。真实性有形式上的真实与内容上的真实之分。形式上的真实，又可称为客观性，是指证据的载体或证据材料本身必须是真实的，具有客观存在的形式，能以某种方式为人们所感知，而不论其是否客观如实地反映了案件事实；内容上的真实是指证据材料所证明的内容是真实的，能够反映案件的客观事实，而不是一种假设或虚拟，更不是对事实的杜撰或捏造。证据的真实性最终还应当立足于其内容的真实性，形式的真实性只是判断内容真实性的途径。因此，对证据真实性的要求仅限于形式上的真实性是不够的，还应当包括证据所反映的内容也应当是真实的，是客观存在的。在证据的发展史上，曾经出现过神示证据制度、法定证据制度等。这些证明方法虽然能在一定程度上认识案件事实，但它是一种游离于客观事实的外在方法，与通过客观真实的证据材料认定案件事实相比，具有主观性和片面性的特点。把握证据的客观性和真实性特点，就可以形成可靠的、具有说服力的结论，而不会偏离事实的本来面目。

虽然证据的真实性是证据最本质的特征，但这不意味着收集到的证据一定是客观真实的。从认识论上说，一个案件发生后，客观上产生的痕迹或遗留物，可以为人们所认识和感知，但人们观察到的或者通过语言文字陈述出来的事实，都属于掺杂了主观性的经验事实。由于客观事物的复杂性，人们的认识并不能完全反映客观存在，因此，根据证据规则的规定，一切证据材料必须经过查证属实，才能作为定案的依据。证据必须具有真实性，虚假的、捏造的证据不得作为定案的依据，这就要求尽可能收集直接证据和原始证据。直接证据是指能够单独地、直接地证明待证事实的证据；在合同案件中，直接证据主要包括合同文本、付款手续、结算证明等凭证。直接证据的证明力一般大于间接证据。间接证据是指单个证据无法直接证明待证事实，而需要通过与其他证据结合在一起，才有可能证明待证事实的证据。间接证据因其单一并无法证明待证事实，相对而言，证明力较弱。原始证据是指直接来源于案件事实，或者在案件事实直接作用下形成的证据，是第一手证据材料。

在人身损害案件中，原始证据主要有医疗费、鉴定费、交通费的各种凭证、发票资料等原件。原始证据直接来源于案件事实，未经过任何中间环节，因而其可靠性和证明力优于传来证据。相对于原始证据而言，传来证据是第二手证据材料。合同的抄本、物证的复制品、转述他人所见的案件事实等，都属于传来证据。传来证据与案件事实之间存在着中间环节，在复制、转述的过程中可能发生信息衰退或失真，与原始证据相比，其证明力较弱。法庭应当根据案件的具体情况，从如下几个方面审查证据的真实性：(1)证据形成的背景和原因；(2)取得证据的客观环境；(3)证据是否为原件、原物，复制件、复制品与原件、原物是否相符；(4)提供证据的主体与当事人是否具有利害关系；(5)影响证据真实性的其他因素。

2. 证据的关联性要求

证据的关联性又称相关性，是指证据必须与需要证明的案件事实或其他争议事实存在客观上的内在联系。关联性并不指向证据的客观真实与否，强调的是证据与证明对象之间具有形式上的关系。一方面，证据对证明对象的形成具有实际意义，是证据的自然属性；另一方面，证据对证明主张的成立具有可能性，也就是一种盖然性，而非确定性和必然性。关联性本身并不属于法律问题，是由事物之间的逻辑关系所决定的，不是主观臆断的产物。即使证据完全客观真实，如果与案件没有任何联系，那么也不能作为证据。就事物的发展规律而言，若干具体事实结合在一起，通过共同作用而形成案情，只不过这些事实的结合形式和程度存在差异。任何证据的形成都有一个过程，并对案情的产生、发展有着直接和间接作用。也就是说，任何案情都是若干事实要素作用之下形成的，这些证据都是整个案件事实中的影响因素。例如，在合同纠纷案件中，合同关系通常要涉及要约邀请、发出要约、作出承诺、签订合同书、支付款项、交付标的物以及违约行为和相应的损害等环节，形成一系列资料，成为与案件有关的事实。在侵权纠纷案件中，侵权行为人、违法行为以及损害事实等所有事实都具有内在的联系。证据的关联性具有两方面的作用：第一，确定法庭调查的范围；第二，构成证据能力的基础条件。这就要求，在诉讼过程中，当事人应提出与争议事实有关的证据，而法庭则通过事实调查排除与案件无关的证据。而且，证据与争议事实的联系必须达到一定的程度或水平，才具有证明性。需要注意的是，虽然证据与案件事实必须具有关联性，但并不是有关联的证据都一定具有可采性。例如，传闻证据即使具有关联性，但由于这类证据并不是亲身感知而形成，可靠性较差，因而应予以排除；有关联的证言可能因证人欠缺作证资格或者具有利害关系而被排除。

证据与案件事实的联系是多种多样的，如因果联系和条件联系、时间联系和空间联系、必然联系和偶然联系等，其中，因果联系是案件事实形成中主要的联系种类。民事诉讼证据与待证事实之间具有现实的、实质的联系性，且这种联系足以能够证明待证事实的存在或者排斥待证事实的存在。关联性的实质意义在于证明力，即有助于证明案件事实。证据对案件事实有无证明力、证明力的大小，取决于证据与案件事实之间的客观联系，以及这种联系的紧密程度。换言之，证据事实不仅应当是客观存在的事实，而且应当是与案件事实存在某种程度的联系，对证明案件具有实际意义的事实。与待证事实的形成没有联系的证据材料，即使是真实的、合法的，也不能作为定案的依据。在诉讼过程中，当事人会面临许多客观的事或物，因而要充分重视不同类别的争议事实。只要指向案件的争议事实，证据就具有实质性，那么，凡是与案件有联系的事实都应该加以搜集。如果把无关联的证据材料当作对案件具有证明力的证据而加以采纳，就会得出错误的结论。例如，原告以被被告打伤住院为由提起诉讼，要求被告赔偿医疗费等各项损失，并提供了医院开具的住院治疗收费收据，被告在答辩中否认致伤原告。法院经审理查明，原告和被告双方确因矛盾发生过争吵，并且相互进行打斗，以致于原告住院治疗。但是，原告向法庭提供的住院病历上明确记载着原告是因某种疾病而住院的，这与互相打斗并没有任何联系。因此，原告提供的医院病历及其收费收据与案件不具有关联性，不能作为人身损害赔偿的证据。另外，即使原告因被告的殴打而受伤住院，被告也仅对这次侵权行为承担法律责任，不对住院过程中原告的其他疾病和费用负责。

3. 证据的合法性要求

合法性是有效证据的基本特性之一。民事证据的合法性是指在民事诉讼中，认定案件事实的证据必须符合法律规定的要求，不为法律所禁止，否则不具有证据效力。对证据合法性的要求，目的是保障证据的真实性和维护他人的合法权益，体现了程序正义和实体正义。在司法实践中，必须区分"非法证据"和"瑕疵证据"，虽然二者都属于不合法的证据，但是内涵和效力不同。"非法证据"主要指通过暴力、威胁等非法手段取得的言词证据，以及严重违反法定程序取得、可能严重影响司法公正，不能补正或作出合理解释的实物证据。"瑕疵证据"主要是指取证程序和方式因不符合法律的某些规定而存在轻度缺陷、可以经适当补正或作出合理解释的证据。对于"非法证据"应予排除，主要是因为取证中的严重违法行为损害了公民的基本权利，影响证据的真实性，并有可能导致待证事实背离案件的真实性，从而丧失证据资格；对于"瑕疵证据"可以采信，主要是因为取证程序或方式上的疏漏不足以影响证据本身的真实性，不会妨碍案件事实的查清，允许通过一定手段帮助其恢复或者取得应有的证据资格。

证据的合法性要求主要包括如下要素：

第一，主体合法。证据主体是指形成证据内容的个人或组织。证据主体合法是指形成证据的主体须符合法律规定的要求，主体不合法也将影响证据的效力。对证据主体的法律要求，也是为了保障证据的真实性。法律对某些证据的主体规定了相应的要求，例如，不能正确表达意志的人，不能作为证人；作出鉴定意见的主体必须具有相关的鉴定资格等。

第二，形式合法。证据的形式，也就是证据的有形载体。证据形式的合法性是指作为证据不仅要求在内容上是真实的，还要求形式上也符合法律规定的要求。例如，单位向法院提交的证明文书须有单位负责人签名或盖章，并加盖单位印章；保证合同、定金合同等需要以书面形式的合同文本加以证明；勘验笔录必须按照规定记载相关事项。

第三，方式合法。证据材料能否作为认定案件事实的依据，还取决于取得方法是否符合法律的规定。法律规定证据取得方法必须合法，其目的是保障他人的合法权益和维护社会公共利益。例如，以视听资料来证明案件事实时，就要求视听资料的取得不得侵犯他人的合法权利，如他人的隐私权等。常见的侵犯他人隐私权的方式包括偷录、偷拍等。最高人民法院《关于民事诉讼证据的若干规定》第 68 条规定："以侵害他人合法权益或者违反法律禁止性规定的方法取得的证据，不能作为认定案件事实的依据。"学理上把该条规定称之为"非法证据排除规则"。也就是说，当事人在获取证据材料的时候不能以侵害他人合法权益为代价，也不能违反法律的禁止性规定。再如，法院调查收集证据，应当两人以上共同进行，不得由一名审判员或书记员独立调查，属于应当回避的人员也不能进行证据调查。

第四，期限合法。证据要具有合法性，还必须遵守法定的举证期限。根据最高人民法院《关于民事诉讼证据的若干规定》的规定，当事人应当在举证期限内向人民法院提交证据材料，当事人在举证期限内不提交的，视为放弃举证权利。对于当事人逾期提交的证据材料，人民法院审理时不组织质证，但对方当事人同意质证的除外。当事人增加、变更诉讼请求或者提起反诉的，应当在举证期限届满前提出。

第五，程序合法。证据材料要作为证据还必须经过法律规定的诉讼程序，否则不能作为认定案件的根据。这一程序主要是证据的举证、质证和认证程序。根据最高人民法院《关于民事诉讼证据的若干规定》的规定，证据应当在法庭上出示，由当事人质证；未经质证的证据，不能作为认定案件事实的依据。当事人在证据交换过程中认可并记录在卷的证据，经审判人员在庭审中说明后，可以不经过质证，直接作为认定案件事实的根据。另外，对当事人逾期提交的证据，法院不组织质证，除非对方当事人同意质证。

（二）具体要求

1. 书证取得的注意事项

理论上认为，书证既具有客观性，又可以自身内容证明案件事实，具有较强的证明效力。但实践中，由于我国的诚信体系和诚信机制尚不完善，一些合同、文件等书证往往存在不客观、不真实等问题，因而对书证需认真审查核实。在取得书证的过程中，要根据证据规则对书证的要求，有的放矢地收集。书证取得的注意事项主要包括：

第一，书证的载体具有多样性。日常生活中，书证的表现形式主要是各种合同书、书信、电文、文件、会议记录、图纸、借据、欠条、提货单、房产证、结婚证、报刊杂志、判决书、公证书等。但须注意的是，书证是用文字、符号、图像、图表等表达人的思想和行为的一种证据形式，因而在获取书证的时候，并不一定要局限于纸质这一载体，不能片面而狭隘地认为书证就必须是纸张上记载的文字符号。事实上，除了通常使用的纸张外，布匹、木材、塑料、金属、石块等，都可成为书证的载体。

第二，调取书证应当取得原件。取得原件确有困难或者因保密需要不能调取原件的，可以调取副本或者采取复印、拍照、录像等形式收集复制件。调取书证的副本、复制件的，应当书面记明不能调取原件的原因、制作过程和原件、原物存放地点，并由制作人员和原书证持有人（单位）签名或者盖章。复制件应由提供人在证据上标明"经核对与原件无误"等字样，注明出证日期、证据出处，并以签名盖章等方式确认，要逐页确认。

第三，在取得书证时，一定要注意书证上记载内容的正确性。书证主要是以所记载的内容来反映案件事实的，所记载的文字、图像、表格、符号等都必须确定无疑，没有歧义，按照正常人的理解，表达的都是同一个意思。例如，在借款纠纷中，在借条上所注明的是"还（huán）欠款两万元"与"还（hái）欠款两万元"之间的差异，其法律效果截然不同。

第四，书证反映的内容应当全面、完整，能够相互印证，不存在无法排除的矛盾和无法解释的疑问。例如，有些情况下，书证与言词证据存在较大矛盾，必须认真加以核实。实践中，常常存在阴阳合同的情况，即出于避税等不法原因，合同价格低于实际交易价格，这就可能对合同效力的认定产生影响。在房屋装修中，装修合同与装修过程中产生的材料单据、费用单据、发票等，应具有一致性，能够相互对应。

第五，要防止他人裁剪书证或者涂改书证内容。有的当事人在制作或出具书证时，缺乏必要的警惕性，所书写内容的方位不规范，或者签名的地方不符合书写习惯，容易被他人裁剪而歪曲事实。例如，当事人在很随意的纸张上书写收条，且"收条"二字距离正文较远，被对方当事人裁剪掉"收条"二字，又添写上"欠条"，从而引发纠纷。因此，在制作和出具书证时，不能有任何涂改的痕迹，而且，所使用的纸张应该正规。

第六，自己不能有效取得书证的，包括有关官方保存的档案材料，涉及国家秘密、商业秘密、个人隐私的材料以及因客观原因不能自行收集的其他材料，可以申请法院调取。另外，对自己有利的书证，却掌握在对方当事人手中，而对方当事人却拒不提供的情况，如何处理？根据最高人民法院的司法解释，有证据证明一方当事人持有证据无正当理由拒不提供，如果对方当事人主张该证据的内容不利于证据持有人，可推定该主张成立。

2. 物证取得的注意事项

对于物证，因其具有自身的特性，当事人在收集物证的时候一定要注意物证的特点，并对照其特点把握取证方法。物证取得的注意事项主要包括：

第一，物证必须提交原物。一般而言，原物、原件因没有经过任何加工、更改，其对案件的证明力较高，相反，其证明力就受到影响。只有在提交原物确有困难时，才"可以提交复制品、照片"，但提交的复制品的一切特征必须与原物相同，照片也只能是原物的真实情况的反映。这种复制品和照片，只是固定和保存原物的方法，作为物证的仍是原来的物品和痕迹，而不是复制品和照片。

第二，在大多数情况下，物证能独立证明案件事实是否存在，而不需要其他证据加以印证，即可成为认定事实的依据。例如，在因产品缺陷而引发的诉讼中，物证就可以直接作为定案的依据。根据我国《产品质量法》的规定，缺陷是指产品存在危及人身、他人财产安全的不合理的危险，或者不符合国家标准和行业标准。例如，某制造商生产的儿童玩具制品，未按照设计要求采用安全的软性材料，而是使用了金属材料并带有锐角，危及儿童人身安全，该产品即存在制造上的缺陷。只要查明该标的物质量是否符合使用要求，就可以直接认定案件事实，解决当事人之间的纠纷。

第三，取得物证一定要注意物证与待证事实之间的关联性。物证要与案件有客观联系，如果没有关联，就会失去作为物证的价值。物证要通过与其他材料的联系才能表现其证明力，也就是说，物证本身不能单独、直接证明案件事实。因而，当事人在收集物证的同时，还要获取支撑该物证的其他证据材料。

第四，对已经取得的物证一定要妥善加以保管，不能让其损坏或变质；必要时，要及时采取物证保全方法对其进行证据保全。

3. 证人证言取得的注意事项

各种诉讼案件都是社会上发生的，案件一经发生往往就会被人感知，因此，根据证人的证言来查清案件事实例来为司法所重视，也是民事诉讼中常用的一种证据形式。与其他证据相比，证人证言具有一定的主观因素，其真实性的程度易受证人主观意识的干扰。

取得证人证言的注意事项主要包括：

第一，凡是知道案件情况并有作证能力的人，都可以作为证人。"知道案件情况"，并且能够"辨别是非"和"正确表达"的人，是取得证人资格的前提条件。对案件的同一事实，如果有多个人同时知道，那么他们都可以作为证人，而不能互相代替。待证事实与其年龄、智力状况或者精神健康状况相适应的无民事行为能力人和限制行为能力人，可以作为证人。不能正确表达意志的人，不能作为证人。

第二，证人证言由当事人自己收集，但并不等于要求由当事人自己提问证人并自己作记录，而是指当事人应当对有利于自己的证人证言，向法庭提出认定请求。证人在法庭上发表证言，并被记载于庭审笔录中，成为可能被用于认定案件事实的证据。

第三，证人证言以证人出庭向法庭口头陈述作为原则要求，庭外取证、书面证言等仅是例外。证人出庭口头陈述案件事实，不仅是直接言词原则及辩论原则的体现，也便于法庭对证人的询问和当事人对证人证言的质证，有助于法庭查明案情、保障庭审效果。

第四，不同的证人证言的效力可能不一样。与案件有利害关系的证人证言和与案件无利害关系的证人证言相比，其证明力有所区别，即前者的证明力弱于后者的证明力。因此，在有多名证人可以作证的情况下，当事人要首先选择与案件无利害关系的证人出庭作证，以增强证人证言的证明力。

4. 视听资料和电子数据取得的注意事项

随着信息化、数字化、智能化等新技术的快速发展，以录音磁带、录像带、电影胶片或电子计算机相关设备存储的音响、活动影像、图形和数据广泛运用于司法实践。取得视听资料和电子数据的注意事项主要包括：

第一，取得方式应具有合法性，不得侵害他人合法权益以及社会公共利益和国家利益。根据最高人民法院《关于民事诉讼证据的若干规定》的规定，存在有疑点的视听资料，不能单独作为认定案件事实的依据。对于未经对方当事人同意私自录制其谈话取得的资料，只要不是以侵害他人合法权益（如侵害隐私）或者违反法律禁止性规定的方法（如窃听）取得的，仍可以作为认定案件事实的依据。私自在他人住宅安装窃听、录像设备，由此形成的视听证据会因侵犯公民的住宅权、隐私权而不被采纳。

第二，录音录像或记录文字时应明确时间、地点以及在场人员和当事人的身份等信息，且对象必须是债务人或者承担义务的一方。只有债务人的语音或表述才能对他本人有约束力。实践中如果被录音人予以否认，则应及时申请司法鉴定。录制音频时，所拨打的电话号码应在通信部门经过实名登记，以便于确定通话主体与债权债务人之间的直接关联性。

第三，必须完整反映债权债务过程或者其他民事权利义务关系，前后应当连接紧密，相关内容未被篡改、拼接、剪辑或者伪造，具有客观真实性和连贯性。例如，对于借款纠纷的录音资料，应引导债务人完整说出所欠款项的金额、利息和用途等具体信息，越准确越好。

第四，必须反映当事人真实意思表示，即被录音录像者必须不是在被威逼、胁迫等非法手段的情况下录制的。通过绑架、拘禁等限制人身自由的手段取得的证据，都因侵犯他人合法权益而不具有法律效力。录制前应理清思路，把握案件涉及的关键信息和细节，做到语态友善、表达自然、语句流畅。

第五，应保留原始载体并作备份。庭审中，如果对方对证据提出质疑，法庭或者鉴定机构会要求资料提供方出示原始记录。因此，当事人在进行复制备份的同时，不要将原始记录删除，另外，建议对制作的视听资料、电子数据整理成书面材料备用。

第六，可以申请保全证据公证。有些证据材料经过一段时间后可能会灭失、丢失或被破坏、篡改等，因而失去证明力。这时，可根据"经过公证的证据证明力高于一般证据"的规定，申请公证机构对录制过程进行公证，以确保证据的合法性和证明力。

三、证据保全

1. 证据保全的意义

证据保全是指在证据可能灭失或以后难以取得的情况下，法院依据利害关系人、当事人的请求，或依职权对证据资料加以固定和保护的制度。其意义在于，一方面是为了维护当事人的合法权益，将可能灭失或以后难以取得的证据固定或保存下来，不至于影响当事人权利的保护；另一方面是为了法院公正审理民事案件，不至于因没有及时收集证据而影响诉讼程序的进行。证据保全分诉前证据保全与诉中证据保全两种。我国《民事诉讼法》第81条规定，在证据可能灭失或者以后难以取得的情况下，当事人可以在诉讼过程中向人民法院申请保全证据，人民法院也可以主动采取保全措施。因情况紧急，在证据可能灭失或者以后难以取得的情况下，利害关系人可以在提起诉讼或者申请仲裁前向证据所在地、被申请人住所地或者对案件有管辖权的人民法院申请保全证据。我国《海事诉讼特别程序法》《商标法》《专利权法》《著作权法》《仲裁法》等规定了诉前证据保全制度。

保全证据，是诉讼前或诉讼中收集证据和固定证据的重要手段。证据资料的形式和种类虽然多种多样，但一个重要的特征就是客观性或真实性。如果不采取一定的措施保护证据资料，其客观性必然受到影响，也就会影响到证明力。因而，进行证据保全有其必要性。在现实中，证据的真实性受到多种因素的影响。随着时间的推移、环境的变迁，一些案件事实不可能长久地保持，也不可能恢复到原有状态。在知识产权纠纷中，侵权行为具有隐蔽性，证据的收集和保存都存在一定的难度。根据商标法的有关规定，商标侵权的行为类型有多种，如未经注册商标所有权人许可，在同一种商品或类似商品上使用与注册商标相同或近似的商标的行为，故意为侵犯他人注册商标专用权的行为提供仓储、运输、邮寄、隐匿等便利条件的都属于商标侵权的客观表现。如果这些行为一旦完成或相关产品已经不存在，那么是否构成商标侵权以及侵权范围等都很难确定，商标权人的合法权益就难以得到有效保护，因此，需要通过视听资料或者物证等方式对侵权证据加以固定和保存。在人身权侵权中，一些侵权行为的证据可能瞬间就会消除。例如，某新婚夫妇的照片未经同意被陈列在照相馆的橱窗里，这是一种典型的侵犯肖像权的行为。如果被侵权人不及时通过拍照、录像等方式固定证据的话，那么就很难认定照相馆的侵权行为。

法院的证据保全区别于公证机关的证据保全。保全证据是公证机关的一项业务，公证机关与法院的性质和职权不同。公证活动属于非诉讼性质，公证机关只能依申请人的申请启动公证程序，而法院可以依职权主动采取保全措施。公证机关保全证据是指在诉讼开始之前，公证机关根据自然人、法人或非法人组织的申请，对与申请人权益有关的以后可能灭失或难以提取的证据加以验证提取，以保持它的真实性和证明力的活动。例如，果农张某某从一化肥经销处购买果树专用复合肥 200 公斤，并按照说明书的要求撒到果园里，不久之后，果园里施过肥的 100 余棵果树逐渐腐烂死亡。为对果树死亡的事实进行固定，张某某向公证处申请办理保全证据公证。公证处受理后，派工作人员到现场进行了查验、拍照，制作了现场笔录，并对以后可能灭失的受害果树证据进行了取样封存，出具了保全证据公证书，张某某据此向法院提起民事赔偿诉讼。由于证据确实充分，法院最终判决化肥经销处赔偿张某某各项损失费 10 万元。本案中，张某某通过及时申请办理证据保全公证而维护了自己的合法权益。

2. 证据保全的启动

原则上，提供证据是当事人的义务和责任，只有在当事人无法提供证据材料的情况下，才可能由法院去收集，包括对证据材料的保全。通过证据保全，可以为案件事实的认定以及诉讼程序的顺利进行奠定基础。另外，证据保全也是保护当事人证明权、落实证明责任制度的一种措施，有助于当事人诉讼请求的实现，因而，启动该保全措施的选择权应属于当事人。诉讼中证据保全有两种启动方式：一是由一方当事人提出申请，由法院作出裁定。当事人向法院申请对证据材料的保全，必须是已经立案进入诉讼程序的案件，但最迟不得迟于举证期限届满前七日。"举证期间届满前七日"为除斥期间，不存在中止、中断、延长的问题。二是当事人未提出申请，法院依职权裁定采取保全措施。诉讼中证据保全程序的启动，应强调以当事人申请为原则，以法院依职权启动为例外。法院依职权采取证据保全应限于确有必要之情形，主要针对处于紧急状态、来不及通知当事人提出申请的证据，或涉及社会公共利益、他人合法权益的证据等。而诉前证据保全的启动方式限定为依利害关系人申请。因诉前证据保全尚未进入诉讼程序，故申请人限定为利害关系人，即民事权益可能受到损害或者与他人发生民事权益纠纷的主体，如专利权人、注册商标人、著作权人等。

当事人申请证据保全，应提交以下材料：（1）申请书。我国《民事诉讼法》并未限定为书面方式，但原则上应要求申请人提交书面申请。申请书应当载明：申请人、被申请人的基本情况；申请保全证据的具体内容、范围、所在地点；请求保全的证据能够证明的对象；申请理由，包括证据可能灭失或者以后难以取得，且当事人及其诉讼代理人因客观原因不能自行收集的具体说明。（2）证明当事人之间存在申请人主张的民事关系的初步证据，如被申请人实施了侵害他人人身权或财产权的行为，当事人之间存在债权债务关系等。（3）法院责令申请人提供相应的担保的，申请人应当提供有效的担保手续。最高人民法院在《关于民事诉讼证据的若干规定》第 23 条第 2 款中规定："当事人申请保全证据的，人民法院可以要求其提供担保。"所谓"可以要求"，就是根据所申请保全的证据的性质等酌情决定。如果申请人申请保全的证据材料为书证、计算机软件、证人证言等，就不需要提供担保；如果申请人申请保全的是案件本身讼争的标的物，如汽车、房产、名贵字画等，那么就应当提供担保。但如果情况紧急，申请人也可以口头提出保全申请，由法院制成笔录。

3. 证据保全的实质要件

根据规定，证据保全必须是在证据材料的确难以取得或可能灭失的前提下才能适用。具体分析如下：

第一，所谓"难以取得"，并非指不能取得，而是指如果不采取保全措施，将来获取证据会遇到相当大的困难或者成本过高。例如，一个非常重要的证人即将出国，该证人证言并非属于不能取得，而是待证人出国后再取得将非常困难，即使能够取得也会延误时间，并可能会花费巨大的诉讼成本。

第二，所谓"可能灭失"，是指如果不及时地采取措施，证据材料可能不复存在。证据可能灭失，既可能是客观原因造成的，包括作为证据的物品由于自身原因可能腐烂、变质等，也可能是主观原因造成的，包括被申请人可能故意毁损证据材料等。例如，因大批量买卖蔬菜、水果而产生质量纠纷，由于蔬菜、水果本身的性质，决定了其不可能保持原有品质，必须立即采取措施进行保全，即将蔬菜、水果的质量情况用录像的方法固定下来，并将有关情况作详细记录。在环境污染侵权案件中，如果不对污染源的样本及时提取，就可能因时间的经过导致污染源发生了变化，就会使得环境侵权是否构成以及侵害程度等均难以确定，从而不利于当事人权益的有效保障。

4. 证据保全的方法

根据证据种类的不同，对书证要尽可能提取原件，提取原件确有困难的，可提取复制品、照片、副本、节录本等加以保全；对物证，可通过勘验笔录、拍照、录像、绘图、复制模型或者保持原状的方法保全，也可以直接提取原物妥善进行保管；对视听资料和电子数据，可通过录像、录音磁带反映出现的形象或音像，或者利用电子计算机等设备贮存的资料加以保全；对证人证言、当事人的陈述可采用笔录或者录音的方法加以保全，并力求准确、可靠，保持其原稿或原意，笔录经本人核对盖章后，通过附卷加以保存，不得损坏或未经批准而销毁，没有阅读能力的，应当由笔录制作者向当事人宣读，并且要经过当事人或证人的签名或盖章；对年迈、重病、有生命危险的证人，或者即将出境的证人，要不失时机地进行取证。凡涉及国家机密、商业秘密和个人隐私的证据；黄色书刊、淫秽图片等证据，都应当设有专人保管，以免向外流传，造成失密或不良影响。

从具体的保全措施而言，最高人民法院《关于民事诉讼证据的若干规定》第24条规定："人民法院进行证据保全，可以根据具体情况，采取查封、扣押、拍照、录音、录像、复制、鉴定、勘验、制作笔录等方法。"这九种方法，都是适合司法实践需要的较为有效的方法。具体分析如下：

（1）查封、扣押是法院依法封存、提取和扣留与案件事实有关的物品或文书的行为。对无法移动的物品如房屋、构筑物等不动产一般采取就地查封的方法即可，而对可以移动的物证等，则可采取暂时扣留的方法，如对财务账簿、侵权工具等就可以采取扣押的方法。

（2）拍照是通过图像、照片等方式将场景或人物加以固定的方法。例如，对土地纠纷和房产纠纷，都可以用拍照的方法，对土地或者房屋本身、外在景观以及有关的现象予以固定。再如，对交通事故纠纷、建筑工程质量纠纷等可以从外观上进行分辨的，也可以采取拍照的方法对有关事实进行固定。

（3）录音是将声音通过某种载体加以记录的方法。录音制品本身就属于视听资料或电子数据，又是保全证据的方法。在一些特殊情形，录音具有不可替代的作用。例如，公民临终前需要立下口头遗嘱时，可以用录音的方法记录下遗嘱的内容，并以此作为证据使用。

（4）录像是利用影像技术，将一定的活动场景或动态的情形记录下来从而达到保全证据材料目的的一种方法。在运用录像的方法保全证据材料时，制作人应当通知有关当事人到场。

（5）复制是指对原来的证据材料进行模仿制作的一种方法，包括复印、翻拍、转录、临摹等。复制既是收集证据的方法，也是保全证据的方法。复制应由两名以上人员进行，并且制作人应签名。

（6）鉴定是具有一定专门知识和技术的人，运用专门知识或技术手段对与案件有关的专门问题进行检测、分析、鉴别等的活动。鉴定也是证据保全中经常使用的一种方法。通过对痕迹、文书、物品等事项的鉴定，便可以实现保全证据的目的。鉴定意见应当由鉴定人亲自制作，并签名或者盖章。

（7）勘验是法院依照一定的程序，对与案件有关的物品、场所进行查勘的活动，也是发现、提取、收集证据的一种方法。勘验时，当事人或者其成年家属应当到场。拒不到场的，不影响勘验。到场的当事人或者其成年家属应当在勘验笔录上签名。

（8）制作笔录是以笔录的方式将证据记录下来的一种保全方法，主要适用于以言辞、活动为内容的证据保全。询问证人的笔录必须由证人核对，在确认无误后签名或者盖章。制作笔录通常与其他证据保全措施一并运用，例如，采取录音、录像保全证据的，应将时间、地点、参与人员、录制过程等在笔录中予以记载。

5. 证据保全的效力

当事人提出证据保全申请而被法院采纳的，通常会产生以下效力：

第一，被保全的证据应当是与案件事实有利害关系的证据，但并不意味着被保全的证据与一方当事人的主张或请求存在必然的因果关系。申请保全的证据应与案件待证事实有一定的关联性，但鉴于证据尚未固定且没有进入庭审程序，故申请保全的证据与待证事实之间在形式上具有关联性即可，而实质上的关联性即证据能力和证明力的大小，则需庭审质证后作出认证。

第二，一方当事人申请保全的证据，各方当事人都可以为其所用。虽然证据保全是一方当事人申请的，但从事实认定的角度出发，各方当事人在证据利用方面的权利是平等的，提出申请的一方并不因此而享有特殊的权利。证据保全以证据为保全对象，仅涉及当事人程序性权利的实现问题，故与请求权能否成立没有实质关系。

第三，被保全的证据需要纳入诉讼程序，法庭才能对其进行认定。根据我国《民事诉讼法》的规定，证据应当在法庭上出示并经过庭审辩论和质证，未在庭审中质证的证据材料，不得作为认定案件事实的依据。因此，即使是保全的证据，也要经过举证、质证、认证程序，才能作为认定案件的依据。

第四，被保全的证据与法院调查收集的证据，具有不同的法律效力。在原因方面，保全是在证据可能灭失或者以后难以取得的情况下，法院依当事人的申请对证据采取的固定和保护措施，而法院调查取证，是在当事人举证困难或不可能提供证据的情况下发生的。在目标方面，保全证据是为了防止证据材料灭失或将来难以取得，而法院调查收集证据，是因为当事人对证据无法提供才申请法院调查收集。在程序方面，司法解释对保全证据的申请被驳回如何救济无明确规定，也就是说，没有规定是否可以申请复议。而法院对当事人及其诉讼代理人申请法院调查收集证据的申请不予准许的，应当向当事人或其诉讼代理人送达通知书，当事人及其诉讼代理人可以在收到通知书的次日起 3 日内向受理申请的法院书面申请复议一次，法院应当在收到复议申请之日起 5 日内作出答复。对于保全的证据的认定，可参照司法解释关于法院调查取证的规定，即法院依照当事人申请保全的证据，作为提出申请的一方当事人提供的证据；法院依照职权保全的证据应当在庭审时出示，听取当事人意见，并可就保全该证据的情况予以说明。

6. 证据保全的分类

由于民事纠纷类型较为复杂，因而，难以对各种类型案件的证据保全加以具体化和系统化。依据案件性质的不同，可以把证据保全分为以下几种类型，即合同纠纷案件的证据保全、物权纠纷案件的证据保全、侵权纠纷案件的证据保全、婚姻纠纷案件和知识产权纠纷案件的证据保全。具体分析如下：

（1）合同纠纷案件的证据保全。当事人要对合同书的原件以及履行合同的各种收据和票证等注意保存。对于合同主体方面的证据，当事人应当及时到设立部门或登记机关调取，以确定合同主体名称、设立时间、住所、法定代表人以及是否被撤销或者已经注销等。

（2）物权纠纷案件的证据保全。这一类型案件的证据保全主要是对涉案动产、不动产进行拍照、摄像，对标的物的外观和质量进行勘验或鉴定，对标的物的价值争议需申请评估机构评估。

（3）侵权纠纷案件的证据保全。这种类型的证据保全又可分为人身损害案件的证据保全和财产损害案件的证据保全。对于前者，需要对受害人的伤情、精神损害等进行拍照、鉴定；对于后者，要及时对现场和财产进行拍照、摄像、勘验和鉴定等。

（4）婚姻纠纷案件的证据保全。在提起离婚诉讼时，当事人应当向法庭提交结婚证明以及感情破裂的事实。如果涉及家庭暴力，可以对人身伤害的事实加以固定，如通过拍照、司法鉴定等方式确定伤情。

（5）知识产权纠纷案件的证据保全。知识产权侵权具有较强的专业性和隐蔽性，因而，在很多情形下需要通过保全方式固定证据。保全方式需要根据具体情况而定，例如，查封或扣押生产被诉侵权产品的模具、机械等；查封或扣押被诉侵权产品的成品与半成品；复制涉嫌侵权的程序、图纸、技术资料、客户资料等；封存、提取易变质、不易保管的物品，应当同时进行拍照、录像等。

四、举证责任

1. 举证责任的意义

举证责任通常又叫证明责任，指当事人对自己提出的主张有提供证据的义务，并有运用该证据证明主张的案件事实成立或有利于自己的主张的责任，否则将承担事实或主张不能成立的不利后果。例如，在民事诉讼中，当事人、有独立请求权的第三人负有举证责任，也就是说，他们对自己主张的事实和主张，应当提出证据加以证明。举证责任制度可追溯至古罗马法确定的"谁主张、谁举证"的证明规则，并对后世立法产生了重大影响。根据德国普通法的规则，举证的一般原则是，原告就其诉讼原因的事实举证，被告就其抗辩的事件事实举证；此外，法官解决疑难案件时还以宣誓制度作为补充。如此，举证规则与宣誓制度各自发挥不同的功能。1883年，德国的优利乌斯·格拉查首次将举证责任分为主观的举证责任和客观的举证责任。主观的举证责任又称行为责任或形式上的举证责任或提供证据的责任，它是指当事人为避免诉讼请求无法得到法庭支持而败诉，负有提供证据证明其主张的事实存在的责任。其目的在于要求当事人提供证据进行诉讼活动，而不是只提出主张或请求而不提供证据加以证明，它强调的是当事人因举证而进行的诉讼行为而不涉及诉讼的最终结果。客观的举证责任又称结果责任或者实质上的举证责任或说服责任，它是指当案件事实最终处于真伪不明的状态时，主张该事实的一方要承担相应的不利后果。也就是说，在诉讼程序结束时，如果案件事实处于真伪不明的状态，法官不得拒绝进行裁判，而必须根据证明责任的负担规则确定案件最终结果，其目的在于为法官解决疑难案件提供规则。此种理论结束了以宣誓制度解决复杂疑难案件的历史，并科学地区分了举证行为本身与案件事实认定结果之间的关系，为证明责任的理论发展奠定了基础。客观证明责任理论后来影响到整个大陆法系国家。

我国《民事诉讼法》第64条规定："当事人对自己提出的主张有责任提供证据，当事人及其诉讼代理人因客观原因不能自行收集的证据，或者人民法院认为审理案件需要的证据，人民法院应当调查收集。"最高人民法院《关于民事诉讼证据的若干规定》第2条规定："当事人对自己提出的诉讼请求所依据的事实或者反驳对方诉讼请求所依据的事实有责任提供证据加以证明。没有证据或者证据不足以证明当事人的事实主张的，由负有举证责任的当事人承担不利后果。"在我国，举证责任通常有以下几个含义：一是当事人对自己所主张的事实应当提供证据加以证明；二是当事人所提供的证据，应当能够证明其主张的事实能够成立；三是当事人对其主张不能提供证据，或提供的证据不能证明其主张能够成立时，应承担不利后果。从举证行为而言，原告先提供证据，随后被告质证，接着是被告提供证据，随后原告质证，直至双方没有证据提供为止。举证责任总是与一定的举证能力和法律风险相联系，因此，不能认为诉讼当事人只要提供了证据材料，就完成了法定的举证责任，或者就排除了证明不能的诉讼风险。也就是说，举证责任它既包括行为责任即提出证据加以证明的责任，也包括结果责任，即负有证明责任的当事人如果不能提供证据或事实真伪不明时，就要承担其主张不能成立的风险。例如，原告向法院提起诉讼，但不能提出充足的证据证明事实存在，就可能面临被法院驳回诉讼请求的后果。因此，如果一方当事人因举证不能或不充分而导致事实无法查清，就要承担不利的诉讼后果。

2. 举证责任的分配

举证责任分配是指，法律对诉讼当事人所承担的举证行为和法律后果进行具体确定的规则。举证责任在当事人之间进行合理分配，一方面可以节省司法资源、提高诉讼效率，另一方面可以增加诉讼当事人的可预期性，有利于保护当事人的合法权益，指引法官公正裁判。举证责任的分配规则主要来源于制定法。大陆法系国家和地区，一般由实体法和诉讼法共同规定举证责任的分配。例如，我国《侵权责任法》第 66 条规定："因污染环境发生纠纷，污染者应当就法律规定的不承担责任或者减轻责任的情形及其行为与损害之间不存在因果关系承担举证责任。"该法第 72 条规定："占有或者使用易燃、易爆、剧毒、放射性等高度危险物造成他人损害的，占有人或者使用人应当承担侵权责任，但能够证明损害是因受害人故意或者不可抗力造成的，不承担责任。被侵权人对损害的发生有重大过失的，可以减轻占有人或者使用人的责任。"我国《民事诉讼法》和相关司法解释也作出了明确规定。然而，随着经济社会的高度发展，民事权利义务关系日益复杂，立法的滞后性和抽象性导致难以根据法律规定来确定举证责任分配，在很大程度上困扰着司法实践。但是法官又不能以缺乏法律的具体规定为由而拒绝裁判，因而，需要赋予司法机关举证分配的裁量权。2001 年最高人民法院颁布的《关于民事诉讼证据的若干规定》首次肯定了法庭在一定情况下可以裁量确定举证责任分配的权力。该规定第 7 条明确："在法律没有具体规定，依本规定和其他司法解释无法确定举证责任承担时，人民法院可以根据公平原则和诚实信用原则，综合当事人举证能力等因素确定举证责任的承担。"

举证责任的负担主体是指与案件在实体上有利害关系并独立提出诉讼主张的当事人，包括原告、被告和有独立请求权的第三人。其他诉讼参与人不是负担举证责任的主体，不承担举证责任。诉讼代理人向法庭提供证据的目的是维护被代理人的利益，本人与案件处理没有实体上的利害关系；证人、鉴定人、翻译人员参加诉讼的目的是履行诉讼程序义务协助法院查明案情，与案件也没有实体上的权利义务关系。由此可知，上述诉讼参与人向法庭提出证据，是一种程序意义上的诉讼活动，本身并不承担举证不能或不充分的实体后果，因而不是举证责任负担的主体。另外，从司法职能而言，法院也不是负担举证责任的主体。这是因为，法院作为行使审判权的司法机关，其职责是通过审理程序对当事人提供的证据进行审查并根据法律的规定进行裁判，与案件本身也没有利害关系。而且，在诉讼程序中，法院也没有独立的诉讼主张，是解决当事人法律纠纷的居中裁判者。在某些情况下，法院为查明案情而调查收集证据也不违反中立地位。例如，属于国家有关机构保存的档案材料有可能因其自身的保密性质，当事人或其诉讼代理人无权收集，必须由法院依职权调取，而且，这些证据资料的收集也应由当事人申请。在法院调查收集证据没有结果的情况下，仍由申请人承担举证不能的不利后果。

民事诉讼中举证责任分担的具体情况比较复杂。基于诉讼地位的不同和举证能力的差异，有的案件中，可能主要由原告负举证责任，而在有的案件中，可能主要由被告负举证责任，或者有的案件，原告和被告都要负担相应的举证责任。我国《民事诉讼法》第64条确立了"谁主张，谁举证"的基本原则。以法律要件分类说为基础，我国举证责任分配的一般规则是：第一，凡主张权利或法律关系存在的当事人，应对产生该权利或法律关系的法律事实负举证责任；第二，凡主张原来存在的权利或法律关系已经或者应当变更或消灭的人，应就存在变更或消灭权利或者法律关系的事实负举证责任。例如，根据最高人民法院《关于民事诉讼证据的若干规定》的相关规定，在合同纠纷案件中，主张合同关系成立并生效的一方当事人，对合同订立和生效的事实承担举证责任；主张合同关系变更、解除、终止、撤销的一方当事人对引起合同关系变动的事实承担举证责任。对合同是否履行发生争议的，由负有履行义务的当事人承担举证责任。对代理权发生争议的，由主张有代理权的一方当事人承担举证责任。在劳动争议纠纷案件中，因用人单位作出开除、除名、辞退、解除劳动合同、减少劳动报酬、计算劳动者工作年限等决定而发生劳动争议时，由用人单位负举证责任。另外，下列事实当事人无需举证：（1）一方当事人对另一方当事人陈述的案件事实和提出的诉讼请求，明确表示承认的；（2）众所周知的事实和自然规律及定理；（3）根据法律规定或已知事实，能推定出的另一事实；（4）已为法院发生法律效力的裁判所确认的事实；（5）已为有效公证书所证明的事实。

在特定情况下，法院可根据诚实信用原则和公平原则进行举证责任分配。

最高人民法院《关于民事诉讼证据的若干规定》第 7 条规定："在法律没有具体规定，依本规定及其他司法解释无法确定举证责任承担时，人民法院可以根据公平原则和诚实信用原则，综合当事人举证能力等因素确定举证责任的承担。"在法律没有明文规定的情况下，法官应当以诚实信用原则作为其分配举证责任的原则，该规定赋予法官举证分配的裁量权，对克服成文法局限性具有重要的现实意义。而且，在诉讼程序中，任何主体都不得滥用诉讼权利，损害他人合法权益。举证责任分配中适用诚实信用原则主要表现在：一是恶意诉讼。它是指行为人基于非法目的，故意提起民事诉讼，以合法的诉讼形式损害他人利益的诉讼行为。恶意诉讼的目的不是维护自己的合法权益，而是故意拖欠债务、损害他人名誉、浪费他人精力等，本质上与民事诉讼的立法旨意相违背。因而，在举证责任分配问题上，要体现出对恶意诉讼的制裁。二是虚假诉讼。它是指当事人出于不合法的目的，虚构事实、隐瞒真相，采取虚假的诉讼主体和证据的方式提起民事诉讼的行为，如通过虚假民间借贷、虚假买卖合同等方式转移财产损害债权人利益。三是拖延诉讼。一些当事人为了阻挠对方合法权益的早日实现，多次采取重新鉴定、延期开庭、提出回避、要求延长举证期限等拖延诉讼手段，以达到抽逃资金、转移财产、增加对方诉讼成本等目的。基于此，立法和司法应当将这种情况作为举证责任分配的重要参考依据。四是举证妨碍。有些当事人为了达到让法庭无法查清事实以致于案情真伪不明的目的，故意隐匿或毁灭证据，从而让负担举证责任的对方当事人败诉。此时应当根据诚信原则重新分配举证责任。另外，还要根据公平原则分配举证责任，基于诉讼的程序正义，法官应当充分考虑证据的来源与构成，在当事人之间合理分配举证责任。

最高人民法院《关于民事诉讼证据的若干规定》第 7 条规定的"当事人举证能力"也是法官确定举证责任分配的一个重要因素。举证能力是指当事人在调查收集证据和利用证据方面所表现出来的行为能力。现实生活中，基于社会地位的差异以及一些客观条件的限制，当事人收集资料和获取信息的能力有强弱之分，也就是说，不同的当事人，所实际具有的举证能力是不一样的。例如，单位的举证能力要强于个人，专业技术人员强于一般人员，律师要强于普通公民，能否具体实现法律规定的举证因人而异。非常有可能的是，即使某一方当事人穷尽了一切手段，也无法完成行为意义上的举证，这种情况直接导致当事人诉讼地位的不平等。因此，为了保障诉讼公平、提高诉讼效率，具有举证优势的一方，举证能力相对强一些，应对特定的事实承担举证责任。也就是说，在举证责任分配方面，距离证据越近的一方，举证能力越强，举证越容易，应负担举证责任。这就是证据距离原理，证据距离是举证责任倒置的主要因素。举证责任倒置，指基于法律规定，提出主张的一方当事人就某种事由不负担举证责任，而由他方当事人就某种事实存在或不存在承担举证责任，如果该方当事人不能就此举证证明，则推定提出主张一方的事实成立的一种举证责任分配制度。在环境污染、专利侵权、建筑物责任、产品缺陷、共同危险行为侵权、医疗纠纷和劳动争议等案件中，对一些特殊事实等，均实行倒置的举证分配方式。例如，因共同危险行为致人损害的侵权诉讼，由实施危险行为的人就其行为与损害结果之间不存在因果关系承担举证责任；建筑物或者其他设施以及建筑物上的搁置物、悬挂物发生倒塌、脱落、坠落致人损害的侵权诉讼，由所有人或者管理人对其无过错承担举证责任。

五、证明标准

1. 证明标准的原理

证明标准，有时亦称证明要求，是指法院认定案件事实、作出判决时，在证据方面必须达到的程度要求，或衡量是否符合法律规定的证明案情的具体尺度。在既定的证明标准下，只要当事人提供的证据的证明力达到证明标准，当事人所主张的待证事实就在法律上已得到证明，法官就应当认定该事实，并以该事实的存在作为裁判的依据。否则，法官就应当认为待证事实未被证明为真或者仍处于真伪不明状态，负有证明责任的一方要承担败诉的不利后果。证明标准与证明责任的内涵和功能不同，证明责任是一种风险分配和责任承担机制。当有关事实处于待证阶段时，法律需要对当事人的证明义务进行分配，其结果是，原告、被告、有独立请求权的第三人等分别承担相应的证明义务和法律后果，如果义务人证明不能，就将承担不利的裁判后果。而证明标准是一种量化或可确定化的工具，其功能是衡量证明义务人对待证事实证明程度所能达到的可以数值化的具体程度，或者说，证明标准是衡量、确定当事人对待证事实证实程度的一个法律标尺。证明标准具有质的规定性和量的规定性。质的规定性是指，一切证据都要通过举证、质证和认证程序，并且符合证据的真实性、合法性和关联性以及证明目的的要求，才能为法庭所采信。证据认定之所以要遵循严格的程序性和形式性规定，其目的是要尽可能地还原事实真相。量的规定性是指所有证据所要证明的待证事实需要达到一个具体化的数值标准，如是 49% 以下或者是 51%、70%、90% 以上等。量的规定性是法官认定事实的最低限度，如果低于这个限度，则属于证明不能或事实不明。就二者的关系而言，质的规定性是前提和基础。从另一角度而言，证明标准兼具客观性和主观性：客观性是指某项证据与待证事实客观关联、高度契合并具有一定证明力；主观性是指法官需要根据证据规则进行自由裁量并形成内心确信，以确定某种证据是否对待证事实具有证明力。也就是说，证据的采信和待证事实证明程度的认定离不开法官的分析、判断和评价以及经验法则的运用，这本身就是法官的认识活动和思维过程。

在司法实践中，证明标准主要有如下几种：

（1）优势证据。当用以证明某一待证事实存在或不存在的证据的证明力比反驳的证据更强，或者比反驳的证据更具有可靠性和说服力，法官就应采用具有优势的一方当事人的证据来认定案件事实。或者说，如果涉案证据显示某一待证事实存在的可能性明显大于其不存在的可能性，法官有理由相信该事实很可能存在，尽管还不能完全排除否定其存在的可能性，法官也应根据优势证据规则认定这一事实。一般认为，优势证据证明标准所要求的盖然性程度较低，只要本证的证明力超出反证，或者反证的证明力超过本证，法官就可认定或否定一方所主张的待证事实。

（2）高度盖然性。它是指证据的证明力虽然没有达到使法官对待证事实确信只能如此的程度，但已经达到相信存在极大可能或非常可能如此的程度。盖然性，是指法官从证据材料的证明力出发，判断待证事实是否存在的某种可能性。高度盖然性，通常是指最接近客观事实的可能或基本确定的可能。在涉案证据已经齐备但从逻辑上无法对待证事实得出唯一结论时，通过事物发生概率评价待证事实成立与否的可能性，符合事件的发展规律。高度盖然性的证明标准所要求的盖然性程度较高，按此标准，虽然盖然性的程度不要求达到或接近确定或实然，但法官也不能仅凭微弱的优势对待证事实作出认定。

（3）排除合理怀疑。根据《布莱克法律词典》的解释，所谓排除合理怀疑，是指全面的证实、完全的确信或者一种道德上的确定性；这一词汇与清楚、准确、无可置疑这些词相当。所谓合理怀疑，是指一个普通的理性人凭借日常生活经验或社会常识对案件事实明智而审慎地产生的怀疑。排除合理怀疑标准接近于案件事实确定、确信标准，不要求达到绝对确定的程度，不要求百分之百的确定无疑。这是因为，案件的待证事实通过合理怀疑加以排除后，对案情的认识客观上符合人们的认知水平，从而弥补案件事实达到绝对真实这种客观标准难以把握的不足。

（4）确实、充分。"确实"是指真实可靠、确凿无疑，即符合证据的质的要求；"充分"是指充足、足够并排除其他可能，达到足以认定的程度，即满足证据的量的要求。该证据标准对证据的质和量的要求具有明确的规定性，是一种较高的证明标准。具体要求为：①据以定案的证据均已查证属实，符合"三性"要求；②案件事实均有必要的证据可以证明；③各种证据之间相互印证，证据与案件事实之间的矛盾得到合理排除；④形成证据链条，得出的结论是唯一的，排除了其他可能性。

根据上述证明标准，假设证据材料没有任何证明力为零，证明完全符合客观事实为100%，则上述标准既不可能为零亦不可能为100%，只能属于50%～100%之间。从证明程度而言，盖然性占优势应大于51%，高度盖然性为75%以上，排除合理怀疑为90%以上，而确实、充分则需95%以上，即可认定待证事实已经得到证明。相比较而言，高度盖然性与排除合理怀疑的证明程度应是较为接近或相似的。确实、充分属于最高的证明标准。

2. 我国民事诉讼的证明标准

根据最高人民法院发布的司法解释，民事诉讼证明标准具有多层次性，主要有如下几种：

第一，优势证据的证明标准。最高人民法院《关于民事诉讼证据的若干规定》第73条规定："双方当事人对同一事实分别举出相反的证据，但都没有足够的依据否定对方证据的，人民法院应当结合案件情况，判断一方提供证据的证明力是否明显大于另一方提供证据的证明力，并对证明力较大的证据予以确认。因证据的证明力无法判断导致争议事实难以认定的，人民法院应当依据举证责任分配的规则作出裁判。"这一证明标准不区分"本证"和"反证"，即可以对双方当事人同时适用同样的标准。

第二，高度盖然性的证明标准。最高人民法院《关于适用〈中华人民共和国民事诉讼法〉的解释》第108第1款规定："对负有举证证明责任的当事人提供的证据，人民法院经审查并结合相关事实，确信待证事实的存在具有高度可能性的，应当认定该事实存在。"在民事裁判活动中，这一证明标准具有一般性、原则性、普遍性，适用于"本证"，而不适用于"反证"。该证据标准与相当因果关系理论都运用了概率论和日常生活经验。

第三，排除合理怀疑的证明标准。最高人民法院《关于适用〈中华人民共和国民事诉讼法〉的解释》第109条规定："当事人对欺诈、胁迫、恶意串通事实的证明，以及对口头遗嘱或者赠与事实的证明，人民法院确信该待证事实存在的可能性能够排除合理怀疑的，应当认定该事实存在。"实践中，对于诸如欺诈、胁迫、恶意等待证事实更多的体现的是当事人的心理状态，难以用客观证据来直接证实，因而需要依赖法官通过经验法则形成内心确信。

另外，最高人民法院《关于适用〈中华人民共和国民事诉讼法〉的解释》第108第2款规定："对一方当事人为反驳负有举证证明责任的当事人所主张事实而提供的证据，人民法院经审查并结合相关事实，认为待证事实真伪不明的，应当认定该事实不存在。"根据该款规定，对于不负证明责任的当事人提供证据对本证进行反驳的"反证"，其证明标准低于本证，即只需要使待证事实陷入真伪不明状态即可认定该事实不存在。

第一节　　法律谈判概述

一、法律谈判的意义与类型

1. 法律谈判的意义

谈判，由"谈"和"判"组成，谈是指双方或多方之间的沟通和交流，判就是判断和确定一件事情。谈判具有目的性、相互性和协商性。社会主体可以通过谈判方式与他人实现合作，或者满足利益需求，或者解决各种纠纷。社会生活中从不缺少冲突，如夫妻之间、邻里之间、开发商与环保者之间、劳动者与用人单位之间等，争端无处不在。社会主体具有多样化的特征，基于不同的角色、身份、职责、地位，每个社会主体都有其利益需求和价值目标。在角色交往和履行自己的职责过程中，各种利益会交叉、交织，如此便会存在着利益冲突和利益协调。主体的多样和利益的多元导致具有竞争或对抗性质的博弈行为。为了达到各自的目标和利益，各方必须考虑对手的各种可能的行动方案，并力图选取对自己最为有利或最为合理的策略。例如，职工与企业之间存在着利益的博弈：职工希望获得更好的发展机会，有可能离开现在的企业。在这种情况下，企业必须采取相应的行动避免职工离职，只要企业能留住职工，人力资本的投入就会给企业带来经济效益。但是企业与职工之间存在着信息的不对称，怎样才能达到自己的目的，是双方共同面临的难题。各方不但要考虑自己的策略，还要考虑对方的选择。利益冲突是人类社会生活中普遍存在的社会现象。走出权利的抽象思辨，我们不难发现，权利的确认、实现总是受制于现实的制度环境。因此，在日常生活中谈判是解决冲突和争端的最常用方法。这是因为，只有在双方之间沟通和交流的基础之上，了解对方的需求和目的，才能够作出相应的决定。通过谈判解决争议和实现利益的最大化，可以说是古往今来人类和平解决争议、合理配置利益的主要手段。绝大多数社会纠纷最终都是通过协商谈判而解决的，任何合作关系都是通过协商谈判而建立的。

法律谈判，是指双方或多方当事人之间为了达成各方都能接受的协议，自愿进行的非法定程序的信息传递或意见交换过程。法律谈判要达到预期目的，必须充分运用和展现相应的法律知识、法律技能和社会经验。在现代社会，当事人之间、律师和当事人之间、律师和法官之间、律师和检察官之间等都存在着法律谈判的现实需求。而且，原本主要适用于非讼法律事务、民事诉讼案件中的谈判手段，如今已延伸到刑事诉讼、行政诉讼案件中，从而使谈判从纯粹地运用于私权利领域进入到公权力领域，如辩诉交易、行政和解等。辩诉交易是指在法院开庭审理之前，作为控诉方的检察官和代表被告人的辩护律师进行协商，以检察官撤销指控、降格指控或者要求法官从轻判处刑罚为条件，来换取被告人的有罪答辩，进而双方达成均可接受的协议。行政和解是指行政主体根据行政相对人的申请，与其就改正涉嫌违法行为、消除涉嫌违法行为不良后果、交纳行政和解金等进行协商达成行政和解协议，并据此终止调查执法程序的行为。以最小的成本取得最大的效益，是人们解决纠纷的追求。绝大多数民事纠纷是通过谈判协商解决，而不是通过诉讼方式解决，在诉诸法院的纠纷中，也有大部分是通过和解、调解等协商方式解决的。一般来说，通过谈判达成和解可以避免诉讼带来的拖延、经济投入和不确定性。然而，当责任或损害不确定希望由法院来评判时，或对方不愿妥协或接受协商的解决方案时，均应通过诉讼来解决。

谈判是律师的一项重要任务，是律师日常职业生涯中不可或缺的一部分。例如，律师帮助委托人构思合适的纠纷解决程序，并在这些程序中代表委托人进行谈判，或者扮演中立者的角色对当事双方发生的争议进行调解，即使已经进入诉讼或仲裁程序，他们仍在通过法庭或直接向对方寻求谈判的时机，期望达成法院调解或庭外和解协议以解决纠纷。纠纷解决的基本理念，在于考量每一方的利益最大化，在当事人之间形成相互作用的均衡状况。律师决策的变化不仅来自于效益最大化的考虑，而且也受到当事人各方所具备的信息的影响。谈判能否达到预期的目的，谈判的技巧是十分重要的。良好的谈判技能已成为衡量律师服务质量的主要依据，如何设计方案、如何挖掘和分析案情、如何陈述事实、如何沟通和妥协等谈判所涉及的各个方面，都依赖于律师的谈判技能。此外，法律谈判的一个显著特点在于律师是代理当事人在进行谈判，所以如何处理好与对方当事人之间的关系，成为谈判是否能顺利进行的关键，也体现着律师的智慧和代理技能。由此看来，不具备谈判知识、未掌握谈判技能的律师就难以成为一名合格的律师，不能在谈判中取胜的律师就难以成为一名成功的律师。正因为如此，法律诊所在培养学生的律师技能时，有必要将谈判技能作为其中的一项重要培养内容。法律谈判就是一种博弈，局势瞬息万变，如何在错综复杂的谈判中占据主导地位、实现利益的最大化，很大程度上依靠于预先制定以及运用的谈判策略，占据有利位置就能把握主动。因而，熟悉谈判策略有着举足轻重的作用。

2. 法律谈判的类型

谈判实际上是一种博弈，即多个决策主体之间相互作用时，各主体根据所掌握信息及对自身能力的认知，作出有利于自己的判断决策，并采取相应的行动。参加博弈的直接当事人被称为局中人，是博弈的决策主体和策略的制定者。在博弈论模型中，要求局中人是"理性"的，所谓"理性"，是指局中人清楚地了解自己的目标和利益所在，在博弈中总是采取最佳策略以实现其效用或收益最大化。博弈的得失，不仅与该局中人自身所选择的策略有关，而且与所有局中人所设定的策略有关，其目的是寻求满足各方利益的解决方案。根据是否可以达成具有约束力的协议，博弈分为合作博弈和非合作博弈。合作博弈亦称为正和博弈，是指博弈双方的利益都有所增加，或者至少是一方的利益增加，而另一方的利益不受损害，因而整个社会的利益有所增加。它研究人们达成合作时，如何分配合作得到的收益，至于收益在博弈各方之间如何分配，取决于博弈各方的力量对比和技巧运用。非合作博弈亦称负和博弈或零和博弈，是指一种参与者不可能达成具有约束力的协议的博弈类型，这是一种互不相容的情形。非合作博弈研究人们在利益相互影响的局势中如何决策使自己的收益最大。非合作的框架把所有的人的行动都当成是个别行动，它主要强调一个人进行自主地决策，而与这个策略环境中的其他人无关。从深层次上讲，前者强调的是团体理性、效率、公正；而后者则强调个人的理性、个人最优决策，其结果可能是最有效率的也可能是无效率的。在对抗性博弈中，局中人的收益或效用完全对立，一方所得必是另一方所失，一方利益的增加必然导致另一方利益的减少。在非对抗性博弈过程中，局中人有各自不同的收益值，其和不再等于零或固定不变的常数，局中人之间的收益或效用既冲突又一致，具备了达成某种均衡的可能。

根据谈判目的的不同，法律谈判基本上可以分为两大类，即合作式谈判和对抗式谈判。每一种谈判在内容、方式以及衡量成功的标准等方面均存在显著的区别。具体分析如下：

第一，合作式谈判。合作式谈判亦称交易式谈判，是指基于共同的需要或利益的最大化而通过协商方式解决分歧的谈判。合作式谈判的前提是双方已经有合作经历，形成了长期的、稳定的合作关系，积累了合作经验，实现了既定的利益目标，或者是双方有合作前景，通过合作有实现更大利益的可能性。在法律实务中，虽然当事人各方没有共同的利益，但可以通过非对抗或避免冲突的方式解决纠纷，从而实现各自的利益。另外，在谈判时，如果一方作出让步，其对手非常有可能会作出相应的让步，那么双方也可能达成妥协方案。合作式谈判表现为，谈判参与人本着解决问题的需要，通过协商方式妥善处理双方分歧，或者寻求共识，从而对双方的权利义务安排进行妥协。合作式谈判的当事人之间没有根本性的利益冲突，如公司股东之间、合伙人之间、生产商与销售商之间、公司与职工之间、出租者与承租者之间等。例如，在商业性质的房地产租赁谈判中，双方要就租赁价格、租赁物的质量、租赁物的管理、租赁期间、违约责任、合同解除、诉讼管辖等事项进行洽谈，并最终达成协议。如此，出租者避免了房屋的闲置，租赁方也满足了经营需要，是一种"双赢"式合作。另外，多个合伙人经过协商签订合伙协议，在合伙经营中共享收益、共担风险，是一种典型的"共赢"式合作。但是，合作式谈判也会遇到一些障碍。例如，当双方的地位和实力不对等，利益的实现具有不确定性，或一方当事人认为目标不能达到时，则谈判很难推进。

第二，对抗式谈判。对抗式谈判亦称争议解决式谈判，是指存在着严重对立的各方为获取更大利益而进行的谈判。对抗式谈判主要表现为，当事人之间存在着利益冲突或竞争关系，各方均以最大限度地满足己方利益为唯一目标，而不考虑对方的利益和需求，也不愿作出让步。对抗式谈判的双方通常是竞争对手，没有合作的现实需要或合作的客观基础。例如，许多买卖关系都是一次性的，卖方和买方交易完成之后，再不会有继续交易的机会。此时，双方完全是一种对立关系，买卖双方可能进行激烈的讨价还价。对于卖方，能够以最高价卖出，就能够获得更多盈利；对于买方，能够以最低价买入，就可以节省开支。在离婚案件中，感情破裂是离婚的实质要件。既然夫妻双方感情已经完全破裂，那么就几乎没有复合或和好的可能，在这种情形下，双方会围绕一方的过错、孩子的抚养、财产分割等据理力争，以完全胜诉为目标而难以妥协。另外，当事人虽有合作关系或合作前景，但仍以各自利益为出发点，通过非合作方式解决冲突。例如，在保险公司和投保人之间的纠纷中，如果保险公司对投保人的损失拒赔或者主张减免责任，投保人就可能通过诉讼方式解决双方的争议。对投保人而言，即使保险公司因无理拒赔而对簿公堂，诉讼结束后仍然可能继续选择该保险公司投保。对抗式谈判是一种零和型博弈，一方所得正是一方所失。诉讼就属于这种类型的谈判。通过诉讼解决纠纷，除了直接的法律费用外，还要消耗当事人的时间和精力，诉讼从整体上说只是一种事后保护制度，对权利的救济具有迟延性，难以兼顾公正和效率。司法实践中，影响诉讼效率和效益的现实因素是多方面的，一方面是由于制度供给的不足，另一方面也是由于当事人地位的不平衡，如举证不能、法律资源的支配能力以及经济能力等诸多因素。

基于这两种法律谈判模式中当事人利益实现程度的不同，每一名谈判者都应该用不同的方法与策略去分别应对各种冲突和纠纷。两种类型的谈判，代表着不同的观念和行为方式。合作式谈判是一种积极的、协商的谈判，有助于多赢或者共赢；对抗式谈判是一种消极的、对抗的谈判，有可能导致激烈的冲突或加剧矛盾。在纠纷解决的过程中，当事人各方所具备的信念和信息是不断变化的，因此，这是一个不断讨价还价的过程。实际的法律谈判中，通常兼具争议解决和交易两个方面的内容，虽然不同当事人的利益追求不可能完全一致，看似绝对对抗的争议，仍有可能以合作方式解决。通过相互提供便利，同样能够使谈判目标、谈判内容多元化。例如，一个因职工不能胜任工作而公司予以解聘的劳动关系谈判中，会涉及职工不能胜任工作的事实及劳动法律的相关规定，以及职工是否同意降低薪酬或调整工作岗位等事宜的讨论。在这样一个谈判中，既夹杂了法律规定、证据收集等争议解决方面的问题，又涉及职工管理、绩效与激励等方面的问题。毋庸置疑，谈判和解是非对抗性的，对当事人各方来说都是一定利益的获得。当预期的判决价值相对于审判支出显得很小时，原告通常不会去激化纠纷，即使预期的判决价值相对很大，仍然存在可以避免通过诉讼救济的途径。潜在的被告常常可能采取预防措施来防止可能引起纠纷的事件的发生，从而避免冲突激化；如果预期的判决价值比预防措施的费用大得多，潜在的被告将很少让潜在的原告有提起诉讼的机会。

二、法律谈判的过程

1. 收集谈判信息

《孙子兵法·谋攻篇》有云，"知己知彼，百战不殆。"谈判通常会涉及开价、还价及各种方案的讨论，这些方案背后都隐藏着对其掌握信息的判断。信息的掌握对整个谈判过程以及己方所期待的结果有着非常重要的作用，它能促使己方占据主导地位，让对方受到己方的压迫，从而促使谈判结果朝己方预料进行。在很多谈判人员的眼里，很容易忽视的是"知己"。在信息收集方面，首要的是对己方的情况进行充分了解，对己方条件进行客观分析，做好充分准备。这有助于了解己方在谈判中的优势和薄弱环节，对所处立场有个清醒的认识，从而有针对性地制定谈判方案与策略，使己方在谈判过程中能够扬长避短，促成更完美的谈判结果。因而，谈判前应熟悉己方的经营状况，财务状况，参与本次谈判的人员的组成情况，己方谈判人员的水平情况，本次谈判的结果对己方的影响及重要性等。另外，对有关谈判对手的相关信息，应该尽可能的详细，了解得越多，己方就能把握更多的主动权和话语权，从而在谈判过程中占据优势地位。在进行信息搜集工作时，要注意信息收集本身的合法性，特别是注意信息来源的合法性，切勿涉嫌侵犯对手的商业秘密、个人隐私等合法权益。

收集的信息一般包括如下几个方面：（1）对方谈判人员的信息，包括对方的主体资格、谈判者的权限，了解对方谈判人员身份、地位、年龄、经历、职业、爱好、性格等。把握对方人员的谈判经验也十分重要，尤其是对方的首席代表的信息，通常而言，首席代表的谈判态度、意见倾向在整个谈判团队中占主要地位。另外，价值观的不同也会对人们处理社会关系产生直接影响。谈判双方在时间观念、审美观念、决策方式等方面的差别，充分体现了价值观的不同。掌握这些因素能够避免在法律谈判中可能发生的分歧与冲突，消除因文化不同的差异所带来的误解和障碍，从而为己方争取更大的利益空间。当对方感觉你尊重他的爱好或信仰的前提下，谈判的成功率会大得多。（2）对方的主体资格、历史沿革、资产负债、知识产权、劳动人事、技术研发、诉讼仲裁、对外投资、履约能力等事项。对于金额较大的合作项目，通常要委托会计师事务所、律师事务所、咨询公司等中介机构进行尽职调查，从而全面把握对方的情况。(3) 对方的意图和目的，包括对方的各层次目标是什么，对方的最终目标是什么，对方有哪些让步或让步的限度是什么，对方的有利条件和不利因素是什么等问题。对对手的谈判意图的把握，有助于理解对方真实的目的、所期望达成的协议、对己方的信任度和对谈判结果的迫切度等，这些都在很大程度上影响谈判的进行。对方的合作意愿越强烈，己方的优势地位就越明显，主动性就越强。收集完各类信息后，要对信息进行分析评价，从而分类筛选出谈判中所需的信息，并综合加以考虑。

2. 确定谈判目标

谈判目标的确定是一项非常关键的工作。通过信息收集，需要对谈判的前景或结果有一个合理的预判和前瞻，这就是谈判目标。它是指谈判要达到的具体标尺，或者说是以满意的条件达成一笔交易。谈判目标指明了谈判的具体方向和要达到的期望水平，是衡量谈判是否成功的标准，同时也有助于防止谈判偏离主题。因而，明确谈判目标对于决策的实现非常重要。谈判目标是一种在主观分析基础上的预期与决策，要具有一定的弹性，体现出目标的层次性，并根据谈判环境随机应变，作适当调整。谈判目标按层次可分为三种：第一，最优期望目标。这是对谈判者最有利的、最期望达到的、利益最大化的理想目标。但是，任何谈判人员都不能盲目地或乐观地将全部精力放在最理想的目标上，而忽视谈判过程中会出现的意外和困难，以致于束手无策、极为被动。第二，实际需求目标。即谈判双方根据主客观因素，经过合理预测和周密安排，可以实现的目标。这种目标关系到谈判方主要或全部利益，因而是双方都可以接受的目标，在谈判现实中，只要经过努力或不懈争取是完全可以实现这一目标的。第三，最低限度目标。即经过综合权衡、能够满足部分需求的目标。最低限度目标，是通常所说的底线或最低要求、可以作出让步的范围，也是谈判方必定要达到的目标，因而，对谈判双方都有较强的吸引力和驱动力。如果最低目标都不能达到，一般而言双方都会放弃谈判。但要注意的是，谈判时不要过早暴露最低目标，以免被对方否定或陷入被动。

这些不同层次的目标为谈判指明了方向，主要在于，可接受的目标和最低目标是己方和对方协商的起点，最优目标是一种期望和理想化的结果。这些目标也并不是一成不变的，需要根据谈判的进程和己方手中的筹码予以权衡，由决策者统筹考虑，在一定程度内进行调整。另外，目标有时只是单方预想的，未经过对方的评价。因此，有时谈判目标是较难在一开始就能明确的。最高期望目标也不能局限为一个，可以设定多个，在这种情况下就要根据重要性程度对多个目标进行排序，优先实现或努力实现最重要的目标。通过法律谈判，一方获得了相应的利益，而另一方失去了一定的利益，但同时也获得了其他利益。这是双方协商和交涉的结果，也是目标的具体实现。为此，在民商事领域，谈判目标的确定要遵循以下原则：第一，平等原则。一切自然人，不论其国籍、年龄、性别、职业；一切经济组织，不论是中小企业、大企业还是跨国公司，只要是谈判的当事人，法律地位都是平等的。虽然具体谈判过程中，会有优势和劣势之分，但这是在平等前提下的区分。而且，强弱之分也并不是绝对的、一成不变的。平等原则在谈判中的最重要的体现就是尊重对方，不能有凌驾于对方的特权。第二，互利原则。这是公平原则在民商事活动的体现。互利原则的实质，就是谈判各方能够达到双赢或多赢。在民商事活动中，权利和义务都是相对的，虽然谈判的单位有大小，实力有强弱，但都可以实现互利互惠。在市场经济中，一方只享受权利而不承担义务，而另一方只尽义务却不享受权利，这是违背经济规律和市场法则的。第三，合法原则。权利义务的配置以及目标的实现，谈判各方都应置于法律的框架内，不能违反法律精神。只有严格依法办事，才能降低法律风险，其权益才能受到法律的保护。

3. 拟定实施方案

所有的谈判都是依情境而定的，没有固定的流程，也没有一成不变的规则。但总结法律谈判的规律，对于明确谈判思路，有效促使谈判走向预期目标是很有帮助的。谈判目标确定后，为了不遗漏事项和要点，还须事先确定谈判的程序。谈判所涉及的提纲内容、进程安排、人员构成、时间和地点等一系列事项，都要事无巨细地确定清楚。在大型谈判进行之前，可以通过模拟谈判不断对谈判提纲进行补充完善，以期胸有成竹地应对谈判时面临的各种问题。谈判提纲是为指导谈判进程而拟定的供谈判时参考的提示性文件，以防止谈判偏离预定的目标。进程安排应有利于整体谈判，并应当让对方接受这种议事程序，这需要向对方解释采用这种顺序的好处，并考虑如何能使双方快速达成一致。在确定谈判方案后，需要安排如下事项：（1）谈判成员的安排。确定具体参与谈判的人员并进行内部分工，明确各自的职责，以便谈判时角色分明、相互配合，如确定发问质询、技术问题、法律问题、争论调和、会议记录等方面的角色和任务。这样才能主从有别，进退灵活，攻守自如，运行有序。一般来说，谈判代表的身份要与对方代表对称，主要负责人要有现场决定权。(2)时间和地点的安排。对时间、地点的考虑，也是应当仔细权衡的要素。在己方、对方或第三方的办公场所等，都需要综合情况而定，谈判双方也会尽力争取到对自己有利的或熟悉的地方去谈判。律师应该懂得在什么时候提出要求、让步或采取特定的战略。在谈判中进行让步的时间，一般是在谈判的最后阶段，如果谈判之始就表现出慷慨、大方的姿态，那么就有悖于常理，显得不成熟，甚至产生适得其反的效果。谈判是不断交涉、互相磨合的过程。在与对方进行磋商时，首先拿出对己方利益最优的方案，因为双方都希望通过谈判获得最大利益。在达不成协议的时候就拿出次一等的方案，根据实际的发展情况，不断变更己方的方案，确保不让谈判结果偏离最初的最低目标。(3)草拟协议。在双方达成交易或解决方案趋向一致以后，法务人员应当立即起草书面法律协议，确保谈判的所有实质性内容已包含在内。协议内容应当准确，而且与谈判结果要一致，此外，协议应对违约责任作出规定，以使得协议具有可执行性。违约责任的规定应符合行业惯例，并能为双方接受，且不能偏离谈判精神，不至于又因此需要重开谈判。

谈判双方都希望谈判结果是对自己最有利的。但是，基于社会主体的多样化、利益冲突的复杂化、价值观的多元化等诸多因素的影响，达到真正意义上的两全其美是非常困难的，谈判的最终结果一定是通过双方互相沟通、反复磋商、灵活变通所达成的。在法律谈判中，一般存在可以同时满足各方利益的多种方案。如果将谈判方案简单化，那么当这种方案不被一方接受时，谈判就会陷入僵局。事实上，谈判目标具有多层次性，谈判途径多种多样，谈判手段具有灵活性，让各方都并不期待的谈判破裂是非常不必要的。但是，法律谈判中出现僵局也是难以避免的，谈判时可能存在很多不确定因素，甚至出现一些意想不到的情况。法律谈判本身会耗费时间成本、金钱成本，考验一个人的心理因素，还要考虑尚未解决的若干争点。对待谈判僵局，需要参与者用经验和智慧去应对，当谈判陷入僵局时，谈判人员应以积极主动的态度，把握合适的时机加以化解，而不是放任不管，或者是赌气对峙。谈判僵局的原因具有复杂性、多样性，决定了破解僵局方法也具有多元性。有时候僵局原因表面上可能是单一的，但谈判者应善于分析，要透过现象看本质，从整个局势来分析问题并剖析背后的深层次原因。谈判者只有理清思路并挖掘出根本原因所在，才能有针对性地解决矛盾。解决僵局的具体策略也可能因人而异，如直接面对、间接迂回等。但无论采用什么样的具有个性特征的技巧，都要始终围绕利益的实现来展开，包括充分考虑对方的利益追求、对方的顾虑和困境、对方利益的实现程度等因素。如果完全无视对方的处境和利益，那么无论愿望有多么美好，方法有多么创新，谈判一定会无法进行下去。谈判各方的利益是多层次的，也是相互联系的，打破僵局的最有效的切入点就是拿出实际可行的、兼顾各方利益的方案。适当退让可以使各方都受益，不仅可以提高谈判效率，也可以避免僵局。

三、法律谈判的策略

1. 投石问路

投石问路，本指夜间潜入某处前，先投一个石子，看看有无反应，借以测探情况，后用来比喻进行试探。谈判中的投石问路策略，是指一方通过不断地主动询问，从对方了解不容易获得的诸如目的、成本、价格等方面尽可能多的信息。谈判中掌握的对方的信息越多，谈判的主动性就越强，谈判策略的制定就更有针对性。例如，在买卖关系中，卖方报价后，买方并不马上还价，而是提出一个要求卖方调整价格的假设条件或两难问题，通过卖方回答来判断价格是否有回旋余地。投石问路的关键，在于选择合适的"石"。也就是说，提出的"石"应是己方所关心和熟悉的问题，对方回答时有所顾虑且难以应对，对方无论如何回答都会暴露出一些不为他人所知的信息。就抛"石"的时间而言，可以是谈判之初，也可以是谈判中的新议题开始之时，也可以是对对方的主动回应等。就抛"石"的方法而言，可以是一些无关紧要的信息，可以是利益的实现，也可以是损失的付出等，而不能透露出影响己方利益的关键性信息，不能让对方掌握己方的意图。也就是说，事先要充分评估谈判态势，通过试探所要获得的预期利益应大于可能付出的代价。

在现实生活中，人们的一般观念是，首先应让对方开口，避免自己先提出条件或意见。这是因为，在不清楚对方的意图的情况下，将自己的想法和目的告知对方就有可能陷入被动，以至回旋余地都没有了。而且，为了不让对方了解己方过多的信息，即使做了周密计划和精心准备，仍然有可能无意中泄露一些重要信息，并对谈判产生负面影响。基于上述认识，很多人在与他人谈判时会趋于保守，不愿意主动与他人沟通。事实上，法律谈判也是如此。谈判之初，一些律师从不主动提出自己的方案，而将谈判目标的实现寄希望于对方。很显然，这种做法谨慎过度，难以打开局面，不利于谈判的正常开展和顺利推进。事实上，自己首先开口，不仅可以在气势上占据主动，而且也代表了己方的坦诚。但要注意的是，开始谈判时，所抛之"石"，一方面，不能和盘托出己方的全部条件，要避免暴露自己的真实意图；另一方面，不能触及对方的核心利益，要避免可能产生误会或者造成僵局。对于对方抛来之"石"，应基于互利原则积极应对，即便明知对方是试探，仍应以合作的态度进行协商。

2. 声东击西

声东击西，本指造成要攻打东边的声势，实际上却攻打西边。它是使对方产生错觉以出奇制胜的一种战术，亦称迂回战术。在谈判中，声东击西是指故意绕开关键问题避而不谈，而通过讨论其他问题，以转移对方注意力或缓和谈判气氛，使对方在毫无防备的情况下透露真实目的。简而言之，此种策略就是指本意不在此，而在别的地方，即"醉翁之意不在酒"。例如，把对方的关注点用在己方不太感兴趣的地方，使对方增加满足感，在实现己方利益的同时，使对方也感到最大的收获。在很多情况下，要主动把一些次要问题通过激烈的言辞渲染成重要问题，使对方能够感到因此获得更多的利益或好处，并使对方感觉到己方所作出的让步已经是尽了最大努力或表现出极大的诚意。其目的在于，转移对方的目标和注意力，把自己的真正目的隐蔽起来，对方就无法推知己方意图，被假象迷惑，作出错误判断，使对方疏于防范，然后再乘其不意，攻其不备。不过，声东击西不是一种合作式模式，因而主要运用在对抗式谈判中。如果不能把握好分寸，就有可能弄巧成拙，将"迷惑"策略变成实实在在的"欺骗"，则不仅可能违反职业道德甚至违反法律，还可能造成关系紧张，影响下一步工作的开展。

受到各种主观和客观因素的影响，法律谈判的过程不可能一帆风顺，其中的困难甚至波折可能远超最初的预料。当谈判陷入僵局，多次协商无果陷入停滞，导致谈判双方的情绪不佳时，就需要创造性地提出可供选择的替代方案以掌握主动权。例如，对于容易产生对立和冲突的话题，可以暂时避开，通过容易沟通和形成共识的议题进行商谈。在特定的情形下，可以利用对方的弱点或疏漏借题发挥，使对方措手不及或有所顾虑，以此使对方作出让步。但要注意的是，无论一方有多大优势，自身也会有不足和弱点。俗话说，寸有所长，尺有所短。如果劣势一方着眼于优势一方的实际需要和不利因素，使优势一方认识到合作的重要性以及谈判失败可能造成的损失，那么优势一方也就可能调整谈判思路，放弃不合理的目标，并作出适当的让步。因此，劣势一方谈判时，一方面可以放大优势一方的不足，对其晓以利害，动摇其固化、陈旧的观念，使其明白不转变思维将会直接影响目标的实现；另一方面，尽可能避开或淡化己方存在的弱项，使对方充分认识到己方的强项和优势因素，使其认识到放弃合作的不利后果，以改变己方的弱势地位，从而扭转谈判形势。

3. 以退为进

古人云："将欲得之，必先予之。"以退为进是指以退却、让步作为进取的手段。这里的退让是一种表象，目的是通过形式上的让步来达到自己的真正目的。一方在某些方面的让步，可以使对方获得心理上的安慰和好感，不仅会放松戒备，而且还可能满足己方的某些要求或补偿己方的一些损失以作为回报。谈判中的以退为进策略表现为，暂时顺从对方的要求，满足对方的条件，然后寻找机会争取主动、反守为攻。但是让步应该把握时机，并掌握分寸。这是因为，退让有可能向对方传递错误的信息，或者使对方误解，以致于得寸进尺。因此，一般不能轻易地让步，不能为了迎合对方而满足对方不合理的要求，更不能毫无原则地妥协。但是，如果一味固执己见，不采取相应的策略让步，则会导致谈判破裂，没有修复的余地，也不符合双方的利益和期望。但让步不能无原则、无底线，应有充足的理由。例如，强调己方的困难处境，以争取对方的谅解和适当的退却，或口气婉转地指出对方的某些不足之处或不现实的想法，或己方有更好的交易机会，且条件更加优惠等。当面对一个完全不切实际的要求时，己方可以通过提出同样的要求让对手处于危机之中，即"以其人之道，还治其人之身"。在谈判中，没有人能够在每件事情上都获得胜利而没有失败。在谈判的关键阶段，让步总是与优势相伴而生，没有退让和妥协，就没有协议的达成和目标的实现。因此，谈判人员应着重于应该采用何种让步，而不是一味回避或拒绝退让。

律师在谈判中，应心态平和，不能急于求成。例如，在与当事人谈判时，如果律师过分宣扬自己的业务能力，并急于促成当事人的委托，很容易让对方疑虑，甚至产生逆反心理，以致于对方放弃谈判。因此，律师在与当事人打交道时，应不卑不亢、沉着稳重，保持必要的自信，甚至可以主动提出要当事人多比较，考虑成熟后再作决定。此时，当事人就会产生对律师的信赖感。当然，对于经验丰富和业务扎实的律师而言，获得业务的机会多，自信心更强，也就可能经常运用此种手段。在法律谈判中，如果双方分歧较大，又互不妥协，那么就会使谈判陷入僵局。在双方互不相让，甚至针锋相对的情况下，谈判只会徒劳无益，甚至适得其反，这时可以采取"冷冻"政策。"冷冻"并不一定是要冷落对手，而是对谈判行为的冷却和停顿，给谈判双方一些时间思考，冷静客观地权衡目前的形势。对对方当事人而言，可能仍是礼貌和热情相待，并决定"后会有期"。同时，谈判标的还有其他的选择机会，需加以利用。此时的"冷冻"，在表面上虽然也是一种终结谈判的形式，但在持续时间上比前者要短得多，因为"冷冻"不是真正的终结，而是希望按自己的意愿继续完成谈判。

4. 扬长避短

扬长避短的意思是发扬长处，回避短处。纵古观今，有关扬长避短的事例比比皆是。例如，春秋时期，田忌通过用下等马对上等马，中等马对下等马，上等马对中等马的方式来弥补自身马匹的不足，从而赢得比赛。每个人都有自己的特质和特长，一个人即使有再多的弱点，也总有他人不具备的优点。一个人只要善于总结分析，充分利用自己的特长，就有可能形成制胜的优势。而且，信息是不对称的，每个人获取信息的机会和能力会受到多种因素的制约，因而，不可能完全了解或把握对方的事项。因此，在很大程度上，谈判各方都没有绝对的优势。律师和当事人都会思考一些相同问题，如己方存在的"软肋"是什么？己方有没有抑制、阻碍对方不利行为的能力？事实上，无论是优势方还是劣势方，其现有状况是既定的，有关事实是无法改变的。但是，谈判思路是可以调整的，谈判结果也可以通过思路的调整而加以改变。那么对于劣势方而言，在无法改变谈判实力的情况下，就不能基于对方的优势进行谈判，否则就只能顺从于对方。这是因为，各方的机会成本可变性大。对于优势方而言，如果合作成功，其获益就大；如果失败，其受损也会更大。对劣势方而言，即使合作成功，收益也较小；即使谈判失败，其受损也较小。因此，在谈判过程中，各方应该竭尽所能发挥其长，充分运用谈判策略促成合作。

当己方有优势而对方处于劣势时，要争取掌握主动权。己方应深入研究对方的基本情况、主要目的及平常惯用的策略，以使谈判准备工作做得比较充分。己方谈判人员可以根据实际情况直接或者间接婉转地向对方显示自己的有利地位，给对方造成压力。在己方优势地位明显的情形下，打乱谈判的顺序，将问题一次性在谈判桌上提出，使对方心生怯意，自乱阵脚。双方有着实力悬殊也是常见的，这也就要求谈判人员应具备良好的心理素质，有意识地将己方不利的条件包装起来。在己方处于劣势时，突破的关键是找出关键的问题和关键的人物。谈判的艺术和技巧是影响谈判实力的一个很重要的因素，有时甚至超过相关主体的实力和影响力。谈判人员如果能充分调动有利于本方的因素而避免不利的因素，再加上谈判人员高超的谈判艺术和技巧，那么己方的谈判实力就会大大增强。但是需要记住的是，谈判技巧不能替代谈判实力，谈判技巧只能带来一时的优势。谈判结果对己方又较为重要时，谈判人员一定要表现出诚恳的态度，在语言方面较为温和，在行为方面较为坦率，这就如同放风筝，在把握住那根弦的基础上，对"风筝"有收有放，收放得当。虽然参与谈判的人员可能很多，但是起着举足轻重作用的人往往是特定的，因而，因人制宜会达到事半功倍的效果。

5. 软硬兼施

软硬兼施本指软硬手段同时施展，这里是指对谈判中的重大问题毫不退让、细节问题适当让步的一种策略，也称"红白脸"策略。一般而言，在对抗式谈判中，谈判者的态度都不够友善，言辞较为激烈、话语较为粗暴，处于严重的对立立场。毋庸置疑，这种谈判的效果极差。因此，在具体的法律谈判中，谈判者的心态不能简单化、绝对化，既要表现出足够的诚意和相应的耐心，也要表现出谈判失败仍然能够解决问题的决心和信心。无论是一味地迁就和妥协，还是一味地对抗和冲突，都是谈判局势的极端化，不利于问题的解决。在谈判中，可人为制造僵局，又称为策略性僵局，是指一方故意制造一些谈判障碍，给对方施加压力或形成优势的延迟性质的策略。例如，一方可以对他方通过反驳来制造障碍，包括对方的要求不合法律规定或国际惯例，或没有事实根据，或论证不科学、不合理等。另外，还可以利用"收回条件"，即寻找借口或理由收回自己已经给出的某个谈判条件。其目的是让对方陷入两难选择，即要么放弃自己的更高要价，要么放弃他方的利益承诺。当然，此时对方做到两者兼顾是有难度的。不过要注意的是，这一技巧的运用具有灵活性质。这是因为，任何一个谈判者都能找出相应的借口去"收回"自己提出的条件。但是，这样做的真正目的并非要收回那些条件，而是迫使对方再放弃一些要求而已。因此，在运用这一技巧时，一定不能收回比较重要的条件，因为这样可能不仅不会达到目的，反而可能会激怒对方，从而导致谈判失败。收回条件是一把双刃剑，一定要选择好对象和时机。

在合作式法律谈判中，双方有接近的意愿，较为容易进行沟通，较少运用威胁或过激的手段，更多的是摆事实、讲道理，会适时作出一定的让步，试图达到双赢的效果。说服对方合作，需要把握对方的心理，并运用一定的技巧，即必须要找到一个既让对方不得不接受，又希望继续合作的理由。这就是双方难以左右或回避的客观现实。为此，要仔细分析和研究对方的情况，包括对方的经营状况、谈判的真实目的、可以利用的机会、常用的谈判策略等。己方可以告知对方，愿意本着公平互利的原则并根据交易的客观背景做出相应调整，或者表明对方遵守诚实信用原则，己方愿意作出让步。如果双方有共同的愿望，且没有根本性的利益冲突，谈判成功的话都可以获益；谈判失败的话都会遭受损失。在这种情形下，双方会以积极务实的态度寻求合作。反之，如果双方没有共同的利益和需求，谈判成功的话，双方也不会同时获益；谈判失败的话，双方也不会同时受损。如此，一定会有一方无所顾忌，双方无法形成共识，其结果是一拍两散。另外，"休会"策略是一种为缓和气氛、融洽关系、打破僵局而经常使用的一种策略。通过休会，谈判人员不仅可以恢复体力、精力，还可以通过说服的方式交换意见，使双方化解矛盾、友好相处。

第二节　调解制度

一、调解的意义

当事人之间形成的法律纠纷，可以通过多种途径加以解决，包括调解、仲裁、诉讼及和解等。不过，每种途径的运行和成本都不一样，因此，当事人应综合考量相关因素，选择最佳解决方式。通过和解的方式解决纠纷，灵活性强，花费的成本低。和解，是指纠纷当事人通过协商，互谅互让解决争议的方式。私下和解是一种法律谈判，是当事人意思自治的表现，是对自己诉讼权利和实体权利的处分。当事人既可以直接对话协商处理纠纷，也可以通过第三方牵线搭桥化解矛盾，还可以直接通过第三方调解解决。调解是指纠纷当事人通过第三方的居中斡旋和说服疏导，并以法律、道德和习惯等为依据或参照，促成争议解决的方式。民事争议发生在平等的民事主体之间，可以自主决定纠纷解决的途径，可以自主处分实体权利，因而，民事案件存在着调解解决的法律基础。特别是，许多民事案件发生在同乡、同村或街坊、邻居、亲朋之间，一般是非对抗性矛盾或纠纷，更需要通过法制宣传教育和协商疏导的方法来解决。通过和解或调解可以避免激化矛盾，社会效果更好，这是调解的社会基础。

广义的调解包括法院调解、行政调解、人民调解、仲裁调解等，而狭义的调解主要是指诉讼外的调解。法院调解，是指法院按照民事诉讼法的规定处理民事争议的一种诉讼活动。法院审理民事案件，首先应进行调解，或以调解方式结案，但适用特别程序、督促程序、公示催告程序、破产还债程序的案件以及婚姻关系、身份关系确认案件和其他依案件性质不能进行调解的民事案件，法院不予调解。调解达成协议，法院应当制作调解书。调解书送达双方当事人签收后，即具有法律效力。行政调解、仲裁调解和人民调解委员会的调解，属于诉讼外的调解。行政机关、仲裁委员会和人民调解委员会，不能行使国家审判权，因此，它们的调解效力与法院调解效力也不尽相同。仲裁调解协议生效后，义务人不履行义务的，权利人可以申请法院强制执行。人民调解委员会的调解，其协议不具有强制执行的效力。行政调解协议，除法律有特别规定的外，一般也不能申请法院强制执行。而法院制作的生效调解书，与法院的判决书具有同等法律效力，即具有给付性内容的调解书，一方不履行义务的，对方当事人可以申请法院强制执行。

调解是一种传统的纠纷解决方式，在非诉讼方式中有其独特的地位。民间调解在我国源远流长，最具生命力，是古代中国最具有文化代表性的一种元素。与正式调解不同，民间调解具有非正式的社会组织性和社会规范性，即民间调解往往由民间组织或个人主持，以民间通行的各种社会规范如习惯、家训、村规民约等为说理依据或作为调解参照。我国传统民间调解的最典型的形式是家族调解和邻里调解等。虽然诉讼因其具有强制性和权威性而处于纠纷解决机制的核心，但调解等非诉讼解决方式因其具有便捷性和自主性而逐渐成为纠纷解决的重要方式。非诉讼解决方式与民事诉讼功能互补，是民事纠纷解决的重要组成部分。非诉讼救济即诉讼外解决方式，也称为"替代性纠纷解决方式"（Alternative Dispute Resolution，ADR），其概念来源于美国，是指民事诉讼制度以外的非诉讼纠纷解决方式、程序或机制的总称。日本比较民事诉讼法学者小岛武司教授指出："裁判是一种奢侈的纠纷解决方式，故欲让所有的民事纠纷都通过裁判来解决的想法是不现实的。即使无视现实制约而大力鼓吹裁判万能论，但大多数纠纷通过裁判以外的方式加以解决的事实依然是不会改变的。"替代性纠纷解决机制的主要特征包括：

其一，纠纷当事人具有高度的自主性。这种纠纷解决方式以当事人的自主协商和合意选择为基础，因而当事人的意思自治在其中占有重要地位。

其二，纠纷解决程序的非正式性。当事人可根据争议的具体情况来选择合适的解决方案，具有很强的灵活性，当事人不必遵循严格的程序和时限规定。

其三，解决纠纷的便捷性。非诉讼纠纷解决程序简单灵活，时限较短。这样，不但简化了解决争议的程序，大大缩短了解决争议的时间，而且降低了相关费用，节省了成本。

其四，非诉讼的纠纷解决方式体现了协商、对话、交流、沟通的理念，当事人通过妥协与和解来达到解决纠纷的目的。以非对抗和非公开的方式解决纠纷，容易得到双方当事人的接受和认可以及自觉执行。

其五，纠纷解决的互利性。发生纠纷后，当事人当然希望以最小的成本付出获取最大的收益。选择非诉讼方式是当事人各方衡量利益的结果，纠纷当事人往往容易妥协互让，最大限度地减少成本付出和资源浪费。

二、调解的种类

1. 法院调解

法院调解，亦称诉讼调解，是指在法院的主持下，当事人就争议的实体权利义务自愿协商，达成协议，解决纠纷的诉讼活动。根据我国《民事诉讼法》的规定，法院调解在诉讼的各阶段、各审级中均可进行。具体而言，法院在案件受理之后开庭之前可以进行调解，在庭审过程中可以进行调解，在二审程序和再审程序中也都可以进行调解。调解的开始，一般由当事人提出申请，法院也可以依职权主动提出建议，在征得当事人同意后开始调解。

与诉讼外的调解相比较，法院调解的主要特征包括：

第一，调解阶段。法院调解可以发生在诉讼前后。在诉讼过程中，法院进行的调解，属诉讼意义上的行为，对当事人具有诉讼上的约束力。而诉讼外调解发生在诉讼程序之外，当事人的行为无诉讼上的意义，没有诉讼上的法律效力。

第二，调解性质。法院调解是在法院主持下进行的。法院是司法机关，所进行的调解属于审判活动，是行使审判权的体现。人民调解委员会、行政机关、仲裁机构等不属于司法机关，所进行的调解不具有司法性质。

第三，调解程序。法院调解要遵循法律原则和法律程序。根据我国《民事诉讼法》的规定，法院调解要遵循当事人自愿和合法的原则，应当在事实清楚、责任分明的基础上进行，程序上应当合法。而诉讼外调解虽然也要求当事人自愿和合法，但在程序要求以及查清事实和分清责任方面没有法院调解那样的严格限制。

第四，调解效力。法院调解所形成的调解协议或调解书生效后与生效的判决书具有同等的法律效力。法院调解经当事人达成协议并签收了送达的调解书的，具有法律效力；具有给付内容的调解书具有执行力。诉讼外调解中，除仲裁机构制作的调解书具有法律效力外，其他机构主持下达成调解协议而形成的调解书，一般无法律拘束力。

通过法院调解活动，当事人自愿达成调解协议的，一般应制作调解书。但是在某些特殊情况下，当事人达成调解协议的，法律规定不需制作调解书。我国《民事诉讼法》第98条规定："下列案件调解达成协议，人民法院可以不制作调解书：（一）调解和好的离婚案件；（二）调解维持收养关系的案件；（三）能够即时履行的案件；（四）其他不需要制作调解书的案件。对不需要制作调解书的协议，应当记入笔录，由双方当事人、审判人员、书记员签名或者盖章后，即具有法律效力。"

2. 人民调解

人民调解，是指在人民调解委员会的主持下，在不违背法律、政策和社会公德的情况下，对纠纷当事人进行说服教育、规劝疏导，促使各方平等协商、互谅互让，自愿达成协议，从而解决纠纷的一种群众性自治活动。我国立法明确规定了人民调解的组织体系、调解程序和调解协议等内容。人民调解制度是解决我国民间纠纷的一种重要法律制度。人民调解制度既体现了传统文化价值观念，又被赋予了鲜明的时代意义，因而是一种具有独特法律内蕴的制度。

与其他调解相比，人民调解的特点主要表现在：

第一，调解依据。人民调解的依据具有广泛性、灵活性的特征。我国《人民调解法》第3条规定："人民调解委员会调解民间纠纷，应当遵循下列原则：（一）在当事人自愿、平等的基础上进行调解；（二）不违背法律、法规和国家政策；（三）尊重当事人的权利，不得因调解而阻止当事人依法通过仲裁、行政、司法等途径维护自己的权利。"

第二，调解组织。根据我国《宪法》的规定，人民调解委员会是村民委员会和居民委员会下设的调解民间纠纷的群众性组织，在基层人民政府和基层人民法院的指导下进行工作。我国《人民调解法》进一步明确了人民调解委员会的设置、组成和运行机制，调解民间纠纷的范围、方式和分工，调解民间纠纷的程序和要求，人民调解协议的订立和履行等内容。

第三，调解效力。人民调解协议是在人民调解委员会主持下，双方当事人经平等协商，自愿达成的解决他们之间纠纷的协议。根据最高人民法院《关于审理涉及人民调解协议的民事案件的若干规定》的规定，经人民调解委员会调解达成的、有民事权利义务内容，并由双方当事人签字或者盖章的调解协议，具有民事合同性质。当事人应当按照约定履行自己的义务，不得擅自变更或者解除调解协议。经人民调解委员会调解达成调解协议后，双方当事人认为有必要的，可以自调解协议生效之日起30内共同向人民法院申请司法确认，人民法院应当及时对调解协议进行审查，依法确认调解协议的效力。由于人民调解是我国正式的法律制度，调解协议具有"民事合同"性质，并与国家司法制度衔接，因此人民调解也具有"准司法性"。

3. 行政调解

行政调解是在行政机关的主持下，以当事人自愿为基础，以法律和政策为依据，对属于行政机关职权管辖范围内的一些法律纠纷，通过说服与劝导，促使双方当事人互让互谅、平等协商，以解决有关争议的活动。行政机关利用公共资源，主动为当事人提供解决纠纷的途径，及时化解社会矛盾，节约司法资源，是行政服务职能的具体体现。从法律效果上而言，行政调解既尊重了当事人的意愿，也宣传了法律和政策，而且还可以降低当事人解决纠纷的成本支出，对于维护社会稳定有重要意义。

行政机关在行政管理过程中，可以调解与其职能相关的纠纷。根据我国法律规定，行政调解主要有如下几类：

第一，基层人民政府的调解。调解民事纠纷和轻微刑事案件是基层人民政府的工作职责。这项工作主要是由乡镇人民政府和街道办事处的法律工作者负责进行。

第二，合同管理机关的调解。根据我国《合同法》的规定，当事人对合同发生争议时，可以约定仲裁，也可以向法院起诉。法律规定的合同管理机关，是各级市场监督管理机构。自然人、法人或非法人之间产生的合同纠纷，可以向市场监督管理机构申请调解。

第三，公安机关的调解。根据我国《治安管理处罚法》的规定，对于因民间纠纷引起的打架斗殴或者损毁他人财物等违反治安管理的行为，情节轻微的，公安机关可以调解处理。根据我国《道路交通法》的规定，对交通事故损害赔偿的争议，当事人可以请求公安机关交通管理部门调解，也可以直接向法院提起民事诉讼。经公安机关交通管理部门调解，当事人未达成协议或者调解书生效后不履行的，当事人可以向法院提起民事诉讼。这是法律授予公安机关调解的权力，有利于妥善解决纠纷，增进当事人之间的团结。

第四，婚姻登记机关的调解。我国《婚姻法》规定，男女一方要求离婚的，可由有关部门进行调解或直接向法院提出离婚诉讼。法院审理离婚案件，应当进行调解；如感情确已破裂，调解无效，应准予离婚。因此，婚姻登记机关也可以对婚姻双方当事人进行调解，这样有利于婚姻家庭关系的和谐健康。

第五，劳动争议的调解。根据我国《劳动法》的规定，在用人单位内，可以设立劳动争议调解委员会。劳动争议调解委员会由职工代表、用人单位代表和工会代表组成，劳动争议调解委员会主任由工会代表担任。用人单位与劳动者发生劳动争议，当事人可以依法申请调解。劳动争议经调解达成协议的，当事人应当履行。

4. 仲裁调解

仲裁（arbitration）是指当事人在纠纷发生前或者纠纷发生后达成自愿，将纠纷提交中立的第三方审理，第三方依据法律居中评判，并作出对争议各方有拘束力的裁决的一种解决纠纷的制度。仲裁调解是指在仲裁庭主持下，当事人在自愿协商、互谅互让基础上达成协议，从而解决纠纷的一种制度。我国《仲裁法》第 51 条规定，仲裁庭在作出裁决前，可以先行调解。当事人自愿调解的，仲裁庭应当进行调解。调解不成的，应当及时作出裁决。调解达成协议的，仲裁庭应当制作调解书或者根据协议的结果制作裁决书。调解书与裁决书具有同等法律效力。调解书经双方当事人签收后，即发生法律效力。仲裁庭的调解与其他组织的调解区别表现在：第一，主体不同。仲裁调解是由仲裁庭在庭审过程中对双方当事人所进行的调解；而其他调解则是由企业劳动争议调解委员会、依法设立的基层人民调解组织等进行的。第二，效力不同。虽然调解协议对双方当事人都具有约束力，但是仲裁庭的调解可以申请法院强制执行，其他调解则不可以申请强制执行。不过，法院依法确认人民调解协议有效，一方当事人拒绝履行或者未全部履行的，对方当事人可以向法院申请强制执行。

仲裁调解与诉讼调解的区别表现在：（1）适用范围不同。根据我国《仲裁法》的规定，平等主体的公民、法人和其他组织之间发生的合同纠纷和其他财产权益纠纷，可以仲裁。对涉及婚姻、收养、监护、抚养、继承关系的纠纷和依法应当由行政机关处理的行政争议不予适用。诉讼作为国家公力救济的形式，根据我国《民事诉讼法》第3条的规定，人民法院受理公民之间、法人之间、其他组织之间以及他们相互之间因财产关系和人身关系提起的民事诉讼。（2）执行程序不同。根据最高人民法院《关于对申请强制执行仲裁机构的调解书应如何处理的通知》的规定，对仲裁机构发生法律效力的调解书，一方当事人不履行的，对方当事人可以向有管辖权的法院申请执行。受申请的法院发现仲裁机构的调解书确有错误的，不予执行，并通知原仲裁机构。因而当事人需要重新申请仲裁或向法院起诉。而诉讼调解书生效后，一方不主动履行，另一方当事人在法定期限内向原审法院申请执行，原审法院应及时依法予以执行。即使一方当事人申请再审，在再审期间依法仍不停止执行，只有在调解书被撤销之后才丧失执行效力。（3）救济程序不同。我国《仲裁法》第57条规定："裁决书自作出之日起发生法律效力。"仲裁裁决实行一裁终局，对双方当事人均有约束力。其不存在再审救济的问题，也没有重新仲裁的补救措施。在诉讼调解中，根据我国《民事诉讼法》第201条的规定："当事人对已经发生法律效力的调解书，提出证据证明调解违反自愿原则或者调解协议的内容违反法律的，可以申请再审。经人民法院审查属实的，应当再审。"因而当事人可以通过再审程序进行救济。

三、调解的策略

1. 善于倾听

获取他方信息是交流、沟通的前提。谈判，是依靠当事人之间的信息传递、不断磋商来完成的。只有获取他方信息，调整方案、确定对策，才能有效推进谈判进程。当事人之间交流的方式方法，特别是当事人之间原有的社会关系，极大地影响谈判模式和效果。在获取信息时，倾听比提问、解释、辩论更重要，更有成效。倾听时要关注对方的回答内容，同时分析对方回应时的心理状态和情绪表现，如是否不假思索、是否犹豫、是否含糊、是否自相矛盾、是否过激、是否平静、是否失望等。调解人员与当事人之间的距离，自然就会在倾听、应答中越拉越近。认真倾听，对他人而言，意味着被尊重，情感沟通的效果更好。同时，根据案件的不同发展情况，抓住矛盾的症结之处，抓住纠纷的焦点，有区别、有针对性地开展工作，才能收到预想的效果。获得他方信息时要特别留意对方的风格和语态，如果发现对方的合作意图，应及时调整本方谈判风格，争取"双赢"的结果。

善于倾听是一门非常重要的社交艺术，它能使倾听者获得对方的好感和信任，使得案情的沟通和意见的交流更为顺畅。作为倾听者的调解人员，一是不要心急，要给当事人一个释放心情的空间，让其倾倒苦水"降降温"；二是不要摆架子、居高临下，要让当事人感到平等、和蔼、友善；三是不要无原则地顺情说好话讨好一方或者无端指责另一方，要给今后工作的继续开展留有余地。沟通双方的距离要合适，要尊重对方，不要盛气凌人；不要面无表情或者紧锁眉头、满脸不高兴；不要使用攻击性与威胁性的语言和手势；不要在沟通过程中表现出缺乏耐心，或者去做其他无关的事情。了解纠纷的性质、起因和经过，熟悉双方当事人的性格、品质和背景，必要时还要知道某些细节，找到双方争议的误区和症结，然后对症开方，这是调解成功的基础。根据对方对谈判的态度、解决问题的建议、对形势的看法、价值取向等，调整谈判内容，有必要的话可以重新确定目标、底线和妥协点。

2. 晓以情理

调解时要晓之以理，动之以情。晓之以理是指要符合情理和法理，包括伦理、法律、政策、社会公德、核心价值观和人之常情等。动之以情，是指对当事人要有同情心，要有关照和温暖，设身处地地想他人之所想。每个人都希望自己的人格得到他人尊重，行为得到他人肯定，这是人之常情。在现实生活中，纠纷当事人往往过错与无过错互相交织，此时就要明辨是非曲直、公平待人，明确指出各方存在的过错，而对无过错的行为要充分肯定。民间纠纷类型多种多样，具体情形千差万别。而且，不是所有的人都是"理性人"，并非所有的当事人都能够理性地处理自己与他人的利益关系。因此，做好调解工作，首先要讲究用语、善于表达，调解人员要运用适当的语言和语气进行说服、教育、抚慰、劝导。在调解过程中，调解人员可以针对不同情况，适时对当事人进行法制宣传教育，弘扬社会主义道德观念。释明法律时，态度要诚恳，表达要深入浅出，要让对方切实理解法律，感受法律的公平正义。通过法理情并用，引导当事人自觉遵守法律和道德规范，唤醒当事人的良知，促成纠纷的化解。

基于纠纷性质和情节的差异，调解人员必须要有适合不同对象的调解方法。由于生活环境、社会阅历、文化素质和道德观念的差异，每个人都表现出鲜明的个性特征。不同个性特征的当事人对纠纷解决和调解人员的工作会有不同的看法。例如，外向型性格的人感情外露，内心想法会很快通过外部表情和行为方式表现出来；而内向型性格的人感情深沉，内心想法不易外露。这就要求调解人员善于察言观色，通过分析表情、言语和行为，弄清楚当事人的真实想法。再如，文化水平和法律素质高的人，其自我调节能力较强，有较为健康的心理状态，纠纷情结不容易形成，即使形成也不易外化为冲突和矛盾。如果这类人与其他人发生了纠纷，他们对调解人员有道理的话容易听得进，也能理解调解人员的工作并给予相应的配合。反之，文化水平和法律素质低的人以及容易情绪化的人，其自我调节能力较差，非正常的心理容易形成并外化为各种社会纠纷。对这类纠纷当事人，调解人员就必须多花功夫，用通俗易懂的语言把法律和政策说清楚、讲透彻。说服别人的关键在于耐心，要做长期的准备，不要急于求成，要注意循序渐进、把握分寸，尽量让对方充分了解说服的内容。

3. 迂回疏导

为形成良好的调解氛围，调解时应把握好三个因素：其一，调解时机，应选择当事人情绪稳定之时；其二，调解场所，应选择当事人可以放松的地方；其三，参与人员，应选择纠纷当事人心理上容易接受的人参与调解。在纠纷当事人心情平和、不排斥对话时，应及时交流感情，进行疏导和劝解。

调解场所可以是法院的调解室、法庭、司法调解室以及当事人所在单位、居民委员会、村民委员会、当事人家里、纠纷发生地等，选择时应考虑案件性质和社会影响等因素。调解室是专门的调解场所，有利于排除干扰，冷静思考。而其他调解场所也具有相应的优势，如可以缓解当事人的紧张和焦虑，有利于调解人员全面了解案情，还可以得到基层组织和群众的帮助，并起到法制宣传教育的作用。邀请当事人的亲属、朋友、邻居等与当事人有较密切联系的人参加调解，有助于减少当事人的抵触情绪，形成有利于纠纷解决的氛围。当地基层组织和当事人所在单位领导、有关专家参与调解，有利于当事人提高思想认识，并能协助解决一些实际问题。在某些涉及专业知识的案件中，专家的话往往更能说服当事人，促使当事人客观地考虑问题，放弃不切实际的要求，接受调解。

在当事人情绪激动或有过激的反应时，都不宜对话、商谈。此时，应视情况运用冷却法、宣泄法、感化法和震慑法缓解当事人的情绪。冷却法，是指对情绪冲动的当事人，设法使其情绪稳定、恢复理智。例如，在一些离婚案件中，夫妻感情基础很好，一方一时冲动提出离婚，此时应在情绪平静、认识更为理智后再进行劝解。宣泄法，是指受压抑的一方满腹委屈时，调解人员应认真倾听，使当事人有宣泄的机会，并适时给予同情、安慰、疏导。心理学认为，当一个人的心理活动失去平衡的时候，就要通过宣泄来恢复平衡。若心中的积郁不能得到释放，人就可能会失去理智。在调解中，受害方或者受委屈一方的心理最初往往不平衡，这就需要调解人员充当好倾听者的角色，使其心理上得到安慰。震慑法，是指利用当事人的趋利避害心理，晓以利害，使其受到震慑、产生恐惧，从而使当事人主动履行义务或者立即停止侵害行为。实践中，有的当事人已经认识到自己的过错，却又不愿意承认和改正，反而寻找借口为自己开脱。这是一种过度的自我防卫心理，对于这种当事人，更需要对其施加心理压力，使其醒悟和悔改。

4. 对症开方

当出现调解僵局时，调解人员应当及时发现症结所在，找出打破僵局、解决纠纷的有效办法，特别是要针对不同的情况对症开方。调解人员要准备多种调解方案，以供当事人选择，并根据情况逐步展开。民事纠纷复杂多样，即使同类的民事纠纷，由于引发纠纷的起因不同，调解措施也有所不同。在做调解工作时，不能偏听一方，而应当深入调查，掌握案件基本事实。对于某一个具体的纠纷，必须明确谁是谁非，是否违反法律和道德；是双方都有过错，还是过错完全在某一方；如果有过错，弄清楚过错的原因、过错的程度和过错的表现。不同的当事人，因文化素质和认知程度不一样，往往对问题有着不同的观点和见解。对此，调解人员应了解当事人的心理，根据当事人的文化素养、脾气性格等确定调解方案。例如，有些当事人对诉讼很执着，认为只有胜诉，自己才有面子和出路，于是抱着不胜诉决不罢休的心态，誓将官司打到底。此时当事人的心理已经非常偏执，诉讼成了他日常生活的一部分或人生最大追求，面对这样的当事人，法官首先要做的就是帮助他们调整好心态，正确对待诉讼；而对脾气暴躁、容易冲动的案件当事人，就用温和的态度去平息当事人心中的怒火；对为人冷静、通情达理的当事人要晓之以理。当双方当事人众多，情绪激动、冲突激烈时，调解人员必须冷静控制局面，或者退一步察言观色，进退结合，不能自乱方寸；或轻声细语进行交谈，避其锋芒迂回沟通；或让人宣泄，认真倾听，再分别处理，抓住主要矛盾或从影响力大的当事人入手来解决问题。

利与弊、输与赢是纠纷解决中的矛盾，调解就是要找到解决矛盾的平衡点，即"互利双赢"，使双方的损失都减少，都有利益可得。这就要求，一方面，寻求双方当事人的利益平衡点、交叉点，并形成共识，另一方面，认真对待当事人的个人利益要求，尊重当事人的现实需要。双方当事人利益达到平衡，各得其所，就可以减少无谓的争议，不打不必要的"赌气"官司。在诉讼调解中，确因经济困难，难以达成调解协议的也不少。这时调解人员要善于引导权利人从维护自身利益的大局和实际出发，体谅对方困难，在给付数量和时间上作适当的让步。这样既不会对权利人的利益造成大的损害，也有利于义务人自觉履行，从而实现权利人的权益。在诉讼中，法官要向当事人传递"和为贵"的传统文化理念，在当事人起诉、应诉、送达法律文书、接受当事人证据、依法调查、告之诉讼权利义务和诉讼风险提醒中，提示当事人运用好调解、和解方式。在证据交换、庭审调查、庭审辩论、财产保全、先予执行中，要引导当事人尽量选择协商的方式解决争议，为开展调解打下基础。在民事诉讼中，原告和被告双方通常都存在一定过错，只是双方的过错程度和责任大小不同。例如，在人身损害赔偿类纠纷中，一般情况是双方都有可能存在过错，应分担责任，而只有一方有过错并承担全部责任的案件并不多。通过庭审等方式找准纠纷原因后，法官可以通过剖析双方的过错大小，指出双方各自应当承担的责任，然后通过说理说法来消除彼此间的误会和隔阂，使双方握手言和、消除矛盾。

第三节　法律谈判练习

一、律师接受委托中的谈判练习

基本案情：

2006 年 10 月 15 日李某与开发商××公司签订了《商品房预售合同》，约定李某购买××公司开发的住宅一套，房屋建筑面积为 95 平方米，房屋总价款 130 万元，按照合同约定海元公司应于 2008 年 6 月 30 日交付房屋，每逾期一天，××公司向李某支付购房款万分之三的违约金。合同签订后，李某按照合同约定支付了全部购房款，但××公司未能按照合同约定交付房屋。2008 年 9 月 20 日××公司将房屋交付给李某。2010 年 8 月 10 日，××公司取得了房屋所有权证书。房屋交付使用后，李某曾多次要求××公司配合办理过户手续，但开发商明确表示拒绝。××公司称因房屋测绘面积误差，要求李某补缴部分购房款，但李某称对于补缴购房款一事从未接到过××公司的任何书面通知。现李某希望委托一名能干的律师帮他打赢官司，且收费合理。

请分别以双方当事人的身份进行谈判模拟。

二、法官解决纠纷中的调解练习

基本案情：

2016 年 7 月 1 日，张某与××科技公司签订《装饰装修合同》，约定就某行政办公楼进行装修，竣工时间为 2016 年 7 月 21 日，价款为 18 万元。期间，××科技公司支付张某 11 万元。由于××科技公司一直未支付余款 5 万元，张某于是向法院提起诉讼要求支付余款。××科技公司认为，张某没有按照时间要求完成工程造成经济损失 2 万元，而且在施工过程中造成部分门锁损坏。另外，张某至今未提交竣工报告。因此不应支付余款。

请从法官的角度对当事人之间的纠纷进行调解。

第八章

庭审程序与法庭辩论

第一节　庭审程序

一、庭前准备

（一）当事人的庭前准备

1. 明确民事案由

民事案件案由，主要是指以民法理论为基础对民事法律关系进行的分类，民事案由以民事实体法为依据。民事案由是民事法律关系的表现形式，体现民事法律关系或民法上请求权的最小单位。最高人民法院《关于印发〈民事案件案由规定〉的通知》明确指出，民事案件案由是民事诉讼案件的名称，反映案件所涉及的民事法律关系的性质，是法院对诉讼争议所包含的法律关系进行的概括。最高人民法院发布的《民事案件案由规定》以民法理论对民事法律关系的分类为基础，结合现行立法及审判实践，将案由的编排体系划分为人格权、婚姻家庭继承、物权、债权、劳动争议与人事争议、知识产权、海事海商、与铁路运输有关的民事纠纷以及与公司、证券、票据等有关的民事纠纷、适用特殊程序案件案由等共十大部分，作为第一级案由。为保持体系的相对完整，并考虑规范民事审判业务分工，对某些案由进行了合并和拆分。例如，知识产权纠纷类中，既包括知识产权相关的合同纠纷案件，也包括知识产权权属和侵权纠纷案件。在第一级案由项下，细分为30类案由，作为第二级案由（以大写数字表示）；在第二级案由项下列出了360多种案由，作为第三级案由（以阿拉伯数字表示），第三级案由是实践中最常见和广泛使用的案由。基于审判工作指导、调研和司法统计的需要，在部分第三级案由项下列出了部分第四级案由，以阿拉伯数字加（ ）表示。对于名称中带有顿号（即"、"）的部分案由，适用时应当根据具体案情，确定相应的案由，不应直接将该案由全部引用。如"生命权、健康权、身体权纠纷"案由，应根据侵害的具体人格权益来确定相应的案由。根据司法解释的精神和相关说明，当事人起诉的法律关系与实际诉争的法律关系不一致的，法院结案时应当根据法庭查明的当事人之间实际存在的法律关系的性质，相应变更案件的案由。各级法院不得将《民事案件案由规定》等同于《民事诉讼法》第119条规定的受理条件，不得以当事人的主张或请求在《民事案件案由规定》中没有相应案由可以适用为由，裁定不予受理或者驳回起诉，影响当事人行使诉权。

民事案件案由是能科学全面反映案件本质属性的案件名称。民事案件案由如何确定，是立案、审判实务中不可回避的问题。对民事案件案由的准确确定，将有利于对受理案件进行分类管理，有利于法院在审判实务中准确确定案件诉讼争点和正确适用法律，有利于提高案件司法统计的准确性、科学性。案由必须依据法律条文和立法原意予以科学确定。民事案件案情复杂，一个案件可能涉及许多事实，有必要通过分析抽象出案件的基本性质和核心要素。民事案由集中反映了案件的实质，是高度抽象的结果，民事案由具有规范性、统一性和稳定性特征。确定民事案由必须结合具体案情，不同类型的民事案件有不同的案由，同一类型的民事案件必须一致。法律关系决定于法律事实和与之相适应的法律规定，确定一个案件是何种法律关系，关系到诉讼请求的实现，对案件的走向和诉讼结果至关重要。律师必须有扎实的法理知识和分析判断能力，才能对案件准确定性，也才能正确适用法律。民事案件案由一般是根据当事人的诉讼请求来确定的，但当事人的主张有可能并不能有效地保护其合法权益，这就需要律师严格审查，确保案由的选择适合于当事人权利保护的需要。审查案由时主要有三个步骤：首先，检查立案案由与争讼事实是否一致；其次，区分同一诉讼中涉及的多种法律关系；最后，选择确定的案由是否符合当事人利益最大化的需求。律师在办理案件时应将案件所需要适用的法律法规、司法解释等规范性法律文件一一摘录下来，注明颁布机构、颁布时间、生效时间、效力层次等内容，以备当庭引用，供法庭参考。不过需要指出的是，根据最高人民法院《关于民事诉讼证据的若干规定》第35条第1款的规定："诉讼过程中，当事人主张的法律关系的性质或者民事行为的效力与人民法院根据案件事实作出的认定不一致的，不受本规定第三十四条规定的限制，人民法院应当告知当事人可以变更诉讼请求。"

2. 准备证据材料

在举证期限内，律师应收集所有与案件相关的证据材料，并进行初步的分析判断，以确定其证据资格和证据效力；对于可能对己方产生不利影响的证据也要收集，但运用时要慎重。对于财产保全和先予执行的申请，律师也应根据案件情况及时处理。在证据有可能灭失或以后难以取得的情况下，应及时告知委托人并及时向法院或公证机关申请证据保全。

律师因客观原因不能自行收集证据时，应当及时向法院提出申请，请求法院调查收集证据；需要勘验物证和现场的，也应及时向法院提出并要求参加勘验活动。根据司法解释的规定，当事人可以申请法院调查取证的范围包括：属于国家有关部门保存并须法院依职权调取的档案材料；涉及国家秘密、商业秘密、个人隐私的材料；当事人及其诉讼代理人确因客观原因不能自行收集的其他材料。

所有证据材料的原件和原物都应由当事人自己保存，办案律师只收取复印件或复制品。律师应将证据材料装订成册，便于查找、避免丢失；律师审查证据的要点包括审查证据体系是否完整，是否形成证据链条；不同种类和形式的证据的编排顺序是否正确；各种证据是否相互印证，并能形成唯一的结论，不存在前后矛盾的情形；视听资料、电子数据的制作时间、修改时间、内容陈述时间等方面是否保持一致。

做好证据目录的编写工作。清晰明了的证据目录，不仅可以让法官对办案律师产生良好的印象，而且可以提高庭审效率。证据目录应列明证据序号、证据来源、证据类型、证明目的等，对于较多证据材料的，应分门别类编排，注明页码。分类编排时，应注意证据材料之间的逻辑性，可以根据证明对象和证明目的的不同加以区分。需要注意的是，申请立案的时候，一般只提供证明主要案件事实和支撑诉讼请求的主要证据材料即可。

3. 撰写代理意见

代理意见是指法庭辩论结束后，律师根据案件事实和庭审情况，向法庭进一步阐明自己对案件观点的书面文书。其目的在于说服法官采纳代理律师的观点。律师应根据已经掌握的正反两方面证据材料可以证明的案件事实，以及已经确定的法律关系，针对案件可能的争议焦点，依据法律原理和法律规定形成代理意见。但是庭前拟定的代理意见只是针对案情的一个初步判断，不宜过于具体。这是因为，庭审中可能出现新情况、新问题，律师还必须及时充实、修改，过于详尽可能会受到束缚，不利于灵活应对，甚至陷入被动。

4. 准备法庭调查提纲

律师可根据已形成的证据资料和案件基本事实，编写法庭调查时发表意见的提纲。调查提纲主要是针对证人、鉴定人、勘验人员、专家证人、对方当事人的观点和主张以及各种证据的质证意见和反驳对方的请求所形成的基本纲要。

原告代理律师法庭调查的准备工作，主要包括：

第一，拟定举证提纲。相关要求如下：其一，证明原告、被告等诉讼主体资格的证据，证明的目的是，原告和被告的主体资格是否符合法律的规定，即是否适格。其二，证明法律事实的证据，如违约事实、侵权事实、履行合同义务的事实、财产的权属事实、人身关系的事实等。其三，证明法律事实与诉讼请求之间因果关系的证据。上述证据应按照一定的逻辑顺序编写，每组后面应写明证明的目的和依据。

第二，拟定质证提纲。质证提纲要充分预见到对方当事人就本案争议的焦点可能提出的反面证据，目的是推翻对方所主张的事实，以确保己方证据的证明力和证明目的得以实现。

被告代理律师法庭调查的准备工作，主要包括：

第一，拟定质证提纲。针对原告的证据材料以及证明力和证明目的进行质证，及时提出相反的证据材料否定对方的事实主张，从而导致原告的请求部分不能成立或全部不能成立。

第二，拟定举证提纲。相关要求同原告举证提纲，如果被告提出反诉，也应事先拟定举证提纲。

（二）法院的庭审准备

法院受理案件后，开庭审理之前，承办案件的审判人员为保证审判的顺利进行要进行一系列诉讼活动，亦称开庭审理前的准备。根据民事诉讼法的规定和民事审判实践，开庭审理前的准备工作主要包括：

1. 在法定期间内及时送达诉讼文书

法院决定受理案件后，应分别向原告和被告、第三人送达《受理案件通知书》（附预交案件受理费通知单）、《应诉通知书》（附起诉状副本）和《参加诉讼通知书》（附起诉状副本）。同时向各方当事人送达《举证通知书》《诉讼风险告知书》《当事人诉讼权利义务告知书》等诉讼材料。

开庭日期确定后，人民法院应于开庭3日前向当事人以及其他诉讼参与人送达开庭《传票》和《通知书》，并予以公告，但不公开开庭的除外。需要组织当事人当面交换证据和召开预备庭的，应在3日前通知诉讼参与人。

2. 成立审判组织并告知当事人诉讼权利

法院依法组成审判组织后，应将法庭组成人员在3日内通知当事人。在开庭前3日内决定调整法庭组成人员的，原定的开庭日期应予顺延。当事人未提出异议和回避申请的，法院可以按原定时间开庭。

3. 审核诉讼材料

开庭前，审判人员应当阅读当事人提交的诉讼材料，认真把握案情，弄清双方当事人争议的焦点和应当适用的有关法律以及有关专业知识。承办法官应当制作阅卷笔录。阅卷笔录的内容应当包括：当事人争讼的案件事实以及相应的诉讼请求、初步确认当事人的争议事实、初步确认诉讼争议的焦点、拟订法庭调查的范围或者重点等。案件特别重大、复杂或者疑难的，审判长可以组织合议庭先行研究、讨论案情。

4. 调查收集必要的证据

根据最高人民法院《关于民事诉讼证据的若干规定》的相关规定，法院主动调查取证的范围包括：涉及可能有损国家利益、社会公共利益或者他人合法权益的事实；涉及依职权追加当事人、中止诉讼、终结诉讼、回避等与实体争议无关的程序事项。

5. 其他准备

根据审判实践，其他准备工作包括追加当事人、决定诉讼的合并与分离等。案情比较复杂、证据材料较多的案件，可以组织当事人进行证据交换。

（三）预备庭（庭前证据交换）

最高人民法院《关于民事诉讼证据的若干规定》第37条规定："经当事人申请，人民法院可以组织当事人在开庭审理前交换证据。人民法院对于证据较多或者复杂疑难的案件，应当组织当事人在答辩期届满后、开庭审理前交换证据。"交换证据的时间可以由当事人协商一致并经法院认可，也可以由法院指定。法院组织当事人交换证据的，交换证据之日举证期限届满。当事人申请延期举证经法院准许的，证据交换的日期相应顺延。

庭前交换证据的要求主要包括：

（1）证据交换一般适用于争议较大、证据较多、案情复杂的案件，其目的在于固定当事人之间无争议的事实，锁定争议焦点，节省正式开庭时间。另外，还可以防止证据"突袭"。

（2）证据交换应遵循举证时限的规定。交换的时间可由当事人协商一致或由法官制定，但均应在正式开庭前进行。

（3）证据交换一般不超过两次。但重大、疑难和案情特别复杂的案件，法院认为确有必要再次进行证据交换的除外。

（4）证据交换应在法官主持下进行。就交换方式而言，可以是当面组织进行或者采取送达的方式进行。根据案情需要和实际效果，组织当事人当面交换证据更契合我国现实。

（5）在证据交换的过程中，审判人员对当事人无异议的事实、证据应当记录在卷；对有异议的证据，按照需要证明的事实分类记录在卷，并记载异议的理由。通过证据交换，确定双方当事人争议的主要问题。

【操作示例】

审判员：现在进行证据交换。

在进行证据交换时，审判人员指示当事人逐一出示证据资料，并分别进行说明。然后由对方当事人进行辨认、核对，并提出是否认可的意见和理由。

预备庭不组织当事人进行质证辩论。对无异议的证据材料和有异议的证据材料，应按证明对象的不同分类记录在卷。

二、开庭审理

（一）意义

开庭审理是指法院在完成审判前的准备工作之后，于确定的日期在当事人和其他诉讼参与人的参加下，依照法定的程序和形式，在法庭上对案件进行实体审理的诉讼活动。开庭审理是普通程序最主要的诉讼阶段，是当事人行使诉权进行诉讼活动以及法院行使审判权最集中的体现，对法院正确审理民事案件具有重要的意义。主要包括：第一，开庭审理能够确保法院审判权的正确行使。通过开庭审理，审判人员按照法律规定，对证据进行全面审核，对案件事实进行客观认定，明确当事人之间的权利义务，对当事人之间的争议作出公正处理，从而实现法院的审判职能。第二，开庭审理有利于对审判活动的有效监督。通过开庭审理，将庭审过程置于社会监督之下，增加了审判活动的透明度，有利于案件的公开公正处理。第三，开庭审理有利于保护当事人的诉讼权利和实体权利。庭审中，当事人根据民事诉讼法的规定行使诉讼权利、履行诉讼义务，有助于保障庭审活动的顺利进行，并最终实现对当事人实体权利的保护。第四，开庭审理有利于充分发挥审判的法制教育作用，扩大法制宣传效果。

（二）准备工作

开庭审理之前，应查明当事人及其他诉讼参与人是否到庭，宣布法庭纪律。具体要求是，由书记员查明原告、被告、第三人、诉讼代理人、诉讼代表人以及证人、鉴定人、翻译人员、专家证人等是否到庭，并向主审法官报告出庭情况。同时宣布法庭纪律，告知全体诉讼参与人和旁听人员必须遵守。证人、鉴定人、翻译人员、专家证人等在核对身份后应退出法庭，庭外等候传唤。

开庭审理时，由审判长核对当事人，核对的顺序是原告、被告、第三人，核对的内容包括姓名、性别、年龄、民族、籍贯、工作单位、职业和住所。当事人是法人和非法人组织的，核对其法定代表人和主要负责人的姓名和职务。对于诉讼代理人应当查明其代理资格和代理权限，对于特别授权代理的，应加以明确权限范围。核对身份后，审判长应征询各方当事人对对方出庭人员的身份有无异议。经各方当事人确认无异议后，审判长宣布案由、审理方式以及审判组织组成情况，告知当事人有关的诉讼权利和义务，询问当事人是否提出回避申请。

【操作示例】

书记员：请当事人、诉讼代理人入庭。

书记员：查明当事人、诉讼代理人到庭情况，核对证件。

书记员：请肃静，现在宣布法庭纪律。

书记员：全体起立，请审判长×××、审判员×××、审判员×××（或人民陪审员×××、人民陪审员×××）入庭。

书记员：报告审判长，原告（法定代表人或负责人）×××，原告代理人×××，被告（法定代表人或负责人）×××，被告代理人×××到庭。原告（被告）提供的证人×××、鉴定人×××、翻译人员×××、专家证人×××，庭外候传。庭前准备工作就绪，请开庭。

审判员：现在核对当事人、诉讼参与人基本情况。

审判员：原告对被告出庭人员有无异议？

原告：……

审判员：被告对原告出庭人员有无异议？

被告：……

审判员：经审查，原告、被告出庭人员符合法律规定，可以参与本案庭审活动。

×××人民法院现在公开（不公开）开庭审理原告×××诉被告×××××纠纷一案，依据《中华人民共和国民事诉讼法》第39条第1款、第134条的规定，本案由审判员×××担任审判长，与审判员×××、审判员×××（或人民陪审员×××、人民陪审员×××）组成合议庭适用普通程序进行审理，书记员×××担任本案记录。

有关当事人诉讼权利与义务的规定，庭前已以书面形式告知双方当事人。原告、被告对诉讼权利、义务是否清楚？

原告：……

被告：……

审判员：原告是否申请回避？

原告：……

审判员：被告是否申请回避？

被告：……

（三）法庭调查

法庭调查的主要任务是，审判人员在法庭上全面调查案件事实，审查和核实各种证据，为正确认定案件事实和适用法律奠定基础。根据民事诉讼法的规定，法庭调查主要包括两个阶段：一是当事人陈述；二是举证和质证。

1. 当事人陈述

在审判人员主持下，原告、被告和第三人按照先后顺序宣读起诉状、答辩状，或者简要陈述诉讼请求以及所依据的事实和理由。首先，由原告口头陈述其诉讼请求及其所依据的事实、理由，然后由被告陈述案件事实及其所持的不同意见。被告提出反诉的，应陈述反诉的诉讼请求及其所依据的事实、理由。有诉讼第三人的，先由有独立请求权的第三人陈述诉讼请求及其所依据的事实、理由，再由无独立请求权的第三人针对原告、被告的陈述提出承认或者否认的答辩意见。当事人有诉讼代理人的，可以由诉讼代理人陈述或答辩，也可以在当事人陈述或答辩完后，再由诉讼代理人进行补充。

当事人陈述的内容如果超出起诉状范围的，审判人员可提示当事人另作补充陈述。实践中，审判人员认为诉状副本已相互送达并由当事人收悉，当庭宣读诉状确无必要的，也可以省去"宣读诉状"这一环节。经作必要的说明后，即可直接组织当事人进行补充陈述。当事人宣读诉状后，审判人员认为需要可以请当事人作补充陈述。当事人陈述后，审判人员认为需要可以向当事人发问，当事人回答法庭的发问后，法庭应征询对方当事人的意见。审判人员有权就案件事实进行询问，归纳本案争议焦点或者法庭调查重点，并征求当事人的意见。如果有异议，应说明理由。审判人员根据双方陈述和答辩意见对案件事实进行总结：首先，对双方认可的事实予以认定；其次，归纳总结双方存在争议的问题，并按顺序归类，逐一列明。

2. 举证和质证

当事人陈述结束后，必须将案件的有关证据材料在法庭上展示，并由当事人进行质证。但是，当事人在证据交换过程中认可并记录在卷的证据，经审判人员在庭审中说明后，可以作为认定案件事实的依据，不必在法庭上质证。

质证是诉讼证据制度的重要内容，也是开庭审理阶段的重要环节。它是指在法庭审理中，当事人在审判人员的组织下，围绕证据材料的"三性"即真实性、关联性、合法性，以及证据证明力的有无和证明力的大小，进行说明、质疑和辩驳的诉讼活动。我国《民事诉讼法》第68条规定，证据应当在法庭上出示，并由当事人互相质证。最高人民法院《关于民事诉讼证据的若干规定》第47条第1款规定："证据应当在法庭上出示，由当事人质证。未经质证的证据，不能作为认定案件事实的依据。"案件有两个以上独立的诉讼请求的，当事人可以逐个出示证据进行质证。涉及国家秘密、商业秘密和个人隐私或者法律规定的其他应当保密的证据不得在开庭时公开质证。

根据最高人民法院《关于民事诉讼证据的若干规定》第51条的规定，当事人质证的顺序是：原告出示证据，被告、第三人与原告进行质证；被告出示证据，原告、第三人与被告进行质证；第三人出示证据，原告、被告与第三人进行质证。在证据较多的情况下，一般都是一证一质。根据民事诉讼法的规定，各类证据按以下顺序出示，由当事人进行质证：

（1）证人证言。证人作证，应经当事人申请和法庭许可，并应出庭作口头陈述。作证前，审判人员应当对证人的身份进行确认，并告知证人的权利义务，要求其客观真实地提供证言。出庭作证的证人应当客观陈述其亲身感知的事实并接受当事人的质询。证人为聋哑人的，可以通过其他表达方式作证；确有困难不能出庭的证人经法庭许可，可以提交书面证言、视听资料、电子数据或者通过即时视频对话作证。证人作证时，不得使用猜测、推断或者评论性的语言。审判人员可以对证人进行询问。当事人经法庭许可，也可以向证人发问。为了保证证人所提供的证言的真实性，证人不得旁听法庭审理；询问证人时，其他证人不得在场。法庭认为有必要的，可以让证人当庭对质。

（2）书证、物证、视听资料和电子数据。在法庭出示的书证、物证、视听资料和电子数据，其来源包括当事人提供以及法院调查收集。法院依照当事人申请调查收集的证据，作为提出申请的一方当事人提供的证据。出示书证、物证应当由法警进行，出示视听资料、电子数据时必须当庭播放演示，必要时由录制人员到庭说明录制过程和情况。对书证、物证、视听资料、电子数据进行质证时，当事人有权要求出示证据的原件或者原物，但是出示原件或者原物确有困难并经法院准许出示复制件或者复制品的，或者原件、原物已不存在，但有证据证明复制件、复制品与原件或原物一致的，可以出示复制件、复制品。

（3）鉴定意见。庭审中，鉴定人应当庭宣读鉴定意见，并接受当事人的质询。鉴定人确因特殊原因无法出庭的，应说明理由，并由审判人员宣读鉴定意见。经法庭准许，鉴定人可以书面答复当事人的质询。经法庭许可，当事人可以向出庭的鉴定人发问。如果当事人对鉴定意见有异议，可以申请重新鉴定并说明理由，是否准许，由法庭决定。

（4）勘验笔录。勘验笔录由勘验人或审判人员当庭宣读。经法庭许可，当事人可以向勘验人发问，如果当事人有异议，可以申请重新勘验并说明理由，是否准许，由法庭决定。

经过庭审质证的证据，能够当即认定的，应当当庭认定；法庭上不能当即认定的，可以休庭后再予以认定。

当事人在法庭上可以提出"新的证据"。当事人在一审程序中提供新的证据的，应当在一审开庭前或者开庭审理时提出。一审程序中的新的证据包括：当事人在一审举证期限届满后新发现的证据；当事人确因客观原因无法在举证期限内提供，经法院准许，在延长的期限内仍无法提供的证据。当事人在二审程序中提供新的证据的，应当在二审开庭前或者开庭审理时提出；二审不需要开庭审理的，应当在法院指定的期限内提出。二审程序中的新的证据包括：一审庭审结束后新发现的证据；当事人在一审举证期限届满前申请法院调查取证未获准许，二审法院经审查认为应当准许并依当事人申请调取的证据。

当事人提出的新证据或经准许重新鉴定所得的意见、勘验所作的笔录，必须再次开庭质证。法庭决定再次开庭的，审判人员应当对开庭情况进行总结，向当事人指出庭审已经认定的证据，并指明下次开庭调查的范围和重点。第二次开庭审理时，只就未经调查的事项进行调查和审理，对已经调查、质证并已认定的证据不再纳入庭审程序。

法庭调查结束前，审判人员应当就法庭调查认定的事实和当事人争议的问题进行归纳总结，并询问当事人对庭审总结是否有异议，并说明相应的理由。

【操作示例】

1. 陈述阶段

审判员：庭审活动分四个阶段进行：法庭调查、法庭辩论、法庭调解、评议与宣判。现在进行法庭调查。

首先由当事人陈述。

原告：……

被告：……

审判员：原告对诉讼请求及所依据的事实、理由有无变更或补充？

原告：……

审判员：被告对答辩意见有无变更或补充？

被告：……

审判员：根据双方陈述和答辩意见，本庭认为以下事实是双方认可的事实：1. 2. 3. ……本庭予以确认。本庭确认的事实，无须质证和辩论。双方争议焦点有1.2.3.……。原告，对本庭归纳的争议焦点有无异议？

原告：……

审判员：被告对本庭归纳的争议焦点有无异议？

被告：……

2. 举证和质证

经庭前证据交换，证据应装订成册，按证明对象分类编订，并就证据来源、证据形式、证明目的等予以说明。通过庭前证据交换，当事人无争议的事实，法庭不再组织当事人举证、质证。

审判员：现在由原告、被告分别举证和质证。

审判员：请原告出示证据。

原告：证据一……证明……

证据二……证明……

……

审判员：被告进行质证。

被告：……

审判员：请被告出示证据。

被告：……

审判员：原告进行质证。

原告：……

审判员：本庭依职权调查的证据有：1.2.3.……现出示给原告、被告，原告对本庭调查的证据有何意见？

原告：……

审判员：被告对本庭调查的证据有何意见？

被告：……

3. 问答阶段

针对当事人未提供证据证明，但又必须查清的事实，或者需要核实的相关信息，法官应询问各方当事人。如有疑问，或为进一步确定事实，各方当事人也可以互相发问。

审判员：……

原告：……

被告：……

4. 认证和总结

审判员：经过举证和质证，本庭对以下证据予以认定：原告出示的证据一、证据二……被告出示的证据一、证据二……

经过法庭调查，本庭对以下事实给予认定：1. 2. 3.……

基于事实的认定，本庭认为本案的焦点为：1. 2. 3.……

（四）法庭辩论

法庭辩论是指在审判人员的主持下，当事人及其诉讼代理人对法庭调查的证据和事实，阐明自己的观点，提出自己的意见，相互进行言词辩驳的诉讼活动。法庭辩论是直接言词原则和辩论原则的具体体现。当事人及其诉讼代理人针对法庭调查阶段的各种证据以及相关事实，围绕案件的争执焦点，互相进行口头质疑和辩驳，以使自己的诉讼请求得到法庭的认可和支持。同时，通过口头辩论，法庭能够更准确地把握案情，有助于查清案件事实，明确法律责任，准确适用法律，作出合法合理的裁判。

根据我国《民事诉讼法》第141条的规定，法庭辩论按照下列顺序进行：

（1）原告及其诉讼代理人发言。在原告和诉讼代理人都出庭的情况下，一般先由原告发言，然后由诉讼代理人补充。发言要充分论证自己的观点和主张，反驳或否定被告在法庭调查中提出的事实和理由，而不是重复在法庭调查阶段所作的陈述。

（2）被告及其诉讼代理人答辩。被告及其诉讼代理人的答辩不是对自己在法庭调查阶段的陈述和答辩的简单重复，而是针对原告及其诉讼代理人的观点发表意见和进行辩驳，以证明原告的诉讼请求不成立或不完全成立，不应得到法庭的认定和支持。

（3）第三人及其诉讼代理人发言或者答辩。有独立请求权的第三人对原告和被告争议的诉讼标的享有独立的请求权，与原告和被告任何一方均没有共同利益，因而，其发言或答辩是对原告和被告所主张的事实、理由和请求进行辩驳，从而达到法庭支持自己主张的诉讼目的。无独立请求权的第三人对原告和被告争议的诉讼标的不享有独立的请求权，但案件处理结果与其有法律上的利害关系，并参加到本诉讼中与其有利益关系的一方当事人中来，因而，其通过发言或答辩辅助该方当事人对对方当事人所主张的事实、理由和请求进行辩驳。需要指出的是，当涉及参加之诉中权利的享有或责任的承担时，无独立请求权的当事人以及与之有利益关系的一方当事人之间是对立的，此时，无独立请求权的第三人可能针对与之有利益关系的当事人提出的事实、理由和请求进行辩驳。

（4）互相辩论。审判人员应当引导当事人围绕争议焦点进行辩论。当事人及其诉讼代理人的发言与本案无关或者重复未被法庭认定的事实，审判人员应当及时加以制止。根据案情的复杂程度以及庭审的需要，审判人员可以限定当事人及其诉讼代理人每次发表意见的时间。辩论结束后当事人要求再次辩论的，审判人员可以根据情况确定是否进行再次辩论，再次辩论时，不得重复原来辩论所涉及的内容。法庭辩论时，审判人员不得对案件事实、法律适用、责任承担等发表意见，不得与当事人进行辩论。在法庭辩论中，如果当事人及其诉讼代理人提出新的事实和证据，法庭可以决定停止辩论，恢复法庭调查，查清后再继续辩论，如当庭难以查清，且对案件的裁判有重大影响的，可以延期审理。

（5）最后陈述。法庭辩论终结后，由审判人员按照原告、被告、第三人的先后顺序征询各方最后意见。

法庭辩论结束后，如果案件事实清楚的，审判人员应当询问当事人是否愿意通过调解的方式解决纠纷。在双方当事人自愿的条件下，审判人员可以让双方当事人自行协商解决纠纷。经征得各方当事人同意，审判人员也可以迳行组织调解，当事人都可以提出调解方案。在存在分歧的情况下，审判人员可以通过面对面、背靠背的方式引导双方当事人形成共识，达成协议。经过调解，双方当事人达成协议的，应当在调解协议上签字盖章。法院应当根据双方当事人达成的调解协议制作调解书送达当事人。双方当事人达成协议后当即履行完毕，不要求发给调解书的，应当记入笔录，在双方当事人、审判人员、书记员签名或盖章后，即具有法律效力。当事人不愿意协商或者调解，或者经协商未能达成和解或者经调解不能达成调解协议的，审判人员即可终止协商程序和调解程序。

【操作示例】

审判员：现在进行法庭辩论，双方围绕本庭归纳的焦点发表意见。

请原告发表辩论意见。

原告：……

审判员：请被告发表辩论意见。

被告：……

审判员：原告、被告是否有新的辩论意见？

原告：……

被告：……

审判员：现在由原告和被告作最后陈述。

原告：……

被告：……

［法庭调解］

审判员：依据《中华人民共和国民事诉讼法》第 142 条之规定，由本庭主持调解。

原告是否同意调解？

原告：……

审判员：被告是否同意调解？

被告：……

审判员：请原告提出调解方案。

原告：……

审判员：在法庭主持下，双方当事人自愿达成如下调解协议：1. 2. 3. ……本庭认为，双方自愿达成的调解协议，符合法律规定，本庭予以确认。本调解书经双方签收后即具有法律效力，双方应自觉履行。

现在闭庭。

书记员：全体起立，请法官退庭。同时告知诉讼参与人认真阅读庭审笔录并签字。

第二节　法庭辩论

一、辩论的准备工作

1. 熟悉法律依据

律师应针对案件性质，查阅并熟悉有关法律法规、司法解释以及相关国家政策、案情背景等，以此来拓宽自己的辩论思路，寻找最佳辩论方向，制定全面、有效的辩论方案。否则，再好的辩论技巧，也可能会变成诡辩或狡辩，不仅不会取得辩论的成功，反而会适得其反，影响出庭的效果。另外，法庭上很多时候会出现意外情况，如对方提出了新的法律规定，以及对所运用的法律规定提出自己的新见解和理由等。因此，律师要做好应变的准备工作，熟悉现行的所有与案件有关的规定，并吃透条文本意，以便自己能够自如地运用法律来说明己方的请求的正确性，并在对法律条文产生分歧时，作出合法合理的解释。另外，充分的理论知识的准备也是必不可少的。如果没有掌握一定的法律理论知识，就难以理解立法目的、调整范围、立法精神和各种法律关系，就不可能很好地运用现行法律规定分析案件，甚至有可能不懂条文含义或作错误理解。例如，对于合作开发房地产合同，要正确认定其法律性质。根据最高人民法院《关于审理涉及国有土地使用权合同纠纷案件适用法律问题的解释》（法释［2005］5 号）的规定，对于名为"合作开发房地产合同"的，应根据情况认定为土地使用权转让合同、房屋买卖合同、借款合同和房屋租赁合同。律师在查找法律依据时，应穷尽所有的规范性文件，包括法律、行政法规、地方性法规、规章以及地方性的相关规定，乃至政策、内部文件、习惯、指导性案例等。例如，福利房、经济适用房、农村房屋的流转具有很强的政策性，需要了解相关的政策。对于没有明确法律依据的，可以"参照"或"类推"。例如，最高人民法院《关于审理买卖合同纠纷案件适用法律问题的解释》第 45 条规定："法律或者行政法规对债权转让、股权转让等权利转让合同有规定的，依照其规定；没有规定的，人民法院可以根据合同法第一百二十四条和第一百七十四条的规定，参照适用买卖合同的有关规定。权利转让或者其他有偿合同参照适用买卖合同的有关规定的，人民法院应当首先引用合同法第一百七十四条的规定，再引用买卖合同的有关规定。"

2. 详尽了解案情

律师在接受委托后，应本着对当事人高度负责的态度，认真搜集证据，仔细分析案情，把握案件基本事实、基本证据、具体情节和客观实际，做到知己知彼。在全面收集证据的情况下，通过分析比较去伪存真，最终弄清案件的真相。了解案情的工作主要包括：(1) 熟知整个案件事实的全部过程和细节，并熟悉全部证据。(2) 对于证据不充分的要进行调查补充。(3) 了解对方可能掌握的材料。（4）了解与该案事实有关的所有法律关系，并进行充分的分析。对于案情的准备要注意的是，了解案情的证据，不仅要收集对本方有利的材料，而且要收集对对方不利的材料。另外，律师在查阅案件全部材料时，要具体到每一个要素和细节，把握案件关键信息。例如，律师要注意实践中出现的合同的"倒签"和"补签"、阴阳合同、"借条"和"欠条"之间的区别。补签是指把合同期限往前移，签订日期为补签合同的时间。倒签是指将签订日期写成合同关系建立之前的时间。阴阳合同是指当事人就同一事项订立两份以上的内容不相同的合同，分别用于对内和对外。对外的一份并不是双方真实意思表示，对内的一份则是双方真实意思表示。欠条和借条不仅法律性质不同，而且形成的原因也不同。借款主要是因借贷而产生，欠款则可能是因为买卖、租赁、利息偿还等原因产生。只有把这些问题全部弄清楚，没有任何疑点，才能更好地为案件寻找辩论突破口；才会在法庭审判中有的放矢，避免一些不必要的曲折；才能做到胸有成竹，应对自如，最终为辩论争取主动权。另外，委托人出于希望胜诉的心理，有时会隐瞒真相或隐匿证据，致使律师被欺骗并导致误判，在法庭上陷于被动。因此，律师应主动提前向当事人指明这种行为可能导致的危害，动员当事人提供全部证据材料。

3. 拟定辩论要点

法庭辩论的目标是说服法官或者使法官有理由相信案情是真实的，对法律关系的分析和法律适用的观点是准确的。律师要想在法庭辩论中掌握主动权、取得辩论的成功，就应当有合理的预判，提前拟定辩论方案。在开庭前，律师应在对对方理由及法庭审理的发展方向进行预测分析的基础上准备几套方案，做到有应必答、有应能答。法庭辩论一般包括两个部分，即对事实的认定和对法律的适用。律师在法庭上提出的请求及理由必须在事实及法律上站得住脚，做到有事实根据、有法律依据。律师既可以对案件的实体问题进行辩论，也可以对程序问题进行辩论；既可以对证据的认定发表看法，也可以对争议的焦点阐述观点；既可以就认定的事实进行辩论，也可以就适用法律提出自己的意见。律师的辩论方案应以已经掌握的证据、事实和法律规定为基础，并且与庭审答辩、发问、举证和质证等环节相互衔接，意见和主张应一以贯之。律师应缜密地梳理自己的办案思路，仔细审视各个证据材料和法律条文，做到理由充分、论证有力，无明显疏漏和破绽。一般而言，辩论方案的要点包括：(1) 证据材料是否有证据资格和证明效力，包括证据的真实性、关联性、合法性以及证明力的大小和有无等。(2) 待证事实是否客观真实，或者只有部分属实。例如，在自然人之间的借款关系中，原告必须证明将借款交付于被告，否则借款关系不成立。(3)案件定性是否正确，是否与当事人一方的全部或部分诉讼请求对应。例如，在私人房屋的内部装饰中，施工人不幸受伤，如果房主主张与施工人之间构成承揽关系，那么，即使施工人受伤确定无疑，房主也不一定承担人身损害赔偿责任。在旅游合同中，根据最高人民法院《关于审理旅游纠纷案件适用法律若干问题的规定》第21条的规定，旅游者坚持提起违约之诉的，对于其精神损害赔偿的主张，人民法院不予支持。

二、辩论的表达要求

律师辩论实际上是语言的运用。运用语言将分析判断的内容表达出来，是辩论者的必备技能。律师辩论是否可以取得预期目的，一方面决定于所发表意见的内容，另一方面还决定于表达的方式。虽然律师的法学知识、案件的证据材料和充分的准备是做好法庭辩论的基础，但是，在证据材料既定和法律规定明确的前提下，恰当地运用辩论技巧，也是保障法庭辩论效果的重要因素。律师的表达应严密流畅、条理清晰，观点明确、应变自如、入情入理，具有说服力。在法庭辩论中，律师的语言表达应注意如下几点：

1. 紧扣主题

就一个案件而言，可能有许多应该澄清的情况，但是影响案件结果的很可能只是一个或几个关键问题。有些比较复杂的案件，涉及的证据较多，法律关系交错。对于此类案件，如果在有限的庭审时间内不能抓住要害，往往会受制于对方，不利于把关键问题说清楚。这就要求在法庭辩论中不宜面面俱到，而是要抓住要害、突出重点，避免偏离了主题。在法庭辩论时，要把握住自己的思路和主攻方向，不要让对方牵着走，要使辩论沿着自己引导的方向发展。因此，律师在辩论时应轻重有序、抓住关键，紧紧围绕争议焦点和庭审调查的重点进行，从事实、证据、适用法律等方面进行分析，有层次和有条理地阐明观点和意见。例如，事实方面有利就重点谈事实；法律方面有利就重点谈法律；事实和法律对己方都明显不利，就重点讲法理、情理。对于无争议的案件事实，一句带过即可，切忌高谈阔论，脱离实际。辩论发言要切中要害，具有针对性，对于案件涉及的法律问题，一定要把握关键、症结或主要争执点。律师论证时，必须做到有理有据、条理清晰，不能重复自己的意见，因为不断重复可能会导致法官打断发言，直接影响辩论效果。律师在表达观点时，应始终围绕案件的关键问题，不应主次颠倒，要将对方的弱点及本方的优点突出出来，并将此当成辩论的主要议题，避免使对方的优势、本方的弱项成为辩论议题。

2. 分析严谨

律师的辩论意见是根据事实、证据、法律推导出的结论。律师发表意见时要尊重事实、分析客观、论证严密、说法析理透彻。在法庭辩论中，律师的理由和主张应贯穿始终、环环相扣，不应前后矛盾，要防止表达内容与要说明的主题之间没有逻辑关系的情况出现。法律论证是运用自己掌握的材料和理由来说明自己观点的过程，因此，律师论证时必须遵守各种推理规则和逻辑的基本规律。律师在法庭上所陈述的事实应建立在坚实的证据基础之上；律师向法庭提出自己的处理意见时，应该有明确的法律依据。另外，律师选词用语必须准确清楚，不能错误选词或含混用词。法律用语，差之一词，谬之千里，每个词句都有其特定的含义。现实中，因一词运用不当而陷入被动局面的也有实例。在法庭上发言要注意运用法律语言，避免使用非规范性语言、俗语、方言、黑话等，同时，在用词上避免含混，尤其对于关键用语，避免使用容易误解的中性词和多义词。例如，"悲愤之极""损失巨大""痛苦不堪"等用词，就极其含混不清、过于夸大其词，容易被人理解为喜欢言过其实，缺乏基本的法律素养。在辩论中，不能强词夺理，也不能发表一些与案件办理、与法律无关的言论。一些律师将法庭当成普法课堂，口若悬河、滔滔不绝，卖弄知识和口才。在委托人面前，极尽表演之能事，却所言无物、远离主题，根本没有抓住案件的关键点，以致于损害当事人的合法权益，影响庭审程序的正常进行。这些现象都严重地损害了律师的职业形象。

3. 深入浅出

法庭辩论是关于证据、事实、法律、法理、情理的争论，常常会涉及一些复杂疑难的法律问题、理论问题和社会问题。如果一个简单的问题被人为地复杂化，则影响辩论效果。因此，在有限的时间内能够有针对性地使较为复杂的问题深入浅出、简洁明了，往往会收到更好的效果。生活中的语言运用，以不影响他人及时清楚地听取所要表达内容的含义为目的。有些人为了表现自己的学问高深以及知识丰富，故意使用一些晦涩难懂的语句，或使用半文半白语句，律师应避免这种情况。简洁明了在律师的表达中非常重要，因为法律辩论对时间要求很严格，律师的表达应该简洁而清楚。在意思表达清楚的前提下，尽量避免无休止地重复，以免造成他人的反感。需要指出的是，简洁明晰并非排斥具体生动，在需要详尽表达时，不要用原则性的、概括性的空洞语言，尽量将理由说全，用词尽量生动形象。例如，某民事起诉状中称，"处处是伤""被告的行为违反了我国法律规定""被告的行为严重违约"等，这些模糊性表述难以产生实际的法律效果。口头表达时轻重语言要使用得当，该轻则轻，该重则重，某些关键词语适当用重音加强和强调，以加重表达的效果，引起他人的注意。节奏选择包括语速快慢、断句的掌握，语音速度要稳健，不能过快或过慢，区分要表达的内容和重要程度，进行适当掌握。断句应按语言合理安排，防止因断句不当破坏和改变语意。在法庭辩论激烈之时，只应根据法律和事实围绕争议焦点发表意见，禁忌谈论无关的内容及进行不当的行为，如使用过激的言语，对他人冷嘲热讽，无端攻击他人品质和观点等。

三、辩论的策略运用

1. 先声夺势——争取主动

先声夺势是指一方对另一方提出的问题避而不谈，而对己方有利的问题，先在论辩发言中全面分析、深入论证，以达到先入为主、争取主动的辩论策略。律师在庭审前应做好充分的准备，对涉及双方的有关事实、证据、法律作出分析。然后根据事实和法律，针对己方的有利因素和对方的不利因素进行反驳，以期掌握辩论主动权，让对方陷入被动。为争取庭审辩论的主动，律师辩论时要做到事实清楚、理由充分。事实清楚，是指所有的证据材料都足以支持案件事实；理由充分，不仅要有明确的法律规定，而且也要符合社会效果。法律以人们之间形成的生活生产关系为调整对象。我国社会处于转型期，纠纷复杂多样，法律的稳定性和滞后性与社会变动之间便会出现矛盾。法律的不完备和纠纷的复杂性，给法官断案提出了难题，如果机械地、僵化地裁判，就有可能加剧社会矛盾，引起社会公众的不理解甚至不满。法官在不违背法治精神的前提下，可以考虑社情民意从而化解纠纷。能动司法理念要求法官在裁判过程中要结合理论和实践，通过调查、访谈等方式听取公众的意见，多角度地考虑不同类型纠纷形成的原因以及可能带来的社会影响。法官在遇到两种裁判方案都有道理、难以取舍的情形时，通常会以所产生的社会效果的好坏作为判断依据，此时律师要主动提出社会效果作为取舍的标准。另外，法庭辩论的目的是说服法官，使法官接受律师的观点，而并不在于攻击对方。有些律师认为把对方驳得无话可说了，就达到了诉讼的目的，这实际上是对庭审辩论的误解。

2. 避实就虚——抓住要害

《孙子兵法·虚实篇》有云："兵之形，避实而击虚。"避实就虚本指避开敌人的主力，找敌人的弱点进攻，又指处理问题时要回避自己的要害。在法庭辩论中，除了据理力争外，还需认真思考、敏锐地觉察对方的弱点，迅速作出反应，用简洁语言尽快结束辩论。庭审辩论时，对方往往会回避自己的弱点，甚至会偷换论题和概念，以答非所问的方式达到转移视线、扰乱视听的目的。因此，辩论时应善于抓住对方之"虚"，选择对方的薄弱点穷追猛打，直到把问题澄清为止。诉讼中最为重要的是运用抗辩。例如，经审查认为抗辩理由成立，法庭将驳回对方的"诉讼请求"，或者判决免除、减轻被告的赔偿责任。诉讼中的抗辩主要包括：（1）法律适用抗辩。如在请求多倍赔偿的消费者诉讼中，主张原告购买商品不是为了"生活消费的需要"；在产品责任诉讼中，主张"不属于产品"。（2）责任要件抗辩。如在过错侵权诉讼中主张"没有过错""不存在因果关系""无损害后果"等；在侵犯名誉权诉讼中，主张"内容真实""未造成社会评价降低"；在请求多倍赔偿的诉讼中，主张"不构成欺诈行为"或"没有欺诈因果关系"；在产品责任诉讼中，主张"产品无缺陷""产品未流通"等。（3）"免责抗辩"和"减责抗辩"。前者包括"诉讼时效抗辩""同时履行抗辩""不安抗辩""不可抗力抗辩""合同免责条款抗辩"和"法定免责事由抗辩"等；后者包括"受害人有过失的抗辩""监护人有过失的抗辩""违约金过高的抗辩""损失扩大的抗辩"和"不可预见的抗辩"等。

3. 以退为进——归谬反驳

西汉扬雄《法言·君子》有云："昔乎颜渊以退为进，天下鲜俪焉。"以退为进本指以谦让取得德行的进步，后指以退让的姿态作为进取的手段。在以退为进的策略中，退让是一种表面现象。由于在形式上采取了退却，使对方能从己方的妥协中得到心理满足，不仅思想上会放松戒备，而且作为回报，对方也会满足己方的某些要求，而这些要求正是己方的真实目的。以退为进策略可以通过逻辑的方法加以实现。归谬反驳又叫背理法，是一种形式逻辑的论证方式，是指己方先将对方提出的论题假设为真，然后从这个假设为真的命题推导出荒谬的结论，从而得出原论题为假的辩论方法。这种辩论方法反驳有力，得出的结论具有必然性，容易被接受。反证法与归谬法相似，差别在于反证法只限于推理出逻辑上矛盾的结果，归谬法不仅包括推理出矛盾结果，也包括推理出不符事实的结果或明显荒谬不可信的结果。在法庭辩论时，律师不直接对对方的论点、论据及论证方式进行正面驳斥，而是按照对方的逻辑和思路推导出一个明显荒谬的结论，使其论点不攻自破。这就要求律师善于把握对己方有利的因素和寻找对方的漏洞，同时也要避免自相矛盾。因此，在法庭调查中不宜过早地暴露自己的思路，以免使对方有所防备，甚至采取反制措施。归谬法主要有两种形式：（1）从被反驳判断引申出的是一个违背生活常识、违反已知真理或与实际情况不符的判断；（2）从被反驳判断引申出的是一对自相矛盾的判断。

4. 后发制人——全力反击

先发制人，出自《汉书·项籍传》："先发制人，后发制于人"。先发制人原指战争中的双方，先发动的处于主动地位，可以控制对方。后也泛指争取主动，先动手来制服对方。后发制人意为等对方先动手，再抓住有利时机反击，制服对方。先发制人与后发制人各有利弊。先发制人的优势是可以抢得先机，使自己处于主动；后发制人的优势是应对措施更为全面和稳妥。先发制人的劣势是"覆水难收"，有可能被对方掌握过多的信息，同时也可能暴露自己的缺陷，并被对方抓住把柄，被对方利用。后发制人的劣势是处境被动、反击无力，甚至是只能疲于应付，如果要扭转不利于自己的态势，需要比对方付出更大努力。法庭辩论总有先后，而且后发一方也并不是一定绝对的处于劣势。只要认真策划、合理利用，后发一方也可以形成优势，或者变被动为主动。后发一方可以通过对对方的主张和证据深入分析，发现其观点的漏洞和证据的瑕疵，然后有针对性地集中反驳，在对方措手不及时赢得主动。为此，后发一方应做到：（1）避其锐气，沉着应对；（2）精听细解，静待时机；（3）深挖破绽，全力反击。后发制人包括对事实和适用法律的反击。例如，对于合同纠纷，可以以合同不成立、合同未生效、合同无效、合同已撤销、合同已解除、合同已履行等进行抗辩。被告收到出庭通知书和法院的诉讼保全裁定书后，不能消极应对，更不能置之不理，而应根据原告起诉状中所指的事实和法律依据积极应对，主动反击。

附 录

民事案件案由规定

(2007 年 10 月 29 日最高人民法院审判委员会第 1438 次会议通过，
根据 2011 年 2 月 18 日《最高人民法院关于修改〈民事案件案由
规定〉的决定》(法〔2011〕41 号) 第一次修正)

为了正确适用法律，统一确定案由，根据《中华人民共和国民法通则》《中华人民共和国物权法》《中华人民共和国合同法》《中华人民共和国侵权责任法》和《中华人民共和国民事诉讼法》等法律规定，结合人民法院民事审判工作实际情况，对民事案件案由规定如下：

第一部分 人格权纠纷

一、人格权纠纷

1、生命权、健康权、身体权纠纷

2、姓名权纠纷

3、肖像权纠纷

4、名誉权纠纷

5、荣誉权纠纷

6、隐私权纠纷

7、婚姻自主权纠纷

8、人身自由权纠纷

9、一般人格权纠纷

第二部分 婚姻家庭、继承纠纷

二、婚姻家庭纠纷

10、婚约财产纠纷

11、离婚纠纷

12、离婚后财产纠纷

13、离婚后损害责任纠纷

14、婚姻无效纠纷

15、撤销婚姻纠纷

16、夫妻财产约定纠纷

17、同居关系纠纷

(1) 同居关系析产纠纷

(2) 同居关系子女抚养纠纷

18、抚养纠纷

（1）抚养费纠纷

（2）变更抚养关系纠纷

19、扶养纠纷

（1）扶养费纠纷

（2）变更扶养关系纠纷

20、赡养纠纷

（1）赡养费纠纷

（2）变更赡养关系纠纷

21、收养关系纠纷

（1）确认收养关系纠纷

（2）解除收养关系纠纷

22、监护权纠纷

23、探望权纠纷

24、分家析产纠纷

三、继承纠纷

25、法定继承纠纷

（1）转继承纠纷

（2）代位继承纠纷

26、遗嘱继承纠纷

27、被继承人债务清偿纠纷

28、遗赠纠纷

29、遗赠扶养协议纠纷

第三部分 物权纠纷

四、不动产登记纠纷

30、异议登记不当损害责任纠纷

31、虚假登记损害责任纠纷

五、物权保护纠纷

32、物权确认纠纷

（1）所有权确认纠纷

（2）用益物权确认纠纷

（3）担保物权确认纠纷

33、返还原物纠纷

34、排除妨害纠纷

35、消除危险纠纷

36、修理、重作、更换纠纷

37、恢复原状纠纷

38、财产损害赔偿纠纷

六、所有权纠纷

39、侵害集体经济组织成员权益纠纷

40、建筑物区分所有权纠纷

（1）业主专有权纠纷

（2）业主共有权纠纷

（3）车位纠纷

（4）车库纠纷

41、业主撤销权纠纷

42、业主知情权纠纷

43、遗失物返还纠纷

44、漂流物返还纠纷

45、埋藏物返还纠纷

46、隐藏物返还纠纷

47、相邻关系纠纷

（1）相邻用水、排水纠纷

（2）相邻通行纠纷

（3）相邻土地、建筑物利用关系纠纷

（4）相邻通风纠纷

（5）相邻采光、日照纠纷

（6）相邻污染侵害纠纷

（7）相邻损害防免关系纠纷

48、共有纠纷

（1）共有权确认纠纷

（2）共有物分割纠纷

（3）共有人优先购买权纠纷

七、用益物权纠纷

49、海域使用权纠纷

50、探矿权纠纷

51、采矿权纠纷

52、取水权纠纷

53、养殖权纠纷

54、捕捞权纠纷

55、土地承包经营权纠纷

（1）土地承包经营权确认纠纷

（2）承包地征收补偿费用分配纠纷

（3）土地承包经营权继承纠纷

56、建设用地使用权纠纷

57、宅基地使用权纠纷

58、地役权纠纷

八、担保物权纠纷

59、抵押权纠纷

（1）建筑物和其他土地附着物抵押权纠纷

（2）在建建筑物抵押权纠纷

（3）建设用地使用权抵押权纠纷

（4）土地承包经营权抵押权纠纷

（5）动产抵押权纠纷

（6）在建船舶、航空器抵押权纠纷

（7）动产浮动抵押权纠纷

（8）最高额抵押权纠纷

60、质权纠纷

（1）动产质权纠纷

（2）转质权纠纷

（3）最高额质权纠纷

（4）票据质权纠纷

（5）债券质权纠纷

（6）存单质权纠纷

（7）仓单质权纠纷

（8）提单质权纠纷

（9）股权质权纠纷

（10）基金份额质权纠纷

（11）知识产权质权纠纷

（12）应收账款质权纠纷

61、留置权纠纷

九、占有保护纠纷

62、占有物返还纠纷

63、占有排除妨害纠纷

64、占有消除危险纠纷

65、占有物损害赔偿纠纷

第四部分 合同、无因管理、不当得利纠纷

十、合同纠纷

66、缔约过失责任纠纷

67、确认合同效力纠纷

（1）确认合同有效纠纷

（2）确认合同无效纠纷

68、债权人代位权纠纷

69、债权人撤销权纠纷

70、债权转让合同纠纷

71、债务转移合同纠纷

72、债权债务概括转移合同纠纷

73、悬赏广告纠纷

74、买卖合同纠纷

（1）分期付款买卖合同纠纷

（2）凭样品买卖合同纠纷

（3）试用买卖合同纠纷

（4）互易纠纷

（5）国际货物买卖合同纠纷

（6）网络购物合同纠纷

（7）电视购物合同纠纷

75、招标投标买卖合同纠纷

76、拍卖合同纠纷

77、建设用地使用权合同纠纷

（1）建设用地使用权出让合同纠纷

（2）建设用地使用权转让合同纠纷

78、临时用地合同纠纷

79、探矿权转让合同纠纷

80、采矿权转让合同纠纷

81、房地产开发经营合同纠纷

（1）委托代建合同纠纷

（2）合资、合作开发房地产合同纠纷

（3）项目转让合同纠纷

82、房屋买卖合同纠纷

（1）商品房预约合同纠纷

（2）商品房预售合同纠纷

（3）商品房销售合同纠纷

（4）商品房委托代理销售合同纠纷

（5）经济适用房转让合同纠纷

（6）农村房屋买卖合同纠纷

83、房屋拆迁安置补偿合同纠纷

84、供用电合同纠纷

85、供用水合同纠纷

86、供用气合同纠纷

87、供用热力合同纠纷

88、赠与合同纠纷

（1）公益事业捐赠合同纠纷

（2）附义务赠与合同纠纷

89、借款合同纠纷

（1）金融借款合同纠纷

（2）同业拆借纠纷

（3）企业借贷纠纷

（4）民间借贷纠纷

（5）小额借款合同纠纷

（6）金融不良债权转让合同纠纷

（7）金融不良债权追偿纠纷

90、保证合同纠纷

91、抵押合同纠纷

92、质押合同纠纷

93、定金合同纠纷

94、进出口押汇纠纷

95、储蓄存款合同纠纷

96、银行卡纠纷

（1）借记卡纠纷

（2）信用卡纠纷

97、租赁合同纠纷

（1）土地租赁合同纠纷

（2）房屋租赁合同纠纷

（3）车辆租赁合同纠纷

（4）建筑设备租赁合同纠纷

98、融资租赁合同纠纷

99、承揽合同纠纷

（1）加工合同纠纷

（2）定作合同纠纷

（3）修理合同纠纷

（4）复制合同纠纷

（5）测试合同纠纷

（6）检验合同纠纷

（7）铁路机车、车辆建造合同纠纷

100、建设工程合同纠纷

（1）建设工程勘察合同纠纷

（2）建设工程设计合同纠纷

（3）建设工程施工合同纠纷

（4）建设工程价款优先受偿权纠纷

（5）建设工程分包合同纠纷

（6）建设工程监理合同纠纷

（7）装饰装修合同纠纷

（8）铁路修建合同纠纷

（9）农村建房施工合同纠纷

101、运输合同纠纷

（1）公路旅客运输合同纠纷

（2）公路货物运输合同纠纷

（3）水路旅客运输合同纠纷

（4）水路货物运输合同纠纷

（5）航空旅客运输合同纠纷

（6）航空货物运输合同纠纷

（7）出租汽车运输合同纠纷

（8）管道运输合同纠纷

（9）城市公交运输合同纠纷

（10）联合运输合同纠纷

（11）多式联运合同纠纷

（12）铁路货物运输合同纠纷

（13）铁路旅客运输合同纠纷

（14）铁路行李运输合同纠纷

（15）铁路包裹运输合同纠纷

（16）国际铁路联运合同纠纷

102、保管合同纠纷

103、仓储合同纠纷

104、委托合同纠纷

（1）进出口代理合同纠纷

（2）货运代理合同纠纷

（3）民用航空运输销售代理合同纠纷

（4）诉讼、仲裁、人民调解代理合同纠纷

105、委托理财合同纠纷

（1）金融委托理财合同纠纷

（2）民间委托理财合同纠纷

106、行纪合同纠纷

107、居间合同纠纷

108、补偿贸易纠纷

109、借用合同纠纷

110、典当纠纷

111、合伙协议纠纷

112、种植、养殖回收合同纠纷

113、彩票、奖券纠纷

114、中外合作勘探开发自然资源合同纠纷

115、农业承包合同纠纷

116、林业承包合同纠纷

117、渔业承包合同纠纷

118、牧业承包合同纠纷

119、农村土地承包合同纠纷

（1）土地承包经营权转包合同纠纷

（2）土地承包经营权转让合同纠纷

（3）土地承包经营权互换合同纠纷

（4）土地承包经营权入股合同纠纷

（5）土地承包经营权抵押合同纠纷

（6）土地承包经营权出租合同纠纷

120、服务合同纠纷

（1）电信服务合同纠纷

（2）邮寄服务合同纠纷

（3）医疗服务合同纠纷

（4）法律服务合同纠纷

（5）旅游合同纠纷

（6）房地产咨询合同纠纷

（7）房地产价格评估合同纠纷

（8）旅店服务合同纠纷

（9）财会服务合同纠纷

（10）餐饮服务合同纠纷

（11）娱乐服务合同纠纷

（12）有线电视服务合同纠纷

（13）网络服务合同纠纷

（14）教育培训合同纠纷

（15）物业服务合同纠纷

（16）家政服务合同纠纷

（17）庆典服务合同纠纷

（18）殡葬服务合同纠纷

（19）农业技术服务合同纠纷

（20）农机作业服务合同纠纷

（21）保安服务合同纠纷

（22）银行结算合同纠纷

121、演出合同纠纷

122、劳务合同纠纷

123、离退休人员返聘合同纠纷

124、广告合同纠纷

125、展览合同纠纷

126、追偿权纠纷

127、请求确认人民调解协议效力

十一、不当得利纠纷

128、不当得利纠纷

十二、无因管理纠纷

129、无因管理纠纷

第五部分 知识产权与竞争纠纷

十三、知识产权合同纠纷

130、著作权合同纠纷

（1）委托创作合同纠纷

（2）合作创作合同纠纷

（3）著作权转让合同纠纷

（4）著作权许可使用合同纠纷

（5）出版合同纠纷

（6）表演合同纠纷

（7）音像制品制作合同纠纷

（8）广播电视播放合同纠纷

（9）邻接权转让合同纠纷

（10）邻接权许可使用合同纠纷

（11）计算机软件开发合同纠纷

（12）计算机软件著作权转让合同纠纷

（13）计算机软件著作权许可使用合同纠纷

131、商标合同纠纷

（1）商标权转让合同纠纷

（2）商标使用许可合同纠纷

（3）商标代理合同纠纷

132、专利合同纠纷

（1）专利申请权转让合同纠纷

（2）专利权转让合同纠纷

（3）发明专利实施许可合同纠纷

（4）实用新型专利实施许可合同纠纷

（5）外观设计专利实施许可合同纠纷

（6）专利代理合同纠纷

133、植物新品种合同纠纷

（1）植物新品种育种合同纠纷

（2）植物新品种申请权转让合同纠纷

（3）植物新品种权转让合同纠纷

（4）植物新品种实施许可合同纠纷

134、集成电路布图设计合同纠纷

（1）集成电路布图设计创作合同纠纷

（2）集成电路布图设计专有权转让合同纠纷

（3）集成电路布图设计许可使用合同纠纷

135、商业秘密合同纠纷

（1）技术秘密让与合同纠纷

（2）技术秘密许可使用合同纠纷

（3）经营秘密让与合同纠纷

（4）经营秘密许可使用合同纠纷

136、技术合同纠纷

（1）技术委托开发合同纠纷

（2）技术合作开发合同纠纷

（3）技术转化合同纠纷

（4）技术转让合同纠纷

（5）技术咨询合同纠纷

（6）技术服务合同纠纷

（7）技术培训合同纠纷

（8）技术中介合同纠纷

（9）技术进口合同纠纷

（10）技术出口合同纠纷

（11）职务技术成果完成人奖励、报酬纠纷

（12）技术成果完成人署名权、荣誉权、奖励权纠纷

137、特许经营合同纠纷

138、企业名称（商号）合同纠纷

（1）企业名称（商号）转让合同纠纷

（2）企业名称（商号）使用合同纠纷

139、特殊标志合同纠纷

140、网络域名合同纠纷

（1）网络域名注册合同纠纷

（2）网络域名转让合同纠纷

（3）网络域名许可使用合同纠纷

141、知识产权质押合同纠纷

十四、知识产权权属、侵权纠纷

142、著作权权属、侵权纠纷

（1）著作权权属纠纷

（2）侵害作品发表权纠纷

（3）侵害作品署名权纠纷

（4）侵害作品修改权纠纷

（5）侵害保护作品完整权纠纷

（6）侵害作品复制权纠纷

（7）侵害作品发行权纠纷

（8）侵害作品出租权纠纷

（9）侵害作品展览权纠纷

（10）侵害作品表演权纠纷

（11）侵害作品放映权纠纷

（12）侵害作品广播权纠纷

（13）侵害作品信息网络传播权纠纷

（14）侵害作品摄制权纠纷

（15）侵害作品改编权纠纷

（16）侵害作品翻译权纠纷

（17）侵害作品汇编权纠纷

（18）侵害其他著作财产权纠纷

（19）出版者权权属纠纷

（20）表演者权权属纠纷

（21）录音录像制作者权权属纠纷

（22）广播组织权权属纠纷

（23）侵害出版者权纠纷

（24）侵害表演者权纠纷

（25）侵害录音录像制作者权纠纷

（26）侵害广播组织权纠纷

（27）计算机软件著作权权属纠纷

（28）侵害计算机软件著作权纠纷

143、商标权权属、侵权纠纷

（1）商标权权属纠纷

（2）侵害商标权纠纷

144、专利权权属、侵权纠纷

（1）专利申请权权属纠纷

（2）专利权权属纠纷

（3）侵害发明专利权纠纷

（4）侵害实用新型专利权纠纷

（5）侵害外观设计专利权纠纷

（6）假冒他人专利纠纷

（7）发明专利临时保护期使用费纠纷

（8）职务发明创造发明人、设计人奖励、报酬纠纷

（9）发明创造发明人、设计人署名权纠纷

145、植物新品种权权属、侵权纠纷

（1）植物新品种申请权权属纠纷

（2）植物新品种权权属纠纷

（3）侵害植物新品种权纠纷

146、集成电路布图设计专有权权属、侵权纠纷

（1）集成电路布图设计专有权权属纠纷

（2）侵害集成电路布图设计专有权纠纷

147、侵害企业名称（商号）权纠纷

148、侵害特殊标志专有权纠纷

149、网络域名权属、侵权纠纷

（1）网络域名权属纠纷

（2）侵害网络域名纠纷

150、发现权纠纷

151、发明权纠纷

152、其他科技成果权纠纷

153、确认不侵害知识产权纠纷

（1）确认不侵害专利权纠纷

（2）确认不侵害商标权纠纷

（3）确认不侵害著作权纠纷

154、因申请知识产权临时措施损害责任纠纷

（1）因申请诉前停止侵害专利权损害责任纠纷

（2）因申请诉前停止侵害注册商标专用权损害责任纠纷

（3）因申请诉前停止侵害著作权损害责任纠纷

（4）因申请诉前停止侵害植物新品种权损害责任纠纷

（5）因申请海关知识产权保护措施损害责任纠纷

155、因恶意提起知识产权诉讼损害责任纠纷

156、专利权宣告无效后返还费用纠纷

十五、不正当竞争纠纷

157、仿冒纠纷

（1）擅自使用知名商品特有名称、包装、装潢纠纷

（2）擅自使用他人企业名称、姓名纠纷

（3）伪造、冒用产品质量标志纠纷

（4）伪造产地纠纷

158、商业贿赂不正当竞争纠纷

159、虚假宣传纠纷

160、侵害商业秘密纠纷

（1）侵害技术秘密纠纷

（2）侵害经营秘密纠纷

161、低价倾销不正当竞争纠纷

162、捆绑销售不正当竞争纠纷

163、有奖销售纠纷

164、商业诋毁纠纷

165、串通投标不正当竞争纠纷

十六、垄断纠纷

166、垄断协议纠纷

（1）横向垄断协议纠纷

（2）纵向垄断协议纠纷

167、滥用市场支配地位纠纷

（1）垄断定价纠纷

（2）掠夺定价纠纷

（3）拒绝交易纠纷

（4）限定交易纠纷

（5）捆绑交易纠纷

（6）差别待遇纠纷

168、经营者集中纠纷

第六部分 劳动争议、人事争议

十七、劳动争议

169、劳动合同纠纷

（1）确认劳动关系纠纷

（2）集体合同纠纷

（3）劳务派遣合同纠纷

（4）非全日制用工纠纷

（5）追索劳动报酬纠纷

（6）经济补偿金纠纷

（7）竞业限制纠纷

170、社会保险纠纷

（1）养老保险待遇纠纷

（2）工伤保险待遇纠纷

（3）医疗保险待遇纠纷

（4）生育保险待遇纠纷

（5）失业保险待遇纠纷

171、福利待遇纠纷

十八、人事争议

172、人事争议

（1）辞职争议

（2）辞退争议

（3）聘用合同争议

第七部分 海事海商纠纷

十九、海事海商纠纷

173、船舶碰撞损害责任纠纷

174、船舶触碰损害责任纠纷

175、船舶损坏空中设施、水下设施损害责任纠纷

176、船舶污染损害责任纠纷

177、海上、通海水域污染损害责任纠纷

178、海上、通海水域养殖损害责任纠纷

179、海上、通海水域财产损害责任纠纷

180、海上、通海水域人身损害责任纠纷

181、非法留置船舶、船载货物、船用燃油、船用物料损害责任纠纷

182、海上、通海水域货物运输合同纠纷

183、海上、通海水域旅客运输合同纠纷

184、海上、通海水域行李运输合同纠纷

185、船舶经营管理合同纠纷

186、船舶买卖合同纠纷

187、船舶建造合同纠纷

188、船舶修理合同纠纷

189、船舶改建合同纠纷

190、船舶拆解合同纠纷

191、船舶抵押合同纠纷

192、航次租船合同纠纷

193、船舶租用合同纠纷

（1）定期租船合同纠纷

（2）光船租赁合同纠纷

194、船舶融资租赁合同纠纷

195、海上、通海水域运输船舶承包合同纠纷

196、渔船承包合同纠纷

197、船舶属具租赁合同纠纷

198、船舶属具保管合同纠纷

199、海运集装箱租赁合同纠纷

200、海运集装箱保管合同纠纷

201、港口货物保管合同纠纷

202、船舶代理合同纠纷

203、海上、通海水域货运代理合同纠纷

204、理货合同纠纷

205、船舶物料和备品供应合同纠纷

206、船员劳务合同纠纷

207、海难救助合同纠纷

208、海上、通海水域打捞合同纠纷

209、海上、通海水域拖航合同纠纷

210、海上、通海水域保险合同纠纷

211、海上、通海水域保赔合同纠纷

212、海上、通海水域运输联营合同纠纷

213、船舶营运借款合同纠纷

214、海事担保合同纠纷

215、航道、港口疏浚合同纠纷

216、船坞、码头建造合同纠纷

217、船舶检验合同纠纷

218、海事请求担保纠纷

219、海上、通海水域运输重大责任事故责任纠纷

220、港口作业重大责任事故责任纠纷

221、港口作业纠纷

222、共同海损纠纷

223、海洋开发利用纠纷

224、船舶共有纠纷

225、船舶权属纠纷

226、海运欺诈纠纷

227、海事债权确权纠纷

第八部分 与公司、证券、保险、票据等有关的民事纠纷

二十、与企业有关的纠纷

228、企业出资人权益确认纠纷

229、侵害企业出资人权益纠纷

230、企业公司制改造合同纠纷

231、企业股份合作制改造合同纠纷

232、企业债权转股权合同纠纷

233、企业分立合同纠纷

234、企业租赁经营合同纠纷

235、企业出售合同纠纷

236、挂靠经营合同纠纷

237、企业兼并合同纠纷

238、联营合同纠纷

239、企业承包经营合同纠纷

（1）中外合资经营企业承包经营合同纠纷

（2）中外合作经营企业承包经营合同纠纷

（3）外商独资企业承包经营合同纠纷

（4）乡镇企业承包经营合同纠纷

240、中外合资经营企业合同纠纷

241、中外合作经营企业合同纠纷

二十一、与公司有关的纠纷

242、股东资格确认纠纷

243、股东名册记载纠纷

244、请求变更公司登记纠纷

245、股东出资纠纷

323、保险费纠纷

二十八、票据纠纷

324、票据付款请求权纠纷

325、票据追索权纠纷

326、票据交付请求权纠纷

327、票据返还请求权纠纷

328、票据损害责任纠纷

329、票据利益返还请求权纠纷

330、汇票回单签发请求权纠纷

331、票据保证纠纷

332、确认票据无效纠纷

333、票据代理纠纷

334、票据回购纠纷

二十九、信用证纠纷

335、委托开立信用证纠纷

336、信用证开证纠纷

337、信用证议付纠纷

338、信用证欺诈纠纷

339、信用证融资纠纷

340、信用证转让纠纷

第九部分 侵权责任纠纷

三十、侵权责任纠纷

341、监护人责任纠纷

342、用人单位责任纠纷

343、劳务派遣工作人员侵权责任纠纷

344、提供劳务者致害责任纠纷

345、提供劳务者受害责任纠纷

346、网络侵权责任纠纷

347、违反安全保障义务责任纠纷

（1）公共场所管理人责任纠纷

（2）群众性活动组织者责任纠纷

348、教育机构责任纠纷

349、产品责任纠纷

（1）产品生产者责任纠纷

（2）产品销售者责任纠纷

（3）产品运输者责任纠纷

（4）产品仓储者责任纠纷

350、机动车交通事故责任纠纷

351、医疗损害责任纠纷

（1）侵害患者知情同意权责任纠纷

（2）医疗产品责任纠纷

352、环境污染责任纠纷

（1）大气污染责任纠纷

（2）水污染责任纠纷

（3）噪声污染责任纠纷

（4）放射性污染责任纠纷

（5）土壤污染责任纠纷

（6）电子废物污染责任纠纷

（7）固体废物污染责任纠纷

353、高度危险责任纠纷

（1）民用核设施损害责任纠纷

（2）民用航空器损害责任纠纷

（3）占有、使用高度危险物损害责任纠纷

（4）高度危险活动损害责任纠纷

（5）遗失、抛弃高度危险物损害责任纠纷

（6）非法占有高度危险物损

380、申请宣告公民限制民事行为能力

381、申请宣告公民恢复限制民事行为能力

382、申请宣告公民恢复完全民事行为能力

三十四、认定财产无主案件

383、申请认定财产无主

384、申请撤销认定财产无主

三十五、监护权特别程序案件

385、申请确定监护人

386、申请变更监护人

387、申请撤销监护人资格

三十六、督促程序案件

388、申请支付令

三十七、公示催告程序案件

389、申请公示催告

三十八、申请诉前停止侵害知识产权案件

390、申请诉前停止侵害专利权

391、申请诉前停止侵害注册商标专用权

392、申请诉前停止侵害著作权

393、申请诉前停止侵害植物新品种权

三十九、申请保全案件

394、申请诉前财产保全

395、申请诉中财产保全

396、申请诉前证据保全

397、申请诉中证据保全

398、仲裁程序中的财产保全

399、仲裁程序中的证据保全

400、申请中止支付信用证项下款项

401、申请中止支付保函项下款项

四十、仲裁程序案件

402、申请确认仲裁协议效力

403、申请撤销仲裁裁决

四十一、海事诉讼特别程序案件

404、申请海事请求保全

（1）申请扣押船舶

（2）申请拍卖扣押船舶

（3）申请扣押船载货物

（4）申请拍卖扣押船载货物

（5）申请扣押船用燃油及船用物料

（6）申请拍卖扣押船用燃油及船用物料

405、申请海事支付令

406、申请海事强制令

407、申请海事证据保全

408、申请设立海事赔偿责任限制基金

409、申请船舶优先权催告

410、申请海事债权登记与受偿

四十二、申请承认与执行法院判决、仲裁裁决案件

411、申请执行海事仲裁裁决

412、申请执行知识产权仲裁

参考文献

1. 孙晓楼：《法律教育》，商务印书馆 2015 年版。

2. 王泽鉴：《法律思维：请求权基础理论体系》，北京大学出版社 2009 年版。

3. 梁慧星：《裁判的方法》，法律出版社 2005 年版。

4. 梁慧星：《民法解释学》，中国政法大学出版社 2000 年版。

5. 陈光中：《证据法学》，法律出版社 2015 年版。

6. 江伟、邵明编：《民事证据法学》，中国人民大学出版社 2015 年版。

7. 宁致远主编：《法律文书学》，中国政法大学出版社 2011 年版。

8. 潘庆云主编：《法律文书学教程》，复旦大学出版社 2017 年版。

9. 陈锐：《法律推理理论》，山东人民出版社 2006 年版。

10. 段厚省：《民法请求权论》，人民法院出版社 2006 年版。

11. 黄茂荣：《法学方法与现代民法》，中国政法大学出版社 2001 年版。

12. 甄珍主编：《方兴未艾的中国诊所法律教育》，法律出版社 2005 年版。

13. 王新清主编：《法律职业道德》，法律出版社 2016 年版。

14. ［美］E. 博登海默：《法理学：法律哲学与法律方法 》，邓正来译，中国政法大学出版社 2017 年版。

15. ［美］道格拉斯·沃尔顿：《法律论证与证据》，梁庆寅、熊明辉等译，中国政法大学出版社 2010 年版。

16. ［德］罗伯特·阿列克西：《法律论证理论——作为法律证立理论的理性论辩理论》，舒国滢译，中国法制出版社 2002 年版。

17. ［德］卡尔·拉伦茨：《法学方法论》，陈爱娥译，商务印书馆 2003 年版。

18. ［美］本杰明·卡多佐：《司法过程的性质》，苏力译，商务印书馆 1997 年版。

19. ［美］理查德·波斯纳：《法官如何思考》，苏力译，北京大学出版社 2009 年版。

20. ［日］小岛武司：《诉讼制度改革的法理与实证》，陈刚等译，法律出版社 2001 年版。

21. 魏振瀛："论请求权的性质与体系"，载《中外法学》2003 年第 4 期。

22. 张红："学徒制 VS 学院制　诊所法律教育的产生及其背后"，载《中外法学》2007 年第 4 期。

23. 李傲："事实调查——被法学教育遗忘的领域"，载《环球法律评论》2005 年第 3 期。

24. 牟逍媛："诊所法律教育价值研究"，载《环球法律评论》2005 年第 3 期。

25. 陈建民："从法学教育的目标审视诊所法律教育的地位和作用"，载《环球法律评论》2005 年第 3 期。

26. 孙占利："'法律谈判'课程建设及存在的问题"，载《中国大学教学》2014 年第 3 期。

27. 刘同君："论法律谈判的理念及其实践把握"，载《江苏科技大学学报（社会科学版）》2009 年第 3 期。

28. 王学棉："'具体'的诉讼请求"，载《国家检察官学院学报》2016 年第 2 期。

29. 李中原："罗马法在中世纪的成长"，载《环球法律评论》2006 年第 1 期。

30. 李栋："中世纪前期罗马法在西欧的延续与复兴"，载《法律科学（西北政法大学学报）》2011 年第 5 期。

31. 王竹青："美国诊所式教育的演进"，载《比较法研究》2012 年第 2 期。

32. 田文昌："大学法学教育改革思考"，载《法学教育研究》2015 年第 1 期。

33. 孙海龙、高伟、李小鹏："法官职业思维对统一法律适用的作用"，载《人民司法》2007 年第 15 期 。

34. 李浩："民事诉讼非法证据的排除"，载《法学研究》2006 年第 3 期。

35. 李杨："论电子证据在我国新修《民事诉讼法》中的法律地位"，载《重庆邮电大学学报（社会科学版）》2012 年第 6 期。

后 记

    北方民族大学法学院法律诊所始建于 2003 年 3 月。2004 年 3 月，"法律诊所"课程的教学工作正式启动，并致力于教学团队建设。2004 年 6 月，北方民族大学法学院法律诊所成为中国法学教育研究会诊所法律教育专业委员会第 16 个会员单位。2004 年 11 月，《诊所式法律教育在法学本科教学中的研究与实践》获宁夏回族自治区教学成果一等奖。2008 年，法律诊所教学团队被评为北方民族大学优秀教学团队，2009 年被评为宁夏回族自治区优秀教学团队。2012 年，法律诊所教学团队教师编写了内部教材《诊所法律教育教学手册》。

    十多年来，北方民族大学法学院法律诊所教学课程的开设和诊所式法律教育模式的运用对法学本科教学改革起到了积极的推动作用。会见当事人、法律文书写作、庭审模拟、案件策划、法律谈判以及法律援助中心值班和庭审观摩等教学环节的运用使法学教育的实践性更为突出，学生的参与度和学习兴趣有了很大提升，学生的法律思维能力和实务能力得到了锻炼，提高了教育教学效果。为保证教学质量，任课教师多次参加中国法律诊所教育专业委员会组织的系列培训，并先后到其他高校考察学习，交流教育教学经验。

    本书作者是法律诊所教学团队的一员，承担了民法、商法、法律诊所等课程的教学工作。与此同时，作者还从事一些法律实务工作，包括担任律师和仲裁员等。2013 年入选教育部和中央政法委实施的高校与法律实务部门人员互聘"双千计划"，并于 2014 年挂职担任宁夏银川市西夏区法院副院长。在多年的法学教育教学工作中，作者始终认为，法学人才培养模式改革需要解决的是在多大程度上能够将法律知识与实践技能和法律思维的培养、实体法与程序法有机结合，从而满足经济社会发展对法治人才的需求。

    本书是作者承担的宁夏回族自治区"十三五"重点建设专业（群）子项

目"民事法律诊所教程"的最终成果。本书也是作者法学教学经历和法律实践经验的总结和思考。本书的写作得到了法学院和教学团队的大力支持和协助。本书的章节是根据北方民族大学法学院法律诊所课程的教学单元来编写的。本书的写作参阅了大量的教学研究成果和法律实务工作者的实践经验总结，在此表示感谢。虽然作者力图使本书的写作更符合实践教学的需要，但也难免存在一些疏漏和不足，敬请批评指正。

黄爱学

2017 年 10 月